本书获国家自然科学基金项目（编号：71262026）、国家自然科学基金项目（编号：71562022）、江西省自然科学基金项目（编号：20171BAA208014）资助

战略性新兴产业
技术创新联盟构建及治理研究

张敬文　于　深◎著

Research on Strategic Emerging Industry
Technology Innovation
Alliance Construction and Governance

经济管理出版社
ECONOMY & MANAGEMENT PUBLISHING HOUSE

图书在版编目（CIP）数据

战略性新兴产业技术创新联盟构建及治理研究/张敬文，于深著. —北京：经济管理出版社，2017.12
ISBN 978-7-5096-5537-5

Ⅰ.①战… Ⅱ.①张… ②于… Ⅲ.①产业经济—技术革新—企业联盟—研究—中国 Ⅳ.①F279.244

中国版本图书馆 CIP 数据核字（2017）第 301170 号

组稿编辑：宋　娜
责任编辑：侯春霞
责任印制：黄章平
责任校对：王淑卿

出版发行：经济管理出版社
　　　　　（北京市海淀区北蜂窝 8 号中雅大厦 A 座 11 层　100038）
网　　址：www.E-mp.com.cn
电　　话：（010）51915602
印　　刷：北京玺诚印务有限公司
经　　销：新华书店
开　　本：720mm×1000mm/16
印　　张：15.25
字　　数：248 千字
版　　次：2018 年 4 月第 1 版　2018 年 4 月第 1 次印刷
书　　号：ISBN 978-7-5096-5537-5
定　　价：88.00 元

·版权所有　翻印必究·
凡购本社图书，如有印装错误，由本社读者服务部负责调换。
联系地址：北京阜外月坛北小街 2 号
电话：（010）68022974　　邮编：100836

前　言

我国正处在转变经济增长方式、优化经济结构和转化增长动力的关键期，经济发展由高速增长阶段转向高质量发展阶段，经济增长由要素驱动、投资驱动向创新驱动转变，建设现代经济体系是跨越关口的迫切需要和我国发展的战略目标。创新是引领发展的第一动力，也是建设现代经济体系的战略支撑。战略性新兴产业以重大技术突破和重大发展需求为基础，以创新为主要驱动力，是现代产业体系的核心内容，是我国产业转型升级和创新驱动发展的重要着力点，加快培育和发展战略性新兴产业是我国实现创新驱动发展的重要手段。在国家政策的扶持和带动下，战略性新兴产业发展迅速，成为经济增长的亮点。2016年12月，国务院印发《"十三五"国家战略性新兴产业发展规划》，明确指出战略性新兴产业代表新一轮科技革命和产业变革的方向，是培育发展新动能、获取未来竞争新优势的关键领域。要把战略性新兴产业摆在经济社会发展更加突出的位置，以创新驱动、引领升级为核心，构建现代产业体系，加快发展战略性新兴产业。战略性新兴产业跨学科、跨产业、跨领域的技术较多，创新活动更趋复杂和不确定性。因此，如何更好地突破战略性新兴产业关键核心技术和共性技术，加强战略性新兴产业协同创新是当前亟待解决的问题。

传统产业技术创新联盟对于引导创新要素向企业集聚，促进产业技术创新资源整合，提升企业技术创新能力和产业技术水平具有重要作用。但由于传统产业大都处于成熟期，产业技术和市场需求已趋于稳定，传统产业技术创新联盟绝大多数是产业链上相关创新主体间进行渐进性的合作创新。由于不同产业类别的联盟构建和运行基础不同，许多联盟普遍存在协同性、创新性、针对性和稳定性不足等问题。战略性新兴产业是新兴技术和新兴产业的深度融合，技术创新主要是原始创新，是以科技重大突破为前提，创新活动具有突破性创新的特征。在目前国家大力发展战略性新兴产业的背景下，针对满足战略性新兴产业技术创新需求的创新联盟的研究不多，许多战略性新兴产业共性技术和关键技术难以突破，大量的科研成果无法直接转化为现实的生产力。战略性新兴产业技术创新联盟是指在政府的推动和引导下，以战略性新兴产业中能提出创新需求的龙头企业为核心，产业内及相关产业企业、高等院校、科研院所和支持性机构共同参与，整合产业内外相关创新资源，聚焦于战略性新兴产业内重大关键共性技术和支撑性技术，满足国家或区域战略性新兴产业发展需求的新型创新组织。相对于传统产业技术创新联盟，战略性新兴产业技术创新联盟在整合战略性新兴产业的创新资源、增强企业创新主体地位、提升战略性新兴产业协同创新绩效等方面显示出更多的优势。为此，结合战略性新兴产业属性，重新对产业技术创新联盟进行研究具有重要意义。

为系统研究战略性新兴产业技术创新联盟的来龙去脉，追寻理论演化线索。本书基于动态演化视角，结合战略性新兴产业属性，探究战略性新兴产业技术创新联盟构建机理、治理机制及政策支持等问题。本书沿着"战略性新兴产业技术创新联盟内涵界定—联盟构建机理—联盟治理机制—联盟发展策略"这一主线展开研究。研究内容主要包括四大模块：第一模块主要是针对战略性新兴产业技术创新联盟的研究背景和理论依据进行阐述，重点对战略性新兴产业、产业技术创新联盟和相关研究理论基础的研究成果进行述评，明晰战略性新兴产业技术创新联盟的发展机理。第二模块主要研究我国战略性新兴产业发展现状及存在问题，并对战略性新兴产业技术创新特征和创新模式进行分析，在此基础上，提出战略性新兴产业技术创新联盟概念，并对其内涵、外延进行界定。第三模块在阐述战略性新兴产业技术创新联盟组建原则和路径的基础上，结合战略性新兴产业创新属性，基于动态演化视角，对联盟合作伙伴选择评价体系进行理论分析和实证研究，揭示区域性战略性新兴产业技术创新联盟构建机理，并进一步探究联盟知识共享机制、运作机理及对联盟协同创新绩效的影响。第四模块重点提炼主要发达国家新兴产业技术创新联盟发展的成功经验，梳理我国产业技术创新联盟政策现状及存在的问题，提出促进战略性新兴产业技术创新联盟发展的政策建议，并结合我国战略性新兴产业技术创新联盟的典型案例进行研究。

本书是在国家自然科学基金项目（编号：71262026）、江西省自然科学基金项目（编号：20171BAA208014）研究的基础上形成的。在此对课题组成员徐莉、于深、陈建、吴昌南、陈文华等表示衷心感谢！衷心感谢我的研究生吴丽金、李金凤、谢翔、江晓珊在课题研究和书稿完成过程中所做的大量工作！向所有支持我们调研和研究并提供许多有价值建议的企业和朋友表示衷心的感谢！本书的出版得到经济管理出版社宋娜编辑的大力支持，在此向她表示深深的谢意！

虽然我们把战略性新兴产业和产业技术创新联盟相结合进行了尝试性探索和研究，但战略性新兴产业技术创新联盟是新生事物，在其运行和发展过程中还会存在许多新问题和新挑战，我们对其研究的深度还远远不够，更由于我们水平有限，编写时间仓促，书中的一些观点和结论难免有不到位或不准确之处，恳请广大读者和同行批评指正。

张敬文

2017 年 11 月

目　录

第一章　导　论 ··· 001

　　第一节　研究背景及问题提出 ··· 001
　　第二节　研究目的及研究意义 ··· 006
　　第三节　主要研究内容及研究方法 ·· 009

第二章　理论基础与研究述评 ··· 013

　　第一节　相关研究理论基础 ·· 013
　　第二节　战略性新兴产业研究综述 ·· 019
　　第三节　产业技术创新联盟研究综述 ······································· 024
　　第四节　相关研究述评 ··· 030

第三章　战略性新兴产业发展现状及问题分析 ································ 033

　　第一节　主要发达国家新兴产业发展现状及主要做法 ··············· 033
　　第二节　主要发达国家新兴产业发展的经验借鉴 ······················ 037
　　第三节　我国发展战略性新兴产业的宏观背景及战略价值 ········ 040
　　第四节　我国战略性新兴产业发展概况及存在的问题 ··············· 045
　　第五节　发达国家新兴产业发展经验对我国发展战略性新兴产业的
　　　　　　启示 ·· 052

第四章　战略性新兴产业技术创新联盟内涵及主体行为研究 ············ 057

　　第一节　战略性新兴产业技术创新特征与创新模式分析 ············ 057

第二节 战略性新兴产业技术创新联盟溯源 ………………………… 061

第三节 战略性新兴产业技术创新联盟的提出及内涵界定 ………… 064

第四节 战略性新兴产业技术创新联盟主体行为分析 ……………… 067

第五节 战略性新兴产业技术创新联盟特征分析 …………………… 069

第五章 战略性新兴产业技术创新联盟构建机理研究 …………… 075

第一节 战略性新兴产业技术创新联盟构建原则及路径分析 ……… 075

第二节 战略性新兴产业技术创新联盟合作伙伴选择与评价 ……… 079

第三节 战略性新兴产业技术创新联盟合作伙伴选择实证分析 …… 090

第四节 战略性新兴产业技术创新联盟构建策略研究 ……………… 099

第六章 战略性新兴产业技术创新联盟网络知识共享机制研究 … 103

第一节 战略性新兴产业技术创新联盟网络知识共享行为分析 …… 103

第二节 战略性新兴产业技术创新联盟网络知识共享博弈分析 …… 105

第三节 组织间知识共享对战略性新兴产业协同创新绩效影响的
实证研究 ……………………………………………………… 111

第四节 战略性新兴产业联盟网络知识共享提升策略 ……………… 121

第七章 战略性新兴产业技术创新联盟运作机理研究 …………… 127

第一节 战略性新兴产业技术创新联盟发展现状及问题分析 ……… 127

第二节 战略性新兴产业技术创新联盟运作机理的 SNM 理论分析 … 132

第三节 战略性新兴产业技术创新联盟运作策略 …………………… 136

第八章 战略性新兴产业技术创新联盟发展的支持政策研究 …… 141

第一节 政府支持战略性新兴产业技术创新联盟的必要性 ………… 141

第二节 国外产业技术创新联盟发展经验分析 ……………………… 144

第三节 我国战略性新兴产业技术创新联盟政策现状分析 ………… 160

第四节 我国战略性新兴产业技术创新联盟发展政策建议 ………… 168

第九章 我国战略性新兴产业技术创新联盟典型案例 ·········· 175

第一节 半导体照明产业技术创新战略联盟 ·········· 175

第二节 光纤接入（FTTX）产业技术创新战略联盟 ·········· 183

第三节 太阳能光热产业技术创新战略联盟 ·········· 192

第四节 医疗器械产业技术创新战略联盟 ·········· 198

第五节 城市生物质燃气产业技术创新战略联盟 ·········· 203

参考文献 ·········· 211

第一章 导 论

第一节 研究背景及问题提出

一、研究背景

1. 战略性新兴产业发展的迫切需要

历史经验表明,每一次经济危机都蕴藏着新技术革命的可能,科技的重大突破和创新将促进经济结构的调整,为经济发展提供新的增长引擎。2008年以来,源自美国的国际金融危机不断扩散深化,迅速演变为席卷全球的实体经济危机,引发世界经济格局和科技的大变革。一方面,面临日趋严峻的全球能源、环境、健康等问题,节能环保、低碳的绿色经济是未来世界经济发展的共同主题;另一方面,全球科技进入新的创新密集期,以信息技术、生物技术和新能源技术为代表的科技进步日新月异,许多关键技术和重要的科学问题获得重大突破,以技术、技能和创意融合为核心的新技术呈突破性发展态势,新技术产业化转变越来越快,对经济社会发展与进步的促进作用越来越明显。为了应对这次经济危机,促使本国经济快速复苏,主要发达国家都意识到必须改变原有的经济发展模式,通过新兴产业推动经济发展,纷纷采取有力的经济刺激措施,加大对节能环保、信息技术、生物技术、新能源、新材料等新兴产业领域的投入和支持力度,加速新兴产业关键技术突破和产业结构调整,试图通过发展新兴产业走出经济危机,力争抢占新一轮科技经济竞争的制高点。

在此背景下，为促进中国经济平稳较快发展，党中央、国务院根据世界科技和经济发展情况，结合我国经济发展方式以及产业结构转型升级等发展目标，做出一系列重大决策和部署，2010年10月国务院发布《关于加快培育和发展战略性新兴产业的决定》（以下简称《决定》），明确将高端装备制造、节能环保、新一代信息技术、生物、新能源、新材料和新能源汽车产业等作为我国优先发展的战略性新兴产业。《决定》从国家层面强化战略性新兴产业的重要地位，明确提出战略性新兴产业是引导中国未来经济社会发展的重要力量。

近几年来，在国家政策的扶持和带动下，新能源、新材料和生物医药等战略性新兴产业发展迅速，成为经济增长的亮点。但是随着经济逐渐复苏，我国经济发展中原先累积多年的不平衡、不协调、不可持续等问题依旧突出，粗放型经济发展模式下形成的经济结构与资源环境承载能力之间的矛盾日渐明显，经济持续健康发展面临更多约束，经济发展面临更多挑战。我国经济发展进入新常态，经济从高速增长转为中高速和高质量增长，经济增长由要素驱动、投资驱动向创新驱动转变。实施创新驱动发展战略已成为我国发展的核心战略。战略性新兴产业以重大技术突破和重大发展需求为基础，以创新为主要驱动力，是现代产业体系的核心内容，是我国产业转型升级和创新驱动发展的重要着力点，加快培育和发展战略性新兴产业是我国实现创新驱动发展的重要手段。2016年12月，国务院印发《"十三五"国家战略性新兴产业发展规划》，再次明确指出战略性新兴产业代表新一轮科技革命和产业变革的方向，是培育发展新动能、获取未来竞争新优势的关键领域。要把战略性新兴产业摆在经济社会发展更加突出的位置，以创新驱动、引领升级为核心，构建现代产业体系，加快发展壮大新一代信息技术、高端装备、新材料、生物、新能源汽车、新能源、节能环保、数字创意等战略性新兴产业。因此，如何更好地突破战略性新兴产业关键核心技术和共性技术，加强战略性产业协同创新是当前亟待解决的重要问题。

2. 协同创新是实现战略性新兴产业技术突破的重要途径

世界范围内科技加速发展，学科交叉和技术融合加快，新一轮科技革命正在兴起，新兴技术、新兴产业正成为引领未来发展的重要力量，信息技术、生物、新能源等前沿技术领域呈突破性发展态势，科技创新将从根本上改变全球竞争格局，以智能、绿色和低碳为特征的新兴产业成为世界各国走出国际金融危机的重要途径。经过多年的发展，我国科技资源已跃居世界前列，各类科技创新基地和平台建设取得了重要进展，特别是形成了相当规模、涵盖创新链各环节的创新基地，为进一步整合科技力量、共享科技资源、集聚创新人才，以及为国家重大创新基地建设奠定了基础（陈劲，2012）。

随着新兴技术越来越复杂，技术创新活动呈现出系统化、复杂性和社会化协作的特点，技术创新出现跨领域、跨组织的特征（Ruckman，2009）。单一企业已经很难单独承担和完成技术创新的任务。协同创新是整合创新资源、提高创新效率的有效途径，也是当今世界进行科技创新活动的新趋势。协同创新是在开放创新的基础上发展起来的新创新模式和理论，是对合作创新的丰富与发展。MIT学者Peter Gloor（2006）基于开放式创新理论，首次提出协同创新（Collaborative Innovation），他认为协同创新就是自我激励人员或组织在共同愿景的作用下组成网络，并利用网络平台分享创新思维、信息及研究进展，通过合作和协同来实现共同目标。国内学者陈劲（2012）认为，协同创新是以知识增值为核心，以企业、科研院所、高等院校、政府等为创新主体的价值创造过程。相对于独立创新，协同创新追求的是一体化的深度协作融合，整合性和互动性是其显著特点。协同创新也是技术的集成和资源的整合创新，协同创新的过程是一个多层次的动态互动过程。

以创新驱动为主要特征的战略性新兴产业，跨学科、跨产业、跨领域的技术较多，创新活动更趋复杂化和高不确定性，仅仅依靠企业自身资源一般难以独立完成全部创新活动和承担创新风险。应充分调动战略性新兴产业企业、相关产业企业大学、科研机构、其他科技中介组织等各类创新主体的积极性和创造性，跨学科、跨部门、跨行业组织实施深度协同融合和开放创新，这对于加快战略性新兴产业不同领域以及创新链各环节之间的技术融合、技术突破与扩散，显得尤为重要。因此，协同创新是实现战略性新兴产业共性技术和关键核心技术重要突破的有效途径，也是当今科技技术创新的新趋势。

3. 产业技术创新联盟是实现协同创新的重要模式

在科技经济全球化的环境下，实现开放、合作、共享的协同创新模式，是提升产业创新效率的重要途径。我国正处于产业转型升级和工业化加速发展阶段，自主创新能力不足、产业关键核心技术对外依存度高、尚未建立良好的创新文化和创新环境等问题仍然严重。协同创新是实现产业共性技术和重大关键核心技术突破的重要创新模式，也是深入贯彻科学发展观、落实中长期科技发展规划纲要、提高自主创新能力、完善国家创新体系的关键所在。国务院发布的《国家中长期科学和技术发展纲要（2006~2020年）》把提高自主创新能力作为国家战略，提出到2020年我国要成为创新型国家的发展目标。建设创新型国家依赖技术创新能力的持续提升，而产业发展离不开科技创新，两者的有机结合给我们带来了机遇。为此，党中央将实施科技创新驱动发展战略作为社会经济发展的重要战略部署。党的十八大指出："要深化科技体制改革，推动科技和经济紧密结合，加快建设国家创新体系，着力构建以企业为主体、市场为导向、产学研相结合的技术创新体系，加强协同创新。"因此，进一步加快建设以市场为主导、企业为主体、产学研合作的协同创新体系，是提高自主创新能力、加快经济发展方式转变和提高国际竞争力的重要突破口。

产业技术创新联盟被认为是实现产学研协同创新的一种新型创新组织模式。产业技术创新联盟是以企业为主体，联合高等院校和科研机构，以产业需求为导向，围绕产业技术创新的关键问题，协同开展技术研发，联合制定技术标准，加快创新成果转化以及联合培养人才，增强产业持续创新能力（赵志泉，2009）。2007年，国家提出了组建以企业为主体、以市场为导向、以利益为纽带的产业技术创新战略联盟，作为深化产学研结合的一种新型技术创新组织形态。2010年1月，科技部下发《关于选择一批产业技术创新战略联盟开展试点工作的通知》，标志着国家推动产业技术创新战略联盟构建的工作进入了新的阶段。同时，各省市根据自身优势和产业发展特点也开始组建产业技术创新战略联盟，产业技术创新战略联盟进入快速发展阶段。但在快速发展的同时，也出现了许多新问题和新挑战。根据中国产业技术创新战略联盟网发布的《2016年度产业技术创新战略联盟活跃度评价报告》，许多联盟存在联而不盟、联而不强的问题，尤其在组织协同创新活动方面不强。活跃度高的联盟能围绕产业链开展创新活动，活跃度一般和较差的联盟在联盟自设研发项目方面明显不足。联盟大多重视申请承担政府科研项目，与联盟自设项目和外部委托项目相关的协同创新活动需要加强。而联盟自设项目和外部委托项目往往体现了行业发展的市场需求，是联盟与市场对接的纽带和桥梁。另外，在发展战略性新兴产业的大背景下，针对战略性新兴产业创新属性的产业技术创新联盟的运行机制和体制不健全，政府政策引导比较宏观笼统，针对性不强，社会环境支撑力度不够。

二、战略性新兴产业技术创新联盟构建及治理问题提出

由于传统产业大都处于成熟期，产业技术和市场需求已趋于稳定，传统产业技术创新联盟绝大多数是产业链上相关创新主体间进行合作创新，跨产业、跨领域、跨学科的创新活动不多。创新的重点大多数是为通过技术创新提高产品附加值和市场占有率而进行的改善性创新和渐进性创新，通常表现为对现有产品、服务或工艺进行调整、改良和市场上的主导设计，没有发生根本性的变化（孙圣兰和夏恩君，2005）。战略性新兴产业是新兴技术和新兴产业的深度融合，技术创新主要是原始创新，是以科技重大突破为前提，创新活动具有突破性创新的特征。传统产业技术创新模式已经很难满足战略性新兴产业技术创新的需要。

为引导创新要素向战略性新兴产业集中，在政府引导和国家重大科技计划的支持下，我国在战略性新兴产业中加快构建一批产业技术创新战略联盟，以提升战略性新兴产业企业的持续创新能力和核心竞争力，促进战略性新兴产业快速可持续发展。在战略性新兴产业领域构建的产业技术创新战略联盟，本书称为战略性新兴产业技术创新联盟。战略性新兴产业技术创新联盟是指在政府的推动和引导下，以战略性新兴产业中能提出创新需求的龙头企业为核心，产业内及相关产业企业、高等院校、科研院所和支持性机构共同参与，整合产业内外相关创新资源，聚焦于战略性新兴产业内重大关键共性技术和支撑性技术，满足国家或区域重点战略性新兴产业发展需求的新兴创新合作组织。截至 2014 年底，我国在不同层面已建立战略性新兴产业技术创新联盟几百家，它们在政府的引导下，围绕战略性新兴产业链构建技术创新链，针对战略性新兴产业发展过程中的共性技术和关键核心技术展开协同创新。

战略性新兴产业具有创新驱动性、突破性、先导性和动态性特征，那么与传统产业技术创新联盟相比，战略性新兴产业技术创新联盟会呈现什么新特征？战略性新兴产业技术创新联盟在构建模式和构建机理上有何不同？在运行中会出现什么新问题？传统产业技术创新联盟的运行和治理模式是否适合战略性新兴产业技术创新联盟？针对这些问题，本书综合运用技术创新理论、组织理论、社会网

络理论、演化博弈和合作博弈理论等，结合战略性新兴产业特点，基于动态演化视角，研究战略性新兴产业技术创新联盟构建机理，探索适合战略性新兴产业技术创新联盟特点的治理机制和发展策略。

第二节 研究目的及研究意义

一、研究目的

（1）界定战略性新兴产业技术创新联盟的内涵和特征。通过与传统产业技术创新联盟的比较，从创新组织形式、创新重点和创新方式三方面对战略性新兴产业技术创新联盟进行分析，对战略性新兴产业技术创新联盟的内涵进行界定。结合战略性新兴产业创新属性，进一步厘清战略性新兴产业技术创新联盟的特征。

（2）探究战略性新兴产业技术创新联盟的构建机理。在对战略性新兴产业技术创新联盟内涵进行界定的基础上，分析战略性新兴产业技术创新联盟构建原则和构建路径。基于技术生态位视角，构建联盟合作伙伴技术生态位评价指标体系，运用灰色关联—模糊综合评价法对联盟伙伴选择和评价进行深入研究，以进一步揭示战略性新兴产业技术创新联盟的构建机理。

（3）战略性新兴产业技术创新联盟治理及支持政策研究。结合战略性新兴产业创新属性，探讨战略性新兴产业技术创新联盟的治理特点和影响因素。基于动态演化视角对战略性新兴产业技术创新联盟的知识共享机制、联盟运作机制和协同创新机制进行分析。实证研究组织间知识共享、知识吸收能力和知识转化能力对联盟协同创新效应提升的影响，揭示联盟知识治理与协同创新绩效的关系。结合我国战略性新兴产业技术创新联盟发展实际，借鉴主要发达国家新兴产业技术创新联盟治理经验，提出我国战略性新兴产业技术创新联盟支持政策。相关研究成果及政策建议能为政府职能部门与企业制定联盟治理和发展政策提供理论依据。

二、研究意义

战略性新兴产业技术创新联盟作为产业技术创新战略联盟的一种特殊形式，是战略联盟理论与实践发展在战略性新兴产业和产学研合作领域的具体应用，也是对产学研理论和联盟理论研究的一次重要和有益尝试。相对于传统产业技术创新联盟，战略性新兴产业技术创新联盟在整合战略性新兴产业创新资源、提高企业创新主体地位、提升战略性新兴产业协同创新绩效等方面显示出更多的优势，对其展开研究的重要性和理论、实践意义毋庸置疑。

1. 理论意义

产业技术创新联盟研究源于战略联盟和技术联盟，现有文献对产业技术创新联盟、技术联盟和产业联盟的特征，联盟构建，联盟治理及稳定性的研究取得了丰硕的成果。随着新兴技术越来越复杂、技术创新的不确定性越来越高，传统建立在契约理论、资源基础理论和交易费用理论基础上的企业和战略联盟治理理论，越来越无法有效解释以知识创新为核心的产业技术创新联盟的治理问题。近年来，许多学者开始以组织理论和知识管理理论为基础研究产业技术创新联盟的创新绩效问题，也取得了一定成效。

但在国家大力发展战略性新兴产业的背景下，把战略性新兴产业和技术创新联盟相结合的文献较少，已有的一些研究也以描述性和静态研究居多。其实，在不确定环境下，联盟构建和治理都是一个动态过程，从静态视角进行联盟构建和治理研究具有一定的局限性，难以解释它们之间的作用机理。因此，在复杂多变的环境下，结合战略性新兴产业的独特属性和技术差异，进一步探究战略性新兴产业技术创新联盟的内涵和构建机理，是对联盟理论研究的一次有益尝试和重要补充。在此基础上，基于动态演化视角，对战略性新兴产业技术创新联盟治理进行研究，揭示联盟治理机制之间的互动机理，不仅有利于深化产业技术创新联盟治理的研究，还进一步拓展了联盟治理的研究领域。

2. 实践意义

战略性新兴产业技术创新联盟是企业产学研协同的新型创新组织模式，是国家实施创新驱动发展战略的重要载体，对于引导创新要素向企业集聚、促进战略性新兴产业技术创新资源整合、提升企业技术创新能力和产业技术水平、增强自主创新能力具有重要作用。

但由于体制的原因，我国创新资源不能有效整合，企业技术创新能力明显不足，直接制约了我国自主创新能力的全面提升。许多战略性新兴产业共性技术和关键技术难以突破，大量的科研成果无法直接转化为现实的生产力。2007年，国家科技部等六部委共同推进产业技术创新战略联盟试点工作。2009年，科技部等六部委又联合制定推出《国家技术创新工程总体实施方案》，将产业技术创新战略联盟作为实施技术创新工程的三大载体之一。2012年，党中央、国务院印发《关于深化科技体制改革加快国家创新体系建设的意见》，提出要建设以企业为主体、产学研结合的技术创新体系，提高自主创新能力。产业技术创新战略联盟进入快速发展阶段，产业技术创新战略联盟如雨后春笋般大量涌现。但在快速发展的同时，也出现了许多新问题和新挑战，成功运作、顺利发展的联盟并不多。由于不同产业的联盟构建和运行基础不同，政府引导和支持力度不够，联盟体制和运行机制不健全，创新联盟组织形式松散、行为短期化、形式化比较多，往往以临时组合争取政府项目和资金支持为目的，普遍存在协同性和创新性不足的现象。目前，在国家大力发展战略性新兴产业的背景下，战略性新兴产业已成为我国实现创新驱动发展的重要手段，而针对满足战略性新兴产业技术创新需求的创新联盟的研究显示得更少。

因此，结合战略性新兴产业属性和技术创新差异，研究战略性新兴产业技术创新联盟的构建和治理具有重要的实践意义。在政府层面，有利于为政府制定战略性新兴产业技术政策和联盟发展支持政策，以及为政府职能部门对战略性新兴产业技术创新联盟进行合理引导和有效管理提供可操作的参考依据。在企业层面，有利于指导企业选择加入战略性新兴产业技术创新联盟和针对性地加强对联盟的治理，保证联盟运行的稳定性，提高联盟协同创新绩效，实现战略性新兴产业突破共性技术和关键核心技术，保持联盟可持续发展。

第三节 主要研究内容及研究方法

一、主要研究内容

结合战略性新兴产业创新属性,基于动态演化视角,主要沿着"战略性新兴产业发展现状及存在问题分析—战略性新兴产业技术创新联盟内涵特征界定—联盟构建机理—联盟治理机制—联盟协同创新绩效—联盟发展策略"这一主线展开研究。具体研究内容如下:

(1)战略性新兴产业发展现状及存在问题分析。2008年金融危机后,发达国家为走出金融风暴带来的经济持续低迷,保持经济领先地位,出台配套政策加快发展新兴产业。本书分别阐述了美国、德国和日本等主要发达国家新兴产业发展的现状和主要做法,总结其新兴产业的发展经验。结合我国战略性新兴产业发展背景和发展现状,对我国战略性新兴产业发展过程中存在的问题进行分析,并借鉴主要发达国家新兴产业的发展经验,得出对我国发展战略性新兴产业的主要启示。

(2)战略性新兴产业技术创新联盟的内涵和特征界定。在分析战略性新兴产业技术创新特征和技术创新模式的基础上,结合战略性新兴产业技术创新属性,提出战略性新兴产业技术创新联盟概念,并对联盟的主体行为进行分析。从创新组织形式、创新重点和创新方式三方面对传统产业技术创新联盟和战略性新兴产业技术创新联盟进行比较分析,进一步界定战略性新兴产业技术创新联盟的内涵和特征。

(3)战略性新兴产业技术创新联盟构建机理探究。结合战略性新兴产业创新属性和创新过程,分析战略性新兴产业技术创新联盟构建原则和构建路径。基于技术生态位视角,构建联盟合作伙伴技术生态位评价指标体系,运用灰色关联—模糊综合评价法对联盟伙伴选择和评价进行深入研究。通过对鄱阳湖生态经济区高端装备制造业、新材料产业和新一代信息技术产业等战略性新兴产业技术创新联盟企业进行实地调研和典型案例研究，实证分析技术资源、文化背景、信息沟通和合作意愿四方面对联盟构建的影响。结合实证研究结果，提出战略性新兴产业技术创新联盟构建策略，进一步揭示战略性新兴产业技术创新联盟构建机理。

（4）战略性新兴产业技术创新联盟知识共享机制研究。由于战略性新兴产业技术知识属性与知识共享面临的动态性和复杂性，在分析战略性新兴产业联盟网络知识共享行为特征的基础上，运用静态博弈和动态博弈理论，构建企业间无协同效应和有协同效应的知识共享博弈模型，探究联盟网络主体间的知识共享问题。研究发现，当企业间无协同效应时，联盟网络中存在"搭便车"现象；当企业间有协同效应时，联盟网络中的企业会根据协同效应价值和风险损失水平不断调整自己的知识共享策略，只有满足约束条件的知识共享才能成为演化稳定策略。另外，实证研究了组织间知识共享、知识吸收能力和知识转化能力对战略性新兴产业协同创新效应的影响，试图揭示联盟知识治理与协同创新绩效的关系。

（5）战略性新兴产业技术创新联盟运作机理研究。由于战略性新兴产业技术创新联盟是一项复杂的系统工程，需要建立长期、稳定的战略合作关系，才能共同攻克战略性新兴产业发展的共性技术和关键核心技术。但联盟运行发展的实践表明，我国的产业技术创新联盟难以形成战略性新兴产业技术创新链所需的长期持续的合作关系，运行过程中还存在许多不足。在分析战略性新兴产业技术创新联盟运行中存在问题的基础上，运用战略生态位（SNM）理论，借鉴生态位态势理论观点，分析战略性新兴产业技术创新联盟技术生态位态、势互动机制，并从宏观、中观和微观三个层面提出创新联盟的运作策略。

（6）战略性新兴产业技术创新联盟政府支持政策研究。在对我国产业技术创新战略联盟相关政策进行梳理的基础上，结合我国战略性新兴产业技术创新联盟发展实际，借鉴主要发达国家产业技术创新联盟支持新兴产业技术创新联盟发展的经验，从国家层面和地方政府层面提出我国战略性新兴产业技术创新联盟的支持政策。相关研究成果及政策建议能为政府职能部门与企业制定联盟治理和发展政策提供理论依据。

（7）战略性新兴产业技术创新联盟典型案例分析。根据前面的研究成果，选择我国战略性新兴产业领域的产业技术创新战略联盟典型案例，分析它们的构建背景、运作情况及主要做法，以期对前面的理论研究提供例证和支撑。

二、研究方法

（1）规范分析方法。通过文献查询、专家咨询和理论演绎与归纳，对战略性新兴产业技术创新联盟构建与治理的理论依据、相关概念、主要特征及影响因素等问题进行系统研究。

（2）案例研究方法。通过对国外主要发达国家新兴产业发展的主要做法和经验进行分析，得出对我国战略性新兴产业发展的启示。借鉴国外政府支持产业技术创新联盟发展的经验，提出我国战略性新兴产业技术创新联盟政府支持政策的建议，并选择我国战略性新兴产业领域内的产业技术创新战略联盟典型案例，对理论研究进行例证。

（3）实证研究方法。通过对鄱阳湖生态经济区域战略性新兴产业相关企业与机构的技术人员和科研人员进行问卷调查与实地访谈，获取战略性新兴产业技术创新联盟有关治理和协同创新效应方面的数据，利用 SPSS 统计分析软件对调查所获数据进行统计分析，采用因子分析、结构方程模型等计量统计手段协助获得相关研究结论，以实现对联盟治理与协同创新绩效的验证。

（4）静态分析与动态分析相结合的方法。战略性新兴产业技术创新联盟处于动态发展过程中，探寻联盟治理规律，可运用动态分析方法对其发展进行动态观察。只有运用静态分析与动态分析相结合的方法，才能把握战略性新兴产业技术创新联盟。

第二章 理论基础与研究述评

第一节 相关研究理论基础

一、资源基础理论

传统的企业战略管理理论建立在环境决定论基础上,将企业的竞争优势归因于有利的产业结构,企业需要寻找合适的产业和准确的战略定位才能获取竞争优势(Porter,1985)。但这种建立在环境决定论基础上的战略理论无法解释同一产业结构下不同企业之间竞争优势的巨大差异。资源基础理论认为,企业不是简单的产品集合体,而是一个资源集合体;同一产业内的企业拥有彼此异质的资源,企业的竞争优势不是来自于产业外部和产业结构,而是企业不断积累的自身拥有的资源和能力的有效整合与利用。Penrose(1959)在《企业成长理论》中最早提出资源理论观点,认为企业的发展和竞争优势是企业内部资源间相互作用的结果。Wernerfelt(1984)在《企业的资源观》中基于企业管理的视角提出企业不是产品市场活动的载体,而是独特资源的组合。Rumelt(1991)研究发现,企业竞争优势并非来自外部市场力量和行业结构特征,而是企业内部某些特殊因素起作用的结果。Barney(1991)发表的《企业资源与持续竞争优势》构建了企业资源基础理论的研究框架,突出强调企业战略资源的基本属性和重要性。他把企业资源分为一般性资源和战略性资源,战略性资源具有价值性、稀缺性、难以模仿性和难以替代性,战略性资源是企业获取可持续竞争优势的关键。

在实际经济活动中，企业所需要的大部分资源不属于内部资源而是来自于企业外部，企业通过资源的学习和交易，才能形成合作互补的优势，从而获得企业的竞争优势。基于资源基础理论的视角，战略联盟被看作是企业从外部获取互补性资源的手段。因为在分工日益深化和专业化不断发展的环境下，企业无法凭借一己之力培育和积累所有的关键资源。战略联盟不仅为企业寻求外部有价值的互补性资源提供了平台，也能够有效整合联盟内企业的资源以创造新的市场机会和竞争优势（Richard，2001）。在联盟中，企业通过吸收合作伙伴的优势知识和技术资源适应市场需求，增强市场竞争优势和绩效。Das T. K. 和 Teng（2003）将资源基础理论比较全面地应用于对战略联盟的研究，他们认为获得外部资源并使之与企业内部资源融合，保持自身资源的拥有量和创造新的资源是企业积极参与联盟合作的最终目的。许晓明和徐震（2005）提出，企业需要不断地积累战略制定所需的各种资源，并需要不断地学习、超越和创新。只有当资源与能力达到一定水平，企业通过一系列组合和整合形成自己独特的，不易被模仿、替代和占有的战略资源，才能在外部环境中获得有利的竞争地位。徐二明和徐凯（2012）从资源互补和机会主义的角度分析了合作与竞争对技术创新联盟绩效的影响，得出联盟中的资源互补能够提高联盟的财务绩效与创新，是有效遏制机会主义的手段。产业技术创新战略联盟作为战略联盟的高级表现形式，可以被看作是拥有互补性独特隐性知识资源的主体的有机结合（吴红红，2016）。

企业资源基础理论对研究战略性新兴产业技术创新联盟的主要启示是，企业资源具有独特性和异质性，单靠企业自身拥有的资源难以承担研发任务，必须通过构建合作创新平台和战略联盟才容易实现。战略性产业技术创新联盟可以被看作是拥有互补性独特资源的主体为强化自身资源基础，通过整合联盟主体间的创新资源形成的具有独特整体优势的组织模式，通过整合与利用政府、高等院校、科研院所、战略性新兴产业企业、相关产业企业及其他组织的异质性和互补性资源，有助于形成强大的持续创新能力，促进战略性新兴产业技术创新的集成，突破战略性新兴产业发展过程中的共性技术和关键核心技术，提高战略性新兴产业的核心竞争力和竞争优势。

二、协同创新理论

熊彼特（1912）在《经济发展理论》中首次提出了创新的概念，标志着创新理论正式确立，但是在理论上，人们一直认为技术创新只能由企业独立开展。而全球化和互联网的兴起促成了封闭式创新网络的瓦解，仅靠企业内部研发资源已很难满足企业的发展需求，企业已不再是一个孤立的系统（陈劲，2012）。2003年，美国学者Chesbrough正式提出开放式创新理论，他认为开放式创新模式把外部创意和外部市场化渠道的作用上升到与内部创意以及内部市场化渠道同样重要的地位。

协同创新是基于开放式创新理论发展形成的，可以说是开放性创新中特殊的创新组织形式，更多强调政府、中介机构、金融机构等在营造协同环境中所发挥的重要作用。协同创新理论源于德国物理学家Haken创立的协同学理论，Haken（2005）认为协同学主要是研究不同事物之间的共同特征及相互协同机理。协同作用使开放复杂系统成为有序系统，并产生"1+1>2"的协同效应。许多学者（Peter Gloor，2006；Serrano和Fischer，2007；等等）把协同思想应用于技术创新研究领域。MIT学者Peter Gloor（2006）基于开放式创新理论，首次提出协同创新（Collaborative Innovation），他认为协同创新就是自我激励人员或组织在共同愿景的作用下组成网络，并利用网络平台分享创新思维、信息及研究进展，通过合作和协同来实现共同目标。Serrano和Fischer（2007）基于动态演化视角，从整合和互动的维度分析协同创新理论体系，认为协同创新是一个"沟通—协调—合作—协同"的过程。国内学者陈劲和阳银娟（2012）认为，协同创新是以知识增值为核心，以企业、科研院所、高等院校、政府等为创新主体的价值创造过程。陈芳和眭纪刚（2015）结合新兴产业协同创新的特征，界定了新兴产业协同创新的内涵和特征，认为新兴产业协同创新是创新主体内在演化动力和外部环境相互交织与影响的复杂过程。协同创新的关键是形成多元化创新主体的协同创新网络模式，强调主体间的分工协作和协同互动，通过核心创新主体引导和机制安排，对其他创新主体的技术、知识、信息等创新资源进行共享和整合，突出协同创新体系资源叠加的非线性整体效用。

战略性新兴产业技术创新联盟是典型的协同创新系统，利用联盟的创新平台将政、产、学、研等不同的主体整合起来，构建协同创新体系，实现资源优化配置和战略性新兴产业技术突破。在协同创新体系中，战略性新兴产业企业是协同创新的核心主体，在联盟运行过程中发挥主导作用；高等院校和科研机构进行协同创新意味着既能直接获取产业发展的相关资源，又能利用专业知识和人才优势对企业创新进行指导；作为协同创新体系中的维护和保障角色，政府运用财政、金融、科技创新、知识产权等相关政策能优化联盟的结构和保障联盟的稳定运行，促进协调主体加强交流、合作、协同。战略性新兴产业技术创新联盟的构建和治理不能单独依靠政府或市场力量，必须由政府引导和市场激发双重驱动，企业作为协同创新主体，不仅要强化自身自主创新能力，还要积极整合高等院校、科研院所等的创新资源，切实发挥企业的主体作用，只有这样，战略性新兴产业技术创新联盟创新驱动发展目标才能真正实现，联盟才能高效稳定运行。

三、演化博弈理论

博弈理论在经济管理领域中的应用十分广泛，如寡头理论、产业组织理论，并形成了经济学新的分支——信息经济学。传统博弈理论将参与决策的人假定为完全理性，但在现实生活中，由于认知的有限和信息获取的困难，参与人并不是完全理性，而只能是有限理性。

演化博弈理论以达尔文生物进化理论为基础，将博弈理论与动态演化过程分析结合起来，分析从个体到群体行为的形成机制，研究种群的进化趋势及稳定性。Simon（1955）通过对人们的决策行为进行实际调查后发现，经济主体的目标不是单一的、明确的和绝对的，由于受到时间、空间、精力或其他成本的制约，经济主体在市场活动中并不是绝对的理性人，掌握的信息和对信息进行处理的能力是有限的，他首次提出了有限理性原则，打破了博弈理论中的"经济人"假设，为后期演化博弈理论的产生提供了理论基础。Smith 和 Price（1974）将生物演化论与博弈理论相结合，提出了演化博弈的基本均衡概念——演化稳定策略（Evolutionarily Stable Strategy，ESS），标志着演化博弈理论的产生。Taylor 和 Jonker（1978）通过分析博弈策略随着时间变化的规律，提出了关于博弈动力学的连续确定性方程——复制动态方程，描述了如果一种策略的适应度比群体的平均适应度高，则说明该策略在群体中的使用比例随着时间的推移会得到增长。

Maynard Smith（1982）进一步把博弈理论、演化稳定策略和动态演化过程分析相结合，说明了演化博弈的重复动态过程。演化博弈理论表明，在具有一定规模的博弈群体中，博弈方进行着反复博弈活动。由于有限理性，博弈方不可能在每一次博弈中都能找到最优均衡点。于是，他的最佳策略就是模仿与改进过去自己和别人的最有利策略。通过这种长期模仿和改进，所有博弈方都会趋于某个稳定策略，这个策略通常被称为演化稳定策略。

演化博弈理论被推广到经济学、管理学、生物学、社会学和心理学等多个领域，尤其在经济管理学中发展迅速。王立平和刘志迎（2005）运用演化博弈理论分析了企业与科研机构的合作创新行为，指出了企业对于不同风险价值科研成果合作方式选择的变化趋势及其路径依赖性。陈劲、殷辉和谢芳（2014）在有限理性假设的基础上，首先把合作博弈策略分为协同创新、简单合作、不合作三类，然后运用演化博弈理论和多智能体建模方法，依托 Netlogo 仿真平台，构建了产学研合作非对称演化博弈和仿真模型，分析并验证了在不同的收益参数下合作系统的运行情况。朱怀念、张光宇和张成科（2016）首先研究了纯市场行为下协同创新主体中产学研双方的协同创新博弈，建立了二者的演化博弈模型，然后引入政府行为，将政府的博弈策略分为监督与不监督两类，构建了政产学研协同创新的三维动态演化博弈模型。

由于战略性新兴产业技术创新联盟的各主体都具有有限理性，在联盟构建和运行过程中，它们往往会根据其他主体的策略和自身在技术创新联盟中的适应性，不断调整自己的参与策略，以获取自身利益改善。战略性新兴产业技术创新联盟的构建和治理是一个不断选择变化的过程，因此，可借用演化博弈理论来对战略性新兴产业技术创新联盟的构建和治理进行分析。

四、战略生态位管理理论

战略生态位管理（Strategic Niche Management，SNM）理论源于生态学中的生态位理论，是生态位理论在技术创新管理领域的应用。在生态学上，生态位（Niche）是与生物所处环境直接相关的概念，它界定了各种生物因其独特的生存方式而各自占据特有的生态小环境。Hutchinson（1957）认为生态位是 n 维资源空间的超体积（Hype Volume Niche）。生态位现象不仅适用于生物界，同样也适用于企业管理领域。类似于生态学中生态位的定义，对于企业生态位的含义，目前主要存在两种观点：一种以 Hanna 和 Freeman 为代表，他们认为企业生态位是企业在战略环境中占据的多维资源空间，企业种群形成一个基础生态位，它占据特定的资源空间，该企业种群内的每个企业实际占据基础生态位的一部分或全部，称为现实生态位。另一种以 Baum 和 Singh 为代表，他们认为一个企业占据一个生态位，企业生态位是企业在资源需求和生产能力方面的特性，是企业与环境互动匹配后所处的状态，企业生态位描述组织群落中企业资源的需求和生产能力情况。

战略生态位管理（SNM）理论是技术创新理论和生态位理论相结合而衍生出来的一种新兴管理理论。该理论认为，通过战略生态位空间构建和运作，利用战略生态位内系统化学习和试验，可以促进新兴技术的研发、孵化和产业化（Lopolito A.、Morone P. 和 Sisto R.，2001；Schot J. 和 Geels W.，2008），其核心概念是技术生态位（或称为创新生态位）。荷兰学者 Schot 等首次提出技术生态位的概念，他认为技术生态位是为有发展潜力的突破性技术创新所构建的保护空间，以避免新兴技术一出现就与主流市场竞争（Schot J. 和 Geels W.，2008）。技术生态位开始是提供一个被保护的空间，在该空间内，不同创新主体（政府、企业、科研机构、高校、科技中介等）相互作用，使得突破性创新在这里可以被尝试和发展，逐渐适应存在的环境，最终向市场生态位跃迁。技术生态位是一个为新技术研发、应用起到试验平台作用的特定领域，在该领域内新技术可以得到暂时保护而免于市场或其他制度的约束，使得该新兴技术逐步走向成熟和产业化，避免新兴技术在适应市场环境前就与主流市场竞争（Weber M. 和 Hoogma R.，1998）。Agnolucci 和 Mcdowall（2007）认为，技术生态位是新技术的"孵化器"，当新技术产生后，它将在孵化空间进行培育和发展并受到保护。许多学者也认为，技术生态位是市场环境可供给新兴技术利用的资源的总和。Schot、Kemp、Hoogma 和 Weber（1998）及 Geels（2002）等基于技术生态位思想提出战略生态位管理（SNM）理论，并结合社会技术系统的观点，从微观和宏观视角解释了技术范式变迁、可持续发展且潜力大的新兴技术研发与应用、创新管理政策分析等问题，构建了一个新的技术创新研究分析框架（芬斌和许为民，2012）。Geels F. W.（2012）利用 SNM 理论从微观、中观和宏观三个层面分析了体制变革、技术创新与社会技术远景之间的相互关系和作用机理。

综上所述,战略生态位管理就是指为新兴技术构建受保护的战略生态位空间,利用战略生态位空间内的网络化运作、试验与学习,对新兴技术进行选择、研发、培育和孵化,最终成功实现新兴技术产业化和商业化的管理过程。基于SNM理论研究视角,战略性新兴产业技术创新联盟其实就是一个战略生态位空间,在该空间内,各创新主体相互协同,协作研发,共同攻克战略性新兴产业发展过程中的共性技术和核心技术。因此,SNM理论从技术创新和产业变革的角度为战略性新兴产业技术创新联盟的构建和运作提供了指导。

第二节 战略性新兴产业研究综述

2008年国际金融危机爆发以后,我国政府适时提出大力培育战略性新兴产业的要求,把加快培育和发展战略性新兴产业作为应对危机、提振经济的战略选择。2010年10月,国务院发布《关于加快培育和发展战略性新兴产业的决定》,标志着我国将发展战略性新兴产业上升为国家产业政策。众多学者对战略性新兴产业展开了深入研究,并取得了丰硕成果。

一、战略性新兴产业内涵及特征研究

1. 战略性新兴产业内涵研究

战略性新兴产业是在2008年金融危机后我国经济领域出现的热词。目前,学术界在战略性新兴产业的概念和特征界定上尚无统一定论。战略性新兴产业在国民经济中具有战略地位,对社会经济发展与国家安全具有重大和长远影响(万钢,2010)。该定义重点突出战略性新兴产业的创新性和战略性,强调其在产业结构调整和国民经济中的重要性。战略性新兴产业是对一个国家经济的长期战略发展具有支柱性和带动性的产业,是能够聚集并吸收世界先进技术、占据国内外市场制高点的产业(周菲和王宁,2010)。战略性新兴产业发展具有战略性、不确定性、正外部性和复杂性特征(李晓华和吕铁,2010)。战略性新兴产业发展有利于增强企业竞争能力，有利于实现产业结构调整和升级，有利于实现经济发展方式转变和掌握国际竞争主动权（朱瑞博和刘芸，2011）。战略性新兴产业作为新兴产业和战略产业的交集，是新兴产业中能够成为主导产业或是支柱产业的那部分，并在其中考虑了将来的一些因素（冯赫，2010）。《"十二五"国家战略性新兴产业发展规划》中对战略性新兴产业进行了定义，认为战略性新兴产业以重大创新突破和重大发展需求为产业基础，对社会全局和经济长远发展具有重大引领作用，具有知识技术密集、物资资源消耗少、成长潜力大、综合效益好四大重要特征。赵长轶、曾婷和顾新（2013）提出，战略性新兴产业是科学技术交叉融合的新兴产业，战略性新兴产业的技术创新相对于其他产业来说复杂性极高，仅仅靠企业的研发投入不能够满足市场对技术创新的要求，对知识密集型、复杂性高的新兴产业要实现技术突破创新。

综合以上及其他学者的研究成果可见，战略性新兴产业本质上包含了两方面内容：一是战略产业，二是新兴产业。战略性强调国家整体利益，而非地方政府、企业、个人等的局部利益，战略性新兴产业在国民经济中具有极其重要的战略地位，既代表着产业发展方向，又关系到国家或地区的产业安全和经济命脉。新兴性表示战略性新兴产业尚未形成市场规模，但却具有明显的重大科技创新和技术驱动的特征，代表了市场对产品的新要求、产业结构调整升级的新方向以及科学技术产业化和市场化的新水平。

2. 战略性新兴产业特征研究

有关战略性新兴产业的特征，不同的学者基于不同的研究视角进行了阐述。战略性新兴产业发展具有战略性、不确定性、正外部性和复杂性特征（李晓华和吕铁，2010）。陆立军和于斌斌（2011）认为，战略性新兴产业除具有创新性、融合性等特征外，还具有关联效应，能将新技术产业技术和经济相联系，带动产业结构转化。申俊喜（2012）在战略性新兴产业的复杂性研究方面提出，战略性新兴产业的技术创新具有先导性、复杂性和风险性等特点。汪秀婷和杜海波（2012）研究认为，战略性新兴产业具有战略性、先导性、知识密集性、强关联性、高收益与高风险性等特征，其产业形态的形成既有产业自身内在发展规律的驱动，也有具有时代特征的科技创新。战略性新兴产业属于高端性的、知识密集型产业，战略性新兴产业要想实现产学研协同创新，就必须在传统产业产学研合作的基础上实现（王加莹，2014）。刘春江（2015）对战略性新兴产业特征的概述也包含了强关联性，战略性新兴产业正外部性较强，带动系数大，产业链长，与其他产业关联度大，影响范围广，对其他产业和整个经济具有带动作用。

综合以上学者对战略性新兴产业特征的总结可知，尽管侧重点不一，但在战略性新兴产业区别于高技术产业、主导产业和新兴产业的三个显著特征方面基本达成共识。一是战略性，即能通过较强的产业关联效应将新技术扩散到整个产业系统，引起产业结构变化；二是新兴性，战略性新兴产业的技术标准、产业规则和产业结构都正在形成中，不确定性高，风险程度大；三是创新驱动性，不仅支撑战略性新兴产业发展的关键技术都是通过创新获得的，而且产业的商业模式与传统产业有显著差异，具有很强的创新性。

二、战略性新兴产业选择研究

科学选择符合本地区发展的战略性新兴产业非常关键。主要发达国家根据世界科技发展、产业前景及自身资源禀赋选择不同的产业作为新兴产业。例如，美国选择了航空航天、新能源、医药卫生和新一代信息技术产业；日本选择了新能源、再生能源开发技术以及海洋工程等产业；欧盟则主要以节能环保型产业为主。在产业选择方面，高友才（2010）认为应根据产业创新力、产业引领力、产业持续力、产业聚集力、产业碳减力五个特征正确选择战略性新兴产业。刘志阳（2010）提出了影响新兴产业主导设计的六要素。董广茂和吴贵生（2010）研究了新兴产业形成阶段的产业生态系统中企业能力的构建。刘洪昌（2011）提出了选择战略性新兴产业的总体原则。贺正楚和吴艳（2011）结合战略性新兴产业的特点遴选了评价指标，并构建了产业评价模型。郭晓丹（2011）认为，在战略性新兴产业中，产业发展前景及预期利润都会对企业的市场进入形成较强的吸引力。刘铁和王九云（2012）探讨了区域战略性新兴产业选择趋同问题，但各地区如何结合本地实际，根据什么样的评价标准选择合适的产业作为本地的战略性新兴产业，这是亟待解决的问题。王健和张卓（2014）基于业态比较的研究方法，从发展效率评价和产业特征两方面对高新技术产业、战略性新兴产业、支柱产业与主导产业进行了比较，提出战略性新兴产业发展效率的评价框架。许婷等（2016）指出，政府政策、市场环境、企业关系以及企业内核心技术四个方面是制约战略性新兴产业选择的原因。

三、战略性新兴产业发展研究

1. 战略性新兴产业发展模式研究

国际金融危机之后,世界各国都在思考如何寻找下一轮经济增长的新动力,而战略性新兴产业对国民经济发展和国家安全具有重大影响,因此在"后危机时代",战略性新兴产业成为了政府和业界关注的焦点。那么,战略性新兴产业的发展模式和传统产业的发展模式有何不同?目前如何选择与确立战略性新兴产业的发展模式已成为学界和业界关注的焦点。

刘志阳(2011)认为,战略性新兴产业集群因其创新驱动、知识溢出特征而成为新兴产业发展初期的主要培育模式。李晓华和吕铁(2010)认为,我国战略性新兴产业发展要与传统比较优势相结合,采取开放式发展模式。战略性新兴产业发展可选择军民融合式(乔玉婷和曾立,2011)。战略性新兴产业发展必须科学制定技术路线图,增强企业技术创新的积极性和创新能力,努力形成各具特色的区域新兴产业网络(申俊喜,2011)。区域战略性新兴产业要实现产业带动性创新目的,必须进行模块组合和构架组合的产品创新管理、模块网络组织创新管理(邓龙安和刘文军,2011)。胡昱(2012)提出,要促进我国经济结构由以传统产业为主向以战略性新兴产业为主的方向调整,必须准确把握两者的异同,在关键环节上实施新的发展战略,使战略性新兴产业在高点起步和发展。熊勇清和余意(2013)分析了传统企业对接战略性新兴产业的决策影响因素,建立了传统企业与战略性新兴产业匹配对接的路径决策模型,并提出"转型对接"、"升级对接"、"关联对接"和"辐射对接"四条具体的匹配对接路径。薛澜(2013)等从发展目标、发展主体、发展动力、发展模式和发展格局五个方面系统分析了全球主要发达国家战略性新兴产业的发展趋势与特征,并对我国发展战略性新兴产业提出了具体建议。

刘晖等(2014)从市场需求、创新投入、发展效率、发展质量四个方面进行了产业创新驱动的影响要素分析,提出了创新驱动四要素螺旋模型。产业融合是战略性新兴产业发展的重要路径(李丫丫和赵玉林,2015)。后发地区战略性新兴产业的成长动力是由政府推动力、需求拉动力、创新带动力和企业驱动力构成的，这四种动力的相互作用形成了一个复杂的动态动力系统（曲永军和周晓斐，2015）。张慧颖等（2016）基于我国机器人产业演化研究，建立了新的 A-U 模型，提出了推动我国战略性新兴产业发展的路径与对策。政府研发补贴、企业技术吸收能力、大企业虚拟变量与产学研合作之间的交互效应，对战略性新兴产业创新绩效都具有稳健而显著的正向影响（吴俊等，2016）。

2. 战略性新兴产业发展政策研究

战略性新兴产业的发展政策主要包括市场培育政策、产业技术政策、国际合作政策、投融资政策、专项政策等。许多学者在借鉴国外经验的基础上，提出了针对我国发展战略性新兴产业的政策建议（周菲和王宁，2010）。郭晓丹（2011）认为，政策推动将在战略性新兴产业发展中起到重要作用。刘志阳（2010）就我国推进战略性新兴产业自主创新提出了相关政策建议。蒋宁和张维（2011）从动态竞争优势的视角建立了战略性新兴产业政策体系。邹辉霞和姜棱炜（2011）从复杂科学管理整合论的视角提出了我国战略性新兴产业发展的对策。也有学者认为各省份应根据自身实际，针对区域发展特点，制定相应的战略性新兴产业发展政策（朱瑞博和刘芸，2011）。

廖晓东等（2015）从研究开发政策的角度出发，解释了研究开发政策对战略性新兴产业的影响，其研究表明，研究开发政策解决的问题主要集中在产业创新链上，以确保创新链每一个环节能够有效衔接。后发地区战略性新兴产业的成长动力是由政府推动力、需求拉动力、创新带动力和企业驱动力构成的，这四种动力的相互作用形成了一个复杂的动态动力系统（曲永军和周晓斐，2015）。曹阳、孟媛和席晓宇（2016）分析了微观单一因素对战略性新兴产业的影响，发现企业所得税优惠和研发费用加计扣除政策对战略性新兴产业企业的研发强度、盈利能力、发展能力和技术能力都有显著的促进作用，并且相比盈利能力，这两项政策对企业发展能力的促进更明显。战略性新兴产业发展各阶段的失灵机理和表现不同，政策干预的目标和工具选择也应动态调整，产业创新政策研究和制定应遵循"发展阶段—失灵机理—政策目标—政策工具"的理论框架（汪涛、赵国栋和王婧，2016）。政府补贴存在一个临界点，低于此点的补贴强度可以诱导企业 R&D 投入，高于此点的补贴强度会挤出企业 R&D 投入（武咸云等，2016）。政府研发补贴、企业技术吸收能力、大企业虚拟变量与产学研合作之间的交互效应，对战略性新兴产业创新绩效都具有稳健而显著的正向影响（吴俊等，2016）。

现有的关于战略性新兴产业发展政策的研究，主要注重从宏观视角提出抽象的策略与建议，如产业引导、科技支撑、环境优化等。尽管这些建议能给我国战略性新兴产业发展提供很好的思路，但是缺乏微观基础，缺乏针对性，缺乏具体、可操作性的方法。如何充分借鉴国内外的实践和经验，针对不同的战略性新兴产业的特点，从微观视角有针对性地为战略性新兴产业发展提供切实有效、可操作性的策略和建议是我们下一步要研究的问题。

第三节 产业技术创新联盟研究综述

产业技术创新联盟作为一种新的产学研合作模式，越来越受到广大学者的关注。在联盟过程中如何选择联盟合作伙伴，如何建立有效的管理机制和运行机制进行有效的联盟治理，发挥产业技术创新联盟的创新优势、降低联盟风险和保持联盟稳定性，从而提升联盟的协同创新绩效、实现联盟成员利益最大化等已成为学术界和产业界的研究重点。具体研究体现在以下几方面：

一、产业技术创新联盟内涵研究

学者对产业技术联盟的研究最早源于战略联盟。Teece（1992）认为，战略联盟是两个或两个以上合作伙伴组成的协议网络。Gulati（1998）指出，战略联盟是企业间交换、共享或共同开发新产品或服务的自发性活动。Hagedoorn等（2000）认为，技术联盟主要是基于创新导向，为了共同的R&D而组合在一起。产业技术创新联盟是企业技术联盟在产业层面的拓展。产业技术创新战略联盟主要解决产业技术创新问题，不是个别企业的技术问题（李新男，2009）。产业技术创新战略联盟是满足国家重点产业技术创新需要，聚焦于战略高技术、重大关键共性技术和支撑性技术的创新联盟（万钢，2010）。杨伟（2013）认为产业共性技术创新项目是联盟组织的核心任务，产业技术创新战略联盟是一个典型的项目导向型组织。技术创新联盟是产学研各方在产业技术层面的优势结合，"联合开发、优势互补、利益共享、风险共担"是联盟得以存在和发展的根本原则（李国武和李玲玲，2012）。付苗（2013）基于产学研共生网络视角，研究了产业技术创新战略联盟的组织模式。产业技术创新联盟主要解决产业技术创新问题，不是个别企业的技术问题。邸晓燕等（2011）和谢科范等（2013）认为产业技术创新联盟是以产业利益为出发点，以产业技术创新为目标，联盟内部参与主体跨产学研各界且主体之间是一种契约关系，虽然依存度很高但合作自由化。产业技术创新战略联盟是由政府主导建立的，以产业技术创新和整体技术水平、技术竞争力提升为目标，由产业内两个或者两个以上技术创新主体形成的联合致力于技术创新活动的组织（曾德明和陈德勇，2012）。Nicholas Vonortas 和 Lorenzo Zirulia（2016）基于对新兴技术密集型企业复杂网络结构的分析认为，产业技术创新联盟是拥有先进技术的企业主导，跟随企业在衡量联盟绩效后，通过知识共享来实现自身技术进步的合作组织。战略性新兴产业企业基于产业技术的需求，选择与高校、科研院所组建产学研联盟，有效聚集并整合优势资源和前沿技术，突破技术创新瓶颈和攻克关键技术难题，推动科技成果转化与应用，提高技术创新效率（曹霞和于娟，2016）。

综合以上学者的观点，产业技术创新联盟的基本特征主要体现在以下几方面：一是体现国家和区域发展战略目标；二是建立在联盟成员技术创新需要的基础上，重点解决产业技术创新中重大关键共性技术问题；三是成员间签订具有法律约束和保护的联盟协议，形成产学研长期稳定的战略合作，实现共同的战略性创新目标。总的来说，产业技术创新联盟不仅是企业、高校与科研机构之间缔结的技术联盟，而且是一种聚焦产业共性技术和关键核心技术、聚焦国家或区域经济发展急需的支撑性产业技术创新、满足产业发展和区域经济发展需要的新型战略联盟。

二、产业技术创新联盟构建及运行模式研究

1. 产业技术创新联盟构建研究

战略伙伴选择是产业技术联盟构建的重要环节。Beckman、Haunschild 和 Phillips（2004）认为，在联盟中选择朋友还是陌生人作为合作伙伴，依赖于企业所面临的不确定性。Bierly 和 Gallagher（2007）提出，新兴产业技术创新联盟合

作伙伴选择应特别关注其独特能力。Wu、Shih 和 Chan（2009）提出了联盟合作伙伴选择的一级指标和次级指标。Chong Wu and David Barne（2009）建立了合作伙伴选择标准的三阶段模型。为了延长企业的技术生命周期，企业往往会选择与本身技术创新类似度高的企业合作（C. C. M. Stolwijk 和 E. den Hartigh，2015）。Paul Chiambaretto（2016）基于竞合视角，运用资源理论对联盟展开研究发现，由于市场的不确定性，企业相比协作联盟更倾向于竞争性联盟。

国内学者胡争光（2011）认为，构建产业技术创新战略联盟必须突出产业技术特征，知识资源互补性、文化相容性、相互信任持久性以及组织柔性化是影响高技术企业技术联盟伙伴选择的重要因素。组织层面因素与个体层面因素之间的互动是创新联盟中企业联盟能力构建的关键。曹兴、龙凤珍和秦耀华（2011）基于知识转移视角研究了技术联盟合作伙伴选择机制。牛振喜等（2012）基于协同理论研究了产业技术创新战略联盟的构建方法与路径。王世庆和殷群（2012）在深入分析我国产业技术创新联盟组建行为特征的基础上，运用演化博弈理论探讨了联盟参与各方的组建目标、策略选择、组建预期条件和可能性。寿涌毅和宋淳江（2014）在对伙伴选择影响因素进行总结的基础上，选取费用、时间、风险及合作伙伴间的协作关系作为主要考虑因素，建立了复杂产品系统研发项目伙伴选择多目标整数规划模型。殷群和李丹（2014）基于国内外联盟合作伙伴选择领域的研究成果，提出产业技术创新联盟合作伙伴选择是联盟与合作伙伴的一个双向选择，且联盟合作伙伴选择也离不开政府。李建玲（2015）运用蚁群算法建立了联盟合作伙伴选择模型，进而通过赋值与模型分析，形成对产业共性技术联盟合作伙伴的选择方法。杨陈和孙金花（2016）基于联盟合作网络嵌入视角，构建了两阶段技术创新联盟隐性知识转移演化博弈模型，深入分析了双元隐性知识与关系嵌入等参数变化对联盟主体行为选择的影响。产业技术创新战略联盟围绕创新问题，把企业、大学、科研机构联合在一起，开展技术合作，建立公共技术平台，实现创新资源的有效分工与合理连接（徐晗和张雪，2016）。

2. 产业技术创新联盟运行模式研究

产业技术创新联盟在高风险、高投入、信息不确定性等特征下，其有效运行受到诸多因素的影响。构建和运行有效的联盟，需要联盟中各个主体之间的关系类似于生态学中的共生关系，相互促进、共同发展（徐刚、梁淑静和高静，

2012)。付敬和朱桂龙（2013）基于创新源理论的视角构建了共性技术创新理论模型，认为企业需要在联盟中汇集"政、产、学、研、用、供"等各方共性技术创新的必要资源。宋东林（2013）认为，产业技术创新战略联盟的运行模式主要有高校院所主导模式、政府主导模式、企业主导模式和中介服务机构主导模式四种，分别对应着高校院所核心型联盟网络、政府核心型联盟网络、企业核心型联盟网络和中介服务机构核心型联盟网络四种网络类型。刘兰剑、吕宏强和张荣刚（2014）通过引入跨组织学习，建立了网络嵌入性、跨组织学习与两类技术创新之间的关系模型，经过实证检验发现，在关系嵌入性与渐进性创新之间，开发性学习的中介效应明显。刘二亮和纪艳彬（2014）认为，知识联盟内各成员互相学习和知识共享，能够最大限度地利用分散于联盟组织的异质性知识，从而推动知识联盟的知识创造。产业技术创新联盟中，知识吸收能力、最大知识存量等因素对知识存量增长及均衡态具有正向反馈作用（龙跃等，2016）。任大勇（2016）构建了基于随机博弈 Petri 网的集群企业技术合作创新的随机演化博弈模型，探讨了局中人不同的初始合作策略选择概率对演化博弈均衡结果的影响。上述研究表明，产学研合作技术创新联盟是在一定内部与外部动力机制相结合的促进或激励下形成的，选择合理的运行模式、构建良好的协调机制与保障机制是联盟顺利运行的前提。

三、产业技术创新联盟治理机制研究

产业技术创新联盟是联盟的一种新模式，现有的许多企业联盟治理研究成果对于产业技术创新联盟治理研究具有很好的借鉴作用。综合现有文献分析，联盟治理研究主要从以下三个方面展开：

1. 产业技术创新联盟风险管理机制研究

由于技术创新具有高风险性和不确定性，风险控制成为产业技术创新联盟合作式创新能否顺利进行的关键。Das 和 Teng（2000）认为，决策者的风险感知是战略联盟构建的关键因素之一。Delerue（2005）通过分析法国生物医药产业技术创新联盟的典型案例，认为产业技术创新联盟是一种高风险、不稳定的组织结构，关系风险受多种因素共同影响，相对独立的自主风险管理并不能有效控制联盟风险。Olson 等（2005）阐释了信息时代风险的产生根源和风险管理措施，指

出高层管理人员的控制权会对企业面临的风险程度产生重要影响。Percin（2008）从多重属性风险收益的角度，针对风险收益分析问题提出等级模糊的 TOPSIS 模型。有学者对联盟初始阶段存在的成员信任和联盟风险评估问题进行了研究（Li 和 Liao，2007；Langfield-Smith，2008）。赵志泉（2009）认为，技术创新联盟的运行面临着技术研发失败与联盟参与方的机会主义倾向双重风险，需提前制定风险分担机制，并通过协议、法律、信誉、道德等多方面的机制约束联盟各参与主体。殷群和贾玲艳（2013）在内部风险分类识别的基础上，深入分析了产业技术创新联盟内部风险的成因，并针对产业技术创新联盟内部风险提出管理对策。曾德明等（2015）引入贡献率、投入比率、风险承担率以及谈判力强度等影响因素，分别对高技术产业技术创新联盟的有形利益和无形利益分配进行了研究。

2. 产业技术创新联盟稳定性机制研究

产业技术创新联盟由企业、高校和科研院所等独立组织构成，它们各自的目标和运行方式存在一定差异，联盟本身具有不稳定性。因此，如何保持联盟的稳定性自然就成为研究的热点问题。Gill 和 Butler（2003）研究发现，联盟的不稳定性是由联盟之间的不信任关系造成的，提升联盟主体之间的信任、减少谈判冲突和技术资源垄断，可以促使联盟稳定有效运行。Bierly 和 Coombs（2004）研究了战略联盟在新产品开发不同阶段的稳定性和不同股权结构对联盟稳定性的影响。Hansan 等（2008）研究发现，在机会主义最小化并且获得最大化竞争的条件下，通过联盟成员间强有力的信任关系来维持联盟的稳定性。Mccutchen（2008）等基于联盟内部视角，通过对生物医药联盟典型案例的分析研究，认为联盟不稳定性因素主要包括联盟任务复杂程度的差异、联盟经历的差异和联盟经验的差异等。联盟管理能力（AMC）影响联盟不同类别共享合作伙伴的理解和集体目标的追求（Eva Niesten 和 Albert Jolink，2016）。

国内学者蒋樟生和胡珑瑛（2009）研究认为，知识转移和技术创新能力对产业技术创新联盟的稳定性有影响。技术创新联盟成员之间的群体协商方法有利于提高联盟企业合作的稳定性。龙勇和付建伟（2011）研究发现，当联盟伙伴之间存在不平衡竞争关系时，合作伙伴之间的资源相互依赖性将加大联盟伙伴的关系风险，影响联盟的稳定。李瑞光（2015）将产业技术创新战略联盟稳定性的表现形式归纳为联盟成员对联盟现状的满意度和对联盟未来的期待度，通过理论演绎构建了"品质因素+情境因素+互动因素+机会主义—联盟稳定性—联盟绩效"以及产业环境动荡性调节效应的概念模型。李建玲（2015）认为，除具有一般联盟的共性外，目标的特殊性、成员的多样性、信息的不对称、风险的多重性决定了产业技术创新联盟组织的复杂性、不稳定性和激励问题的特殊性。张瑜（2016）基于契约设计理论，研究了创新主体在合作过程中的利益协调问题。杨震宁、赵红和徐俪菁（2017）通过对华为与摩托罗拉、中国一汽集团与德国大众汽车公司两个跨国技术战略联盟进行跨案例比较研究和理论分析，发现跨国技术战略联盟中存在的隐性和显性障碍对于联盟稳定性有一定的影响，资源共享型和资本分担型合作方式对于联盟稳定性的影响不同，我国在建立跨国技术战略联盟的过程中，要注意联盟合作方式的选择和对联盟中存在的风险与障碍的识别。

3. 产业技术创新联盟创新绩效评价机制研究

企业技术联盟与创新绩效存在着正相关关系。Lang-Held-Smith（2008）结合联盟前形成因素与联盟后形成因素构建了联盟绩效多维度评价模型。Jiang 和 Li（2009）从知识管理的视角探讨了战略联盟对企业绩效的影响。潘东华和孙晨（2013）在分析产业技术创新战略联盟与产学研联盟、战略联盟异同点的基础上，以科技水平提升、联盟建设、产业竞争力提升为一级指标，构建了产业技术创新战略联盟创新绩效评价指标体系，并对联盟创新绩效评价方法进行了再设计。宋东林（2013）分析了产业技术创新战略联盟的形成机理，构造出了产业技术创新战略联盟复杂网络结构模型，分析了各种可能的运行模式，寻求不同条件下的最佳匹配运行模式，以实证方式探索了联盟网络结构特征与联盟运行绩效的关系。

李煜华和王月明（2014）通过构建政府补贴模型，从产业政策和政府财政补贴两个方面，分析了政府行为在战略性新兴产业技术创新联盟构建阶段和发展阶段的激励效应。骆远婷和李延罡（2015）从联盟个体和整体两个维度出发，构建了产业技术创新战略联盟运行绩效多层评价指标体系，并针对评价指标的模糊性和联盟内外部环境的不确定因素，建立了一种基于满意度的多级评价模型。李壁（2016）提出了协同创新绩效评价的详细指标，并构建了协同创新绩效评价模型来进行评价，丰富了基于战略联盟的协同创新绩效评价体系。李艳飞（2016）运用多元层次回归分析方法解析了创新联盟互动机制对创新绩效的作用机理问题。研究结果发现，知识整合能力在创新联盟互动机制与创新绩效关系之间起着中介作用，而知识吸收能力则调节着创新联盟互动机制与知识整合能力之间的关系。

第四节　相关研究述评

通过以上文献梳理发现，现有对战略性新兴产业的研究主要集中于战略性新兴产业的界定、特征、选择以及发展政策。针对技术联盟、产业联盟以及产业技术创新联盟的特征，联盟构建，联盟治理及稳定性的研究也取得了丰硕的成果。但在发展战略性新兴产业的大背景下，把战略性新兴产业和技术创新联盟相结合的文献较少，已有的一些研究也以描述性和静态研究居多，从动态演化视角进行的研究很少，尚缺乏系统和完整的理论模型以及深入的调查研究成果。

其实，在不确定环境下，联盟构建和治理都是一个动态过程，从静态视角进行联盟构建和治理的研究具有一定的局限性，难以解释它们之间的作用机理。因此，基于动态演化视角，结合战略性新兴产业的特点，重新研究技术创新联盟构建及治理是目前联盟研究领域的热点问题。具体可从以下几个方面展开：

（1）战略性新兴产业技术创新联盟构建机理研究。结合战略性新兴产业技术创新差异，分析传统产业技术创新联盟和战略性新兴产业技术创新联盟的不同，探究战略性新兴产业技术创新联盟的内涵和特征；结合区域战略性新兴产业的特点，提出战略性新兴产业技术创新联盟构建的原则与路径；整合协同学理论、合作博弈理论和技术创新理论，探索战略性新兴产业技术创新联盟构建的动力机制，建立联盟动力机制综合模型，分析动力机制与联盟构建的作用机理。

（2）战略性新兴产业技术创新联盟治理机制及有效性研究。在网络层面，围绕联盟中的主导企业，基于动态演化视角，从选择机制、协同创新机制和运作机制等方面构建战略性新兴产业技术创新联盟治理机制的三维分析框架。结合实证研究，从静态和动态两方面构建联盟治理机制有效性评价模型，实现对联盟治理效应的评价。

（3）战略性新兴产业技术创新联盟创新绩效评价实证研究。结合协同创新和绩效评价理论,通过考虑联盟主体之间存在的共性和差异性,构建产业技术创新战略联盟绩效评价的一般指标和特殊指标。采用多元化的评价主体,运用完善的绩效评价指标体系,从联盟的社会效应和自身的市场收益等多角度、多层次进行评价。

(4)战略性新兴产业技术创新联盟政府支持政策研究。战略性新兴产业技术创新联盟作为产业技术创新联盟的一种特殊形式,主要由政府引导和市场推动双重驱动,其运行模式和传统产业技术创新联盟也有很大不同,政府如何针对战略性新兴产业技术创新属性,结合不同的战略性新兴产业的特点和发展的不同阶段,制定出具有前瞻性、科学性、针对性和可操作性的政策措施是值得我们研究的课题。

第三章 战略性新兴产业发展现状及问题分析

21世纪以来,受互联网和信息技术发展的影响,全球科技进入新的创新密集期,新一轮科技革命正在发生。历史经验表明,每一次重大科技突破都会催生新兴产业,推动产业革命的发生。2008年以来,受国际金融危机、资源短缺和全球环境气候变化的影响,以知识密集、高端智能、绿色低碳为特征的新兴产业正在兴起,并越来越受到世界各国的重视。发达国家为保持经济领先地位,政府积极引导、出台配套政策大力支持发展新兴产业。我国为摆脱产业价值链低端位置,躲避"追赶陷阱"且在新一轮经济增长中占有一席之地,党中央和国务院把培育和发展战略性新兴产业作为我国建立现代产业体系、实现产业转型和创新驱动发展、推动未来经济发展的着力点。

第一节 主要发达国家新兴产业发展现状及主要做法

随着科技发展的交叉融合,美国、欧盟、日本等主要发达国家在技术创新和产业发展上取得了不同程度的突破,新兴产业在世界各国逐渐涌现并快速发展,呈现出与传统产业不同的特征,主要发达国家在新兴产业发展方面的做法也各有不同。

一、美国新兴产业发展现状与做法

2008年全球金融危机爆发后，美国各界对20世纪70年代以来美国经济的增长范式和结构性变化进行了深刻的反思，美国也由此进入了一个经济战略全面调整的新时期。金融危机后，奥巴马政府提出了"救市"计划，2009年奥巴马签署了《2009年美国复兴与再投资法》和《美国创新战略：驱动可持续增长和高质量就业》，提出总额7870亿美元的经济刺激计划，重点扶持新能源与环保、信息和互联网、生物医疗、空间、海洋和航天等新兴产业，美国政府的这些做法大力推动了新兴产业的快速发展。美国把创新驱动发展作为新兴产业发展的总纲领，在2009年、2011年和2015年颁布的《美国创新战略》中，美国把投资于创新和营造良好的创新生态环境作为新兴产业发展的基石，重点将先进制造、生物技术、清洁能源等作为优先发展的领域，持续推进这些领域的技术突破和产业发展，确保美国的领先地位。2015年，根据新形势变化，美国又将精准医学、大脑计划和智慧城市等也列入重点支持的领域，推进无线宽带建设，积极发展清洁能源，实施"创业美国"计划，并设立了两个10亿美元的种子基金。为了提高研究和开发资金的使用效率，美国能源部设立了三个能源创新中心，每个中心会集了来自学术界、企业和政府的高级研究人员（王斌和骆祖春，2011）。美国生物技术领域位居世界前列，在生物育种方面，美国几家企业几乎垄断了全球蔬菜和谷物的种子产业；在医学方面，全球的生物医学工程前十强企业很大一部分来自美国，如基因泰克公司、安进公司、建赞公司等在生物医药领域实现了技术的重大突破。

目前，美国市场经济逐渐转向可持续的增长模式，国内产业尤其是智能装备和新材料装备制造业取得了重大进展（曾昭宁和魏珍，2011）。如波音公司开发出的激光动力推进系统，能被应用于航天器、导弹、火箭等高科技领域。除了在3D打印技术和动力设备制造上取得重大技术创新外，哈佛大学研究人员研发的新材料多功能打印喷头，在打印过程中能随时转换材料的元素和成分，扩大3D打印的区域和效果。2015年，美国在新一代信息技术上也取得了丰硕的成果，如人机交互技术、神经网络、光纤通信等，拓展了人工智能领域的发展及应用。制造业技术的不断改进和突破，促使美国政府将发展制造业提到了更高的战略高度，并出台了相应的保护和刺激政策。美国企业在自身发展的同时，会积极主动地与高等院校、科研机构进行合作，建立产业园区，加快研发成果和技术转化为现实生产力的速度。

二、德国新兴产业发展现状与做法

自国际金融危机后，欧洲、美国、日本等纷纷推出"再工业化"战略，力求实现高端制造业、高附加值产业及新兴产业的发展。欧盟在2010年《全球化时代的统一产业政策》文件中提出，"与以往任何时候相比，现在的欧洲都更加需要工业，而工业也更加需要欧洲的支持"，"金融与经济危机使人们又一次认识到，一个强大的、有竞争力的和多样化的制造业对于欧盟竞争力和就业创造具有核心重要性"（张建平，2016）。

为从国际金融危机中迅速恢复，德国政府根据国际形势变化，结合国内经济发展实际和需要，积极调整产业政策，进行新一轮产业结构调整。这次产业机构调整不是对制造业的简单调整回归，而是以绿色、智能和可持续为特征的新科技革命和产业革命，创新和突破会创造新的市场需求，同时向高新技术产业、高附加值及新兴产业转移，其中最重要的是新兴能源及生物技术产业。2010年，德国政府发布《国家高技术战略2020》（HTS 2020）计划，旨在促进创新集群产业发展，增强国际竞争力，通过创新产业带动德国及欧洲经济发展，重点支持气候和能源、健康和营养、智能交通、安全及信息通信、生物技术和新材料技术等新兴产业领域的发展，尤其是结合制造业和ICT系统。实施工业4.0计划，推动信息技术和传统技术深度融合，促进制造业智能化、网络化、自动化发展，进一步提升德国在未来全球制造业中的地位，凸显德国制造业的优势。提倡绿色技术，以智能制造为核心，大力发展ICT，预计2025年云计算市场将达到204亿欧元，年均增速为26%；而IT安全预计达到250亿欧元，嵌入式系统达到424亿欧元（刘媛媛等，2015）。在新能源开发方面，德国的风力发电和太阳能发电均是世界领先水平，积极发展可再生能源产业，在提高能源效率、发展替代能源、节约能源和保护环境方面起到了示范和带动作用。

三、日本新兴产业发展现状与做法

日本在战后恢复期到经济高速成长期的"追赶型"战略帮助日本实现了跨越式发展，但是从近 20 年日本经济社会发展的停滞中，也看到了"追赶型"战略的局限性。新时期要求的创新型发展，其基础是基础科学以及由此内生的研发力量，如果不具备自主创新能力，一味追赶模仿是不可持续的。传统产业对新兴产业的发展起到了中流砥柱的作用，新兴产业是在传统产业的基础上发展起来的，处理好两者的衔接关系很重要（刘焱，2010）。日本国土面积狭小，人口密度比较大，资源相对稀缺，由于日本的地域资源限制，缺乏石油、天然气等清洁能源，其经济的发展、能源消耗大部分来自于进口，严重制约了日本经济和社会的发展。国际金融危机后，为恢复日本经济，2010 年发布的《新增长战略》提出继续坚持科技立国和信息技术立国的策略，以创造新需求和就业为目标，重点培育节能环保、新能源、健康、信息技术等新兴产业（刘红，2010）。2015 年，日本政府又提出在未来将要着重开发能源环境、科技信息通信、医疗健康等领域，并重点扶持太阳能、风能等多样化和替代能源、节能减排技术对产业化与气候变化的适应研究。

相关数据显示，2008~2012 年，日本利用太阳能光伏发电的项目发展迅速，位居世界前列，特别是日本住宅太阳能光伏发电装置安装量到 2012 年 4 月底已经突破了 100 万套。在 2013 年夏季初，日本在距福岛市 16 公里的沿海建造了全球最大的发电场，总装机容量达到 10 亿瓦。在快速发展清洁能源和替代能源的同时，日本通产省还制订了"阳光计划"和"月亮计划"，颁布了《节约能源法》，针对节能技术开发和高水平节能技术长远发展进行了一系列规划，单位 GDP 能源消耗只占美国消耗的 50% 和中国消耗的 14%，节能技术在家电、建筑等行业领域发展效果显著（刘春江，2015）。此外，日本混合动力汽车开发技术处于世界领先水平，形成了完整的产业链和创新生态系统。在政府方面，2013 年提出了在制造业投资的"产业投资立国"计划，鼓励制造业的产业升级和转化，从而提高日本工业竞争力。不仅如此，日本政府利用金融政策鼓励企业和科研机构间的联盟合作，增强信息技术的研发，鼓励设备和人才的投资，提高生产力，提高服务业生产效率，用技术的创新引领生产力革命，推动经济增长。

第二节 主要发达国家新兴产业发展的经验借鉴

一、出台国家发展战略，确立新兴产业发展的重点领域

为应对国际金融危机的挑战，加快培育新的经济增长点，发达国家纷纷从国家层面制定了新兴产业发展战略。美国作为此次全球金融危机的发源地，在全球率先掀起了新一轮新兴产业革命的大幕。美国把创新驱动发展作为新兴产业发展的总纲领，2009年、2011年和2015年连续三次发布《国家创新战略》，美国创新战略的核心理念是构筑"创新金字塔"，把发展先进制造、生物技术、清洁能源、空间技术、纳米技术等作为国家优先发展的领域，置于"创新金字塔"的顶层，持续推进上述领域的技术突破和产业发展。2015年，美国将精准医学、大脑计划和智慧城市等也列入重点支持的领域，进一步拓宽了重点领域的范围（盛朝迅，2016）。

欧盟为实现经济复苏，应对全球挑战，2010年3月制定了《欧洲2020战略》，将节能减排、新能源、生物技术、信息技术、先进制造等确立为欧洲各国新兴产业重点发展领域。德国作为世界制造业强国和欧洲经济"发动机"，在2010年和2014年分别制定了《国家高技术战略（2012）》（HTS 2020）和《新的高技术战略——创新为德国》，将能源与可持续发展、健康、智能交通、信息通信等确立为德国新兴产业优先发展领域并予以重点支持。2013年4月，德国还推出《德国工业4.0战略》，推动信息技术和传统技术深度融合，促进制造业智能化、网络化、自动化发展，进一步明确和引领德国新兴产业的发展方向。

日本在国际金融危机后，提出实施产业特色发展战略。2010年6月，日本政府发布《新增长战略》，提出继续坚持科技立国和信息技术立国的策略，将节能环保、新能源、智慧旅游、环境健康和信息技术等作为新兴产业重点培育和发展的领域，推动新兴产业相关领域的产业发展和经济增长。2016年，日本政府发布《第五期科学技术基本计划（2016~2020）》，强调以信息技术和制造业为核心

打造世界领先的"超智能社会"（5.0 社会），重点支持机器人技术、传感器技术、网络技术及基础设施和智能化健康管理、医疗等新兴产业领域的研发和产业发展。

同时，在国家发展战略的指导下，为实现新兴产业发展预期，发达国家还根据新兴产业发展特点，结合本国基础和需求，制定了各个新兴产业的具体发展目标和分阶段发展计划，引导新兴产业发展。

二、制定针对性政策，加大政府扶持力度

由于新兴产业技术的新兴性、复杂性和不确定性，新兴企业发展面临的不确定性较高、风险程度较大，在新兴产业培育和成长阶段，政府应加大扶持力度，根据新兴产业的不同特点，采取针对性政策措施予以扶持。2009 年 2 月，美国颁布《2009 年美国复兴与再投资法》（ARRA），推出了总额 7870 亿美元的经济刺激方案，重点扶持基础研究、教育技术、可再生能源及节能项目、医疗信息化、环境保护等新兴产业领域。2009 年 9 月，美国出台《政府的创新议程》，旨在创造一个鼓励创新的环境，并确定了优先发展的相关新兴产业领域。为推动新兴制造业发展，美国还先后颁布了《美国制造业振兴法案》《国家制造业发展战略法案》《清洁能源制造业及出口补贴法案》《重塑美国制造业框架》《美国高技术再授权法案》《网络和信息技术研发法案》等政策措施，针对不同产业实行永久性研发税收减免等税收优惠措施，改善融资环境，支持新兴制造业发展。德国通过财政补贴、定价支持、政府采购和应用示范等措施，培育和扩大新兴产业市场需求，如通过实行上网固定电价制度，规定电力供应商必须按政府指定的价格向再生能源生产商购电，德国智能能源计划建立了巴登、亚琛等六个示范区，推动了新能源技术的普及，产生了很好的示范效应。日本政府为确保科技创新立国战略的实施，加大了科技相关经费的投入力度。第一期《科学技术基本计划》期间投入 17.6 万亿日元，第二期《科学技术基本计划》期间投入 21 万亿日元，第三期《科学技术基本计划》期间投入 25 万亿日元以上用于科学基础研究，在政府的带动下，企业也加大了科研开发经费的投入，与此同时，注重科研人才的培养。第四期《科学技术基本计划》提出绿色创新和生命科学为两大亟须解决的社会重大课题，日本将改革不合理的规章制度，加大科技创新体制建设，清除科技创新

的制度障碍。

三、构建新兴产业合作创新体系，提升技术创新能力

在新兴产业中，跨学科、跨领域、跨产业的技术较多，单一企业往往难以满足新兴产业重大技术创新的要求，需要整合各方创新资源，实现新兴产业的协同创新。发达国家采取了一系列措施促进新兴产业合作创新，如美国把国家制造业创新网络建设作为新兴产业和创新驱动发展的重要内容。2013年1月，美国发布《国家制造业创新网络初步设计》方案，计划到2020年建立15家制造业创新研究院，组建美国制造业创新网络（NNMI），推动高等院校、科研机构、产业界和政府部门形成合力，共同突破新兴产业发展过程中的共性应用技术和关键核心技术，促进科技成果转化，打造先进制造业能力的创新集群。2010年，加拿大实施《学院与社区创新计划》（College and Community Innovation Program），重点支持大学和中小企业在环境、新能源、健康和信息技术等新兴产业领域的合作创新。2014年，德国政府发布《新的高技术战略——创新为德国》，认为创新产生于不同学科、不同主题和不同观点的交汇处，强调构建合作创新网络并促进技术转移的重要性，政府将加强产学研合作，通过强化科技界的创新导向、加强科技成果转移、加大创新联盟建设、鼓励科研机构发展衍生公司等促进新兴产业的协同创新，提升企业创新能力。

四、注重低碳环保，发展绿色经济

在国际金融危机和全球变暖的背景下，低碳、绿色经济已经成为全球经济和社会转型不可阻挡的新浪潮。为应对能源和环境挑战，许多国家和地区制定了低碳发展政策和绿色发展的约束性目标。如欧盟将低碳经济看成"新的工业革命"，采取一系列政策措施推进低碳新兴产业发展；为建立以低碳经济为核心的绿色增长模式，制定了欧盟共同能源政策，鼓励能源的可持续利用，发展可替代能源。2008年，欧盟委员会提出《欧盟能源技术战略计划》，建立欧盟能源科研联盟，加强新能源科研和创新能力，加强大学、科研院所和企业在新能源领域的合作创新；同时建立欧盟新的能源技术信息系统，加大对节能、清洁能源和可再生能源等新兴产业技术的研发投入力度，全力打造具有国际水平和全球竞争力的绿色产

业。在欧盟公布的《2030能源和气候政策框架绿皮书》中，确定了到2030年可再生能源占欧盟能源消费结构至少27%的战略目标。

在美国所有新兴产业中，奥巴马政府特别重视可再生能源，将可再生能源开发列入新兴产业之中，力争开发低能耗的可再生资源，加大对风力发电和太阳能发电的开发力度。美国政府高度重视发展清洁能源和低碳技术，主张依靠科学技术开发能源，并提出在2018年之前把能源经济标准提高1倍，在2030年之前将石油消费降低35%。另外，加大清洁能源技术开发示范力度，在未来10年内投入1500亿美元开发下一代生物燃料技术及插电式混合动力汽车，促进可再生能源的商业化；建设低排放煤电厂，建设新数字化电网等；发展下一代生物能源和能源基础设施，推行"碳限排—交易"体系，对限排额度实行100%拍卖，并从每年的拍卖收益中拿出150亿美元用于开发替代能源（赵刚，2010）。日本在2009年颁布的《新国家能源战略》中，提出了八个能源战略重点，长期投入于环境健康产业、新能源与节能环保产业技术，重点扶持新能源汽车、太阳能、风能等新能源产业发展。各国都是针对本国的自然禀赋和发展需求，因地制宜地选取新能源、节能环保、新材料等新兴产业作为重点发展领域，注重低碳环保，发展绿色经济。

第三节 我国发展战略性新兴产业的宏观背景及战略价值

一、我国发展战略性新兴产业的宏观背景

1. 我国作为全球制造大国，工业大而不强

工业作为我国国民经济发展的主导产业，其生产能力和水平的提高加速推进了社会的工业化进程与产业结构升级。改革开放以来，尤其是近十多年来，我国制造业快速增长，工业化水平明显提高。2010年，制造业增加值已超过1.76万亿美元，占全球的比重为15.4%，我国已超过美国成为全球第一制造大国；2014

年，我国具有国际竞争力的上榜企业达到95家，总数列美国之后，位居世界第二位（薛澜等，2015）。我国工业在快速发展的同时，也呈现发展不平衡现象，特别是在金融危机后期发展阶段中问题特别突出，包括产业国际竞争优势减弱、产业发展结构不合理、过分依赖要素资源等。究其原因在于我国工业产品主要集中在技术要求低、附加值少的低端行业。

在后金融危机时代，为恢复本国经济，主要发达国家制定了一系列经济产业政策，加大对创新活动的投入，重视科技领域的突破，加快新兴技术和产业发展，促进本国经济发展。一方面，以高科技为先导，进一步改造传统制造业，并通过工业内部的结构调整，重新恢复和提高工业的竞争力，如2013年德国推出"德国工业4.0战略"，推动信息技术和传统技术深度融合，促进制造业智能化、网络化、自动化发展；另一方面，通过科技创新及其产业化，大力发展以新能源、信息、生物技术为代表的具有战略意义的高科技产业。因此，快速培育和发展以创新要素推动的技术密集型、资源消耗少、成长潜力大的战略性新兴产业，建设现代产业体系，是产业价值链向高端升级、推动工业现代化进程的重要途径。

2. 资源短缺和环境恶化迫使经济增长方式必须改变

改革开放以来，我国产业的经济总量增长具有典型的投资驱动、要素驱动和出口导向型特征，经济增长方式以粗放型为主，中国以劳动力要素和资本要素为主的产业创造的经济总量处于全球领先地位，但其发展过程中付出了巨大的环境、能源、资源代价，物质资源消耗大，单位产品能耗高。由于过度使用物质资源，导致生态环境恶化、能源危机和资源短缺。环境、资源和能源的有限性表明，过度消耗资源和能源的粗放型经济增长模式是不可持续的。

面临日趋严峻的全球能源、粮食、环境、健康等问题，主要发达国家加速关键技术突破和产业结构调整，纷纷加大对节能环保、生物技术、新能源、新材料等战略领域的投入。例如，美国政府非常重视清洁能源和低碳技术的推动与发展，提出了"绿色复兴计划"，发展低碳经济。2009年6月，美国国会通过《美国清洁能源安全法》，表明在新能源问题上政府和国会已达成共识。欧盟提出重点发展"绿色经济"，将低碳产业作为新兴产业的重点。日本政府重视发展新能源与节能环保产业，2009年，日本政府在颁布的《新国家能源战略》中提出了未来需要重点发展的八个能源战略：新能源创新计划、节能领先计划、新一代运输能源计划、核能立国计划、亚洲能源环境合作战略、综合资源确保战略、强化能源紧急应对和制定能源技术战略。

中国经济要想保持可持续发展，必须将主要依赖劳动力和资源消耗的经济增长模式转变为以创新驱动的集约型经济增长模式（陈爱雪，2013）。发展战略性新兴产业成为促进产业结构转型升级和转变经济增长模式的必要途径，其知识技术密集、物质资源消耗少、成长潜力大、综合效益好等，能快速解决产能过剩、进口依存度高、环境恶化和资源短缺等问题。

3. 后金融危机和新科技革命带来的机遇与挑战

由于美国次贷危机而引起的国际金融风暴席卷全球，引发全球性的经济衰退，对各国经济造成了不同程度的打击，中国经济也在所难免地受到了严峻的挑战。后金融危机时代，美国、日本、欧盟等许多发达国家和地区纷纷提出战略转型，都把争夺科技制高点作为重要战略，纷纷加大对科技创新的投入，将发展新兴产业视为经济复苏的关键动力，力争通过开发新技术和培育新产业以率先走出危机，抢占新一轮经济增长的战略制高点。2009年12月，美国公布的《重整美国制造业政策框架》提出，要优先支持高技术清洁能源产业、生物工程产业、航空产业、电动汽车和纳米技术产业等。欧盟委员会提出，在2013年之前将投资1050亿欧元用于"绿色经济"发展，将低碳产业作为新兴产业的重点。韩国实施《新增长动力规划及发展战略》，提出重点发展能源与环境、新一代运输设备、新兴信息技术产业、生物产业、知识服务业、技术交叉新产业六大产业。日本于2009年底发布《面向光辉日本的新成长战略》，提出重点发展环境与能源、健康两大产业。

在这种背景下，为促进中国经济平稳较快发展，党中央、国务院做出一系列重大决策和部署。结合我国经济发展方式转型以及产业结构升级等发展目标，2010年10月，国务院发布《关于加快培育和发展战略性新兴产业的决定》（以下简称《决定》），明确将高端装备制造、节能环保、新一代信息技术、生物、新能源、新材料产业作为我国优先发展的战略性新兴产业。《决定》从国家层面强化战略性新兴产业的重要地位，明确提出战略性新兴产业是引导中国未来经济社会发展的重要力量。2012年7月，国务院发布《"十二五"国家战略性新兴产业发展规划》，确立了"十二五"期间战略性新兴产业创新能力大幅提升、创新创业环境更加完善、引领带动作用显著增强的发展目标；到2020年，力争使战略性新兴产业成为国民经济和社会发展的重要推动力量。发展战略性新兴产业是我国在经济危机背景下实现国家经济复苏的产业选择，更是调整产业发展模式和经济发展路线的战略抉择。

2016年12月，国务院印发的《"十三五"国家战略性新兴产业发展规划》指出，战略性新兴产业代表新一轮科技革命和产业变革的方向，是培育发展新动能、获取未来竞争新优势的关键领域。要把战略性新兴产业摆在经济社会发展更加突出的位置，以创新驱动、引领升级为核心，构建现代产业体系，加快发展壮大新一代信息技术、高端装备、新材料、生物、新能源汽车、新能源、节能环保、数字创意等战略性新兴产业。到2020年，战略性新兴产业增加值占国内生产总值的比重达到15%，形成新一代信息技术、高端制造、生物、绿色低碳、数字创意五个产值规模10万亿元级的新支柱。产业结构进一步优化，产业创新能力和竞争力明显提高，形成若干具有全球影响力的战略性新兴产业发展策源地和技术创新中心，形成全球产业发展新高地。到2030年，战略性新兴产业发展成为推动我国经济持续健康发展的主导力量，我国成为世界战略性新兴产业重要的制造中心和创新中心。

二、我国发展战略性新兴产业的战略价值

战略性新兴产业的"战略性"体现为其在国民经济体系中的重要作用。在战略性新兴产业高成长性的作用之下，其产业自身的成长会因产业关联影响到产业链延展的各个其他相关产业，并引领和带动其他产业的发展，从而促进产业结构转型升级，提高企业核心竞争力，最终促进我国经济的内生增长。

1. 促进传统产业结构调整和产业升级

目前传统产业在我国经济中依然起到较大的作用，传统产业仍是我国的支柱产业，但传统产业已经不能满足全球产业发展阶段的需求。我国是在传统产业发展不充分的背景下提出发展战略性新兴产业的，所以我国面临着两方面的困境，一方面是传统产业的转型升级，另一方面是战略性新兴产业的发展。我国传统产业数量众多，涉及面广，淘汰过剩产能是一个渐进的过程，过剩产能的淘汰并不

是完全退出产业体系，而是从传统产业转化升级为新兴产业，推动经济持续增长。随着"去产能"政策的实施，我国的传统产业转化升级是在原有的产业基础上实现重大技术创新，使传统产业继续存活下来，并能够进一步发展成为新的支柱性产业或主导产业。

2. 提高我国企业核心竞争力

在智能化发展的今天，科技就是第一生产力。新一代信息技术的推广会加快产业链的交易频率，降低企业间的交易费用，使企业有更多的财力投资在核心技术研发设计上，企业同时可以与科研院所、大学等科研机构合作，共同创立科技产业园区，加快新技术的研发和新知识的运用，推动新技术和新知识的产业化进程。在产业链中，研发设计是价值最高的环节，可以提高企业的核心竞争力。战略性新兴产业是以技术创新为核心，强调知识创造的知识密集型产业。在当今日益激烈的国际竞争环境下，谁掌握了核心技术，谁就有话语权，谁也就更有竞争力。战略性新兴产业能源浪费低，生存环境和自然资源得以有效保护与节约，依靠创新促进产业技术进步、发展战略性新兴产业有助于提升产业价值链，提升产品附加值，从而赢得更长时间的可持续发展。将战略性新兴产业打造成我国的支柱性产业，则我国在技术支撑方面将更有优势，从而在国际产业重新分工中占据优势位置，有助于提高我国企业在国际上的核心竞争力。

3. 推动国民经济增长

改革开放以来，我国经济持续增长，但主要依靠要素投入和环境容量驱动的模式，这种增长模式导致我国需求不足和产能过剩的结构性矛盾突出，逐渐积累的体制机制等深层次问题越来越多。随着国际市场要素价格的提高，我国的要素市场受到的影响也较大，单纯依靠"人口红利"的产业发展模式已不适应当前形势，2008年全球金融危机中，这一问题显得尤为突出。因此，发展带动系数大、市场潜力大的战略性新兴产业成为推动我国经济持续发展的必要途径。在新的发展阶段，调整经济结构和转变经济发展方式的根本目的是使科技创新与技术进步成为中国未来经济增长和发展的新来源。国家发改委公布的数据显示，2015年1~8月，战略性新兴产业27个重点行业规模以上企业收入、利润同比分别增长9.2%和13.2%，其中工业部分收入增长7.7%，比同期工业总体收入增加6.4个百分点，对工业收入增长的贡献率达到70%（洪京一，2016）。

近年来，战略性新兴产业占国民经济总量的比重较大，新兴产业不仅能够带动产业链的高效发展，形成规模较大的相关企业，创造众多的就业岗位，促进国民经济的增长，同时可以引领相关产业和其他市场主体如高校、科研机构等集聚合作。战略性新兴产业的技术进步将渗透于产业的市场行为和市场结构的方方面面，并最终通过经济增长表现出来。通过发展战略性新兴产业，以信息化带动工业化，走创新驱动、人力资源优势得以充分发挥的新兴工业化道路，将提升产业技术创新能力，促进经济内生增长。

第四节　我国战略性新兴产业发展概况及存在的问题

一、我国战略性新兴产业发展概况

2008年国际金融危机后，党中央、国务院高度重视培育和发展战略性新兴产业，战略性新兴产业成为促进产业结构转型升级和引领国民经济增长的新引擎。2010年，国务院发布《关于加快培育和发展战略性新兴产业的决定》，选择节能环保、新一代信息技术、生物、高端装备制造、新能源、新材料和新能源汽车七大新兴产业予以重点扶持，从国家层面强化战略性新兴产业的重要地位，明确提出战略性新兴产业是引导中国未来经济社会发展的重要力量。在国家政策的大力支持下，近年来，我国战略性新兴产业蓬勃发展，产业规模迅速壮大，创新资源进一步集聚，技术研发和产业化水平上升，对国民经济和社会发展的支撑作用逐渐增强。

1. *产业集聚发展态势明显，产业布局规划日趋合理*

在国务院公布了《关于加快培育和发展战略性新兴产业的决定》后，各省市依托产业基础和资源禀赋，纷纷制定了各区域战略性新兴产业发展规划，产业布局规划日趋合理。从区域分布看，经过多年的培育发展，我国战略性新兴产业在空间上已初显"区域经济带"分布格局。华北、东南沿海是节能环保产业主要集中的地区，新能源产业分布在东、中、西部条件适宜的大部分地区。战略性新兴产业呈现集聚发展趋势，涌现出一批特色新兴产业集聚区，形成了区域竞争力。在"一带一轴"的总体分布特征下，即以环渤海、长三角、珠三角三大核心区集聚发展的"沿海发展带"和东起上海沿长江至四川等中部省份的"沿江发展轴"，战略性新兴产业发展继续向产业园区集中（卢山，2016）。在中央政策的指导下，地方政府建立了一批战略性新兴产业园区，形成了一批具有特色的战略性新兴产业集聚区。在环渤海地区，北京积极打造以新材料、高端信息技术产品为代表的"高精尖"产业体系，天津新能源汽车及航空产业成为发展重点，石家庄着力发展高端生物医药产业（洪京一，2016）；珠三角地区形成了电子信息、新能源汽车和半导体照明等战略性新兴产业集群；长三角地区形成了新能源、高端装备制造、节能环保等特色战略性新兴产业集群；上海在智能制造装备、卫星导航、集成电路等领域处于领跑地位，长江经济带区域的沿江省市开展了战略性新兴产业区域集聚发展试点，形成了智能制造装备、新材料、集成电路、新型显示、轨道交通装备、生物医药等一批战略性新兴产业集聚区；东北地区及部分中西部省份是产业特色发展地区，哈尔滨着力发展生物医药，沈阳在高端数控机床、工业机器人等智能制造装备领域优势明显。

2. 产业发展规模稳步增长，综合效益日益明显

"十二五"期间，我国工业增速放缓，从规模以上工业企业和制造业企业的增加值来看，二者均呈现下行趋势，2015年规模以上工业企业增加值增速下降到6.1%，为近年来最低值。但是，战略性新兴产业发展保持稳步增长趋势，增速显著高于传统产业。战略性新兴产业对经济新常态下稳增长的支撑作用日益增强，成为产业结构调整和经济增长的重要力量。

"十二五"期间，特别是在近几年中国经济增速变缓的大背景下，战略性新兴产业在调结构、稳增长以及提高国际竞争力方面发挥了重要作用。战略性新兴产业相对于其他工业行业呈现出快速发展的态势，发展总量明显增加，占全部工业和经济总量的比重逐年上升。根据中国工程科技发展战略研究院发布的《2017中国战略性新兴产业发展报告》，截至"十二五"末，战略性新兴产业增加值占国内生产总值的比重达到8%左右，较2010年接近翻番，实现了规划目标。2015年，战略性新兴产业27个重点行业规模以上企业收入达16.9万亿元，占工业总

体收入的比重达 15.3%，较 2010 年提升 3.4 个百分点。2010~2015 年，战略性新兴产业重点行业规模以上企业收入年均增长 17.8%。

战略性新兴产业不仅是先进、高端产业的集合，而且具有良好的经济效益，发展战略性新兴产业有效地促进了经济社会可持续发展。根据国家发改委《"十二五"期间战略性新兴产业发展回顾》提供的数据，"十二五"期间，战略性新兴产业上市公司盈利能力始终强于大部分传统产业。从战略性新兴产业上市公司情况看，战略性新兴产业发展成为支撑上市公司总体业绩发展的重要力量，截至 2015 年末，战略性新兴产业上市公司达 1031 家，占上市公司总体的 36.6%，同期，战略性新兴产业上市公司总市值达到 16.8 万亿元，占上市公司总体的 29.6%，较 2010 年底提升了 11.6 个百分点；"十二五"期间，战略性新兴产业 IPO 企业数量达到 357 家，占同期 IPO 企业总数的 45.4%。2010 年以来，战略性新兴产业上市公司保持了良好的发展态势，增速持续高于上市公司总体，带动了上市公司总体业绩的增长。2015 年，战略性新兴产业上市公司营收总额达 2.6 万亿元，占上市公司总体的 21.1%，2010~2015 年年均增速达到了 19.5%。

3. 自主创新能力不断提升，产业关键技术屡获突破

战略性新兴产业作为技术高度密集、创新异常活跃的产业领域，是实现创新驱动经济发展的重要力量。增强自主创新能力是培育和发展战略性新兴产业的中心环节，而以专利数据为基础的专利指标能直接反映技术创新的程度。根据国家知识产权局发布的《战略性新兴产业发明专利统计分析总报告（2015）》，2010~2014 年战略性新兴产业发明专利授权总量整体呈增长态势，年均增长率为 13.82%，其中 2011 年、2012 年战略性新兴产业发明专利授权量增幅较大，年增长率分别为 26.00%、32.06%，而从 2013 年起，年授权量增长放缓，2013 年、2014 年的年增长率分别只有 0.11%、0.75%。战略性新兴产业上市企业的研发强度越来越强，根据国家发改委提供的数据，2010 年以来，战略性新兴产业上市公司研发强度逐年提升，且始终高于上市公司总体，2015 年战略性新兴产业上市公司研发强度达到了 6.21%，高于上市公司总体 2.71 个百分点。

自从党中央、国务院提出大力发展战略性新兴产业以来，我国战略性新兴产业相关领域取得了众多重要的科研成果和技术进展，突破了一批关键技术，开发了一批重大产品，自主创新能力和产业技术水平呈现持续提升趋势。"十二五"

以来，战略性新兴产业在载人航天技术、卫星导航系统、高铁工程装备、深海潜水器、超级计算机、新一代移动通信、下一代互联网、支线飞机研制、可再生能源、智能电网、生物技术、新能源汽车等领域取得重大突破，在国际竞争中由跟踪追赶为主的阶段逐步迈向赶超同行业的阶段，在某些领域已成为"领跑者"。例如，我国自主研发的世界上最快的工业级3D打印机于2014年面世；以聚苯胺和聚噻吩为代表的导电高分子材料已经在国内实现了产业化；新能源汽车技术水平明显提升，自主开发的纯电动汽车在整车动力系统匹配和集成设计、整车控制等方面与国际先进水平接近；稀土功能材料、先进储能材料、光伏材料、有机硅、超硬材料、特种不锈钢、玻璃纤维及其复合材料等产能居世界前列；大飞机专用铝锂合金、核电用钢、丁基橡胶、高性能碳纤维、大尺寸石墨烯薄膜等一批重点品种领先国际（见表3-1）。

表3-1 战略性新兴产业的重大技术或重点产品

领域	重大技术或重点产品
节能环保	高磷尾气净化技术、焦炉烟气低温脱硫脱硝技术、燃煤烟气选择性催化脱硝关键技术、硅衬底高光效CaN基蓝色发光二极管等
新一代信息技术	4G通信技术、高世代薄膜晶体管液晶显示屏（TFT-LCD）、天河一号超级计算机、高端容错计算机、无线通信终端核心芯片关键技术等
生物	基因组测序与分析、重大新药创新、心脑血管病关键CT技术的应用与创新、微创介入与植入医疗器械等
高端装备制造	C919大飞机、支线飞机、卫星导航定位关键技术及SoC芯片产业化、高分专项、大功率机车和高速动车组、超深水半潜式钻井平台、航空航天、汽车等领域的关键制造装备等
新能源	第三代核电堆芯关键设备，低温、抗风沙、抗盐雾等风力发电技术，燃料乙醇技术等
新材料	稀土永磁产业技术，节材耐磨损钢铁材料制造技术，高性能多尺度颗粒协同增强铅、镁基复合材料关键技术及应用等
新能源汽车	节能与新能源客车关键技术研发及产业化、高安全性动车电池用功能隔膜的技术开发等

资料来源：洪京一.战略性新兴产业发展报告（2015~2016）[M].北京：社会科学文献出版社，2016.

二、我国战略性新兴产业发展存在的问题

我国战略性新兴产业发展虽然正在不断成熟，并在一些领域取得了重大成

就,但是战略性新兴产业依旧处于在困境中求发展的状态,面临着技术、市场和制度等方面的新问题,这些问题阻碍着我国战略性新兴产业的快速发展。

1. 鼓励战略性新兴产业发展的配套机制尚不完善

为加快经济发展方式转变,促进产业结构战略性调整,引领经济走上创新驱动、内生增长的轨道,2010年10月,国务院发布了《关于加快培育和发展战略性新兴产业的决定》,把发展战略性新兴产业上升到国家层面,确定了战略性新兴产业发展的重点领域、主要任务和扶持政策。2012年7月,国务院发布《"十二五"国家战略性新兴产业发展规划》,确定把战略性新兴产业培育和发展成国家先导性、支柱性产业。2016年12月,国务院印发《"十三五"国家战略性新兴产业发展规划》,指出要把战略性新兴产业摆在经济社会发展更加突出的位置。以此为契机,国家先后出台了一系列激励扶持政策,从技术创新、财税优惠、公共服务、人才培养到政府采购、市场补贴等方面都给予企业最大限度的政策支持。地方政府也相应成立了战略性新兴产业发展领导小组,出台和制定了相应的配套措施,支持战略性新兴产业的培育和发展。

通过对我国战略性新兴产业相关政策进行梳理,发现在技术、资金和项目支持方面的政策比较多,而其他配套政策相对较少,缺乏系统性的政策体系和配套制度措施。如在人才培养方面,相关政策的可操作性不强,各高校、科研院所也缺乏专门鼓励和扶持战略性新兴产业发展的专业设置。在产业环境型政策方面,目标规划类政策居多,而在加强政策性金融对企业自主创新和产业化的支持力度以及激励自主创新的金融环境上不足。在产权保护方面,具有可操作性的产权保护政策较为欠缺。在需求拉动型政策方面,节能环保、新能源和新能源汽车产业方面的政策拉动较多,如用户补贴政策和应用示范政策,但总体来说,市场需求拉动型政策偏少,缺乏整体性统筹和布局,政策效果有限(许冠南等,2015)。战略性新兴产业需要一个鼓励发展的完整的系统性政策体系,尤其需要与政策相适应的全套配套制度和措施。战略性新兴产业在市场化初期的成本比传统产业的成本要高,鼓励政策虽然落实到了生产环节的有关要素,但是如果没有市场配套,则产品仍然没有市场。以光伏发电和风力发电为例,在目前条件下,光伏发电和风力发电的电力成本较火力发电要高出2~3倍,电网公司不愿意购买,市场用电客户也不能接纳高昂的电价,造成光伏发电和风力发电的产能过剩。另外,有些政策补贴是直接给生产企业,但执行过程缺乏有效监管,如LED企业和新能源汽车企业,使得部分企业为得到政策优惠盲目扩大产能,造成产能过剩。因此,扶持战略性新兴产业的宏观政策需要与配套措施相契合,必须要为整个市场各方面的利益相关者进行考量和设计,才能更好地促进战略性新兴产业健康可持续发展。

2.战略性新兴产业技术创新链不完整

新兴产业发展需要依靠市场主体集聚不同的资源进而实现协同创新,通过整合产业链和技术创新链达到对创新资源要素的整合。目前,我国的技术资源和产业相关知识分布不均衡,各地的科研、人才、产业综合优势不能得到充分发挥,但创新资源的异质性和关联性为企业获取互补性资源来维持竞争优势创造了条件。未来产业发展不仅是孤立的横向产业间竞争,更是纵向的产业链竞争,其中战略性新兴产业发展需要强化产学研合作机制或产业链创新管理,从而更好地整合不同属性的创新资源,实现技术产品的创造和科研成果的转变。

我国战略性新兴产业领域中普遍存在产业链关键环节缺失、技术资源匮乏、各环节之间缺乏联动等问题,需要企业通过与外部资源主体进行合作来重点发展产业链条中的薄弱环节。创新资源对企业意义重大,企业现有的创新资源不可能始终保持理想状态,因为创新资源也有自己的"新陈代谢"规律,企业可以延缓,但很难消除(陈劲,2014)。因此,企业在完善横向和纵向产业链条时应重点建设创新资源平台,建立和正常运转一套既满足创新需求又符合企业特征的创新资源评估体系,与其他属性的资源主体相互学习、合作与交流,保持资源的动态更新和竞争优势。

3.战略性新兴产业关键核心技术缺乏,企业自主创新能力还有待提升

创新驱动是战略性新兴产业发展最重要的动力之一。我国战略性新兴产业中不少企业尽管有许多发明专利,但企业核心、前沿技术的自主研发和创新能力较弱,缺乏核心技术支撑及知识产权。我国战略性新兴产业技术低端问题还比较突出,超过70%的战略性新兴产业企业在技术层面上不具备国际竞争力,只有9.3%的企业其技术处于国际领先地位、15.3%的企业其技术处于国际先进地位,总体技术水平还较低(邢红萍和卫平,2013)。我国战略性新兴产业的创新投入低,再加上我国多数企业的规模较小,导致我国创新投入水平远低于发达国家,

这也是我国战略性新兴产业技术基础薄弱和核心技术缺失的一个重要原因。基础研究是战略性新兴产业发展的重要源头，但我国战略性新兴产业企业在基础研究上的投入更少，调查显示只有12%的企业把基础研究作为研发资金的主要投向之一，基础研究资金投入力度整体偏小。我国战略性新兴产业企业对基础研究的不重视，导致企业自主创新能力和持续创新能力弱，使得战略性新兴产业核心技术无法突破。

战略性新兴产业发展需要产业链整体技术的突破，目前我国大多数企业技术创新项目往往是针对单一产品或局部技术环节进行，无法突破产业关键核心技术的制约，使得我国战略性新兴产业的可持续发展受到影响。如新一代信息产业的产业链由芯片研制、软件开发、服务和终端设备制造组成，国内企业芯片研制方面的关键技术无法获得突破，基本都需要依赖进口，尽管我国在终端设备制造方面有一定的优势，但属于产业价值链的末端，所以国内企业在产品生产方面还是受制于人。

4. 战略性新兴产业合作创新体系不健全

战略性新兴产业是国家或区域实现经济持续增长的先导产业，对国民经济发展具有导向作用，关系到国家经济发展命脉和产业安全。战略性新兴产业技术是新兴技术和新科技的结合，复杂性程度高，不确定性强，技术创新出现跨学科、跨领域、跨产业的特征。单一企业往往难以满足战略性新兴产业重大技术创新的要求，必须依赖"政、产、学、研、用"的紧密结合和通力合作。在我国，由于创新资源不足，"政、产、学、研、用"合作机制不健全，各主体关系和职责不明晰，使得在战略性新兴产业创新和发展中，人力资源、科研、产业综合优势不能充分发挥。政府作为宏观管理者，在政策、规划方面做了很多工作，但是要防止政府不遵从战略性新兴产业的发展规律和市场规律，简单地制定政策。企业作为创新主体，在"政、产、学、研、用"中的主体地位不显著。高等院校对战略性新兴产业的发展不敏感，专业设置、专门人才培养相对落后，无法满足战略性新兴产业对人力资源的需求，对于战略性新兴产业需要的复合型专业人才培养不够。由于缺乏人才科学管理机制，受限于职称评定、业绩考核、社会地位等原因，我国一半以上的科研人员集中在高校、科研院所，不愿意主动向企业流动，高校、科研院所成果产业化、市场化机制有待完善。企业对产品的用户重视不够，不知道如何调动用户的积极性来改变技术、完善产品和服务，而用户往往比产品的设计和生产人员更了解产品需要改进的方面。政府推动"政、产、学、研、用"合作创新的政策方法需要进一步完善和创新，从而更有效解决战略性新兴产业合作创新的问题。

第五节　发达国家新兴产业发展经验对我国发展战略性新兴产业的启示

国际金融危机后，世界各国意识到以知识技术密集、创新驱动、绿色低碳为主要特征的新兴产业对于引领未来技术方向、提升国家竞争力具有重要意义，因此，许多国家把发展新兴产业作为刺激经济复苏的重要途径。美国、德国、日本等发达国家纷纷出台新的发展战略和重大措施，加大新兴产业发展力度，把推动新兴产业重点领域突破和创新发展作为新一轮科技经济竞争的重要抓手，力争抢占新一轮经济科技发展制高点。发达国家在新兴产业方面的经验对我国战略性新兴产业发展具有重要启示。

1. 准确把握战略性新兴产业发展的重点和趋势

新兴产业对于带动经济社会发展、提升国家竞争力具有重要意义，主要发达国家都将新兴产业的发展确定为国家战略。新兴产业的出现又会带来全新的发展道路，而在未来发展方向的判断上，企业缺乏可参照的历史经验，需要从国家层面统筹各方力量统一制定新兴产业的发展战略和技术路线图，实现跨越式发展。在金融危机后，美国、德国、日本和韩国等发达国家都确定新兴产业为重点突破领域。分析这些发展战略的出台背景和主要内容，不难发现这些国家都是围绕在全球科技和产业变革中的定位与优势条件来推进符合自身发展的新技术、新产业发展。

我国作为发展中国家，在战略性新兴产业发展过程中必须以全球视野把握新兴产业发展趋势，找准我国战略性新兴产业发展的定位和重点，充分体现国家战略需求，立足国情、从实际出发。根据新一轮科技革命的战略需求和发展方向，努力推动重点领域技术突破发展。在战略性新兴产业发展孕育期，需要政府发挥主导作用，通过科技政策、创新平台等途径支持多学科交叉领域的基础和应用研究。在技术的产业化初期，政府政策的重点在于选择一些具有突破性、先导性的技术研发进行支持，明确其技术路线和产业链规划，并利用财税政策吸引人力、资本和技术进入重点目标产业等（张忠寿和王世文，2013）。根据我国经济战略发展需求和科技发展实际，应重点在新一代电子信息、新能源、高端装备、新材料、生物医药等战略性新兴产业领域实现跨越式发展，力争在新一轮科技革命和产业变革中占领制高点。在经济发展新常态下，应加快发展先进制造业集群和服务型制造新模式，加快推出新业态和新商业模式，探索符合我国实际的战略性新兴产业发展新模式。

2. 政府要注重在战略性新兴产业发展战略和政策支持上的连续性

在新兴产业发展初期，由于技术路线不确定、市场需求不明确、创新风险高，导致出现产品规模和市场需求两方面不足的困境，这就需要政府明确新兴产业长期的发展目标，建立稳定的政策预期，给予持续有力的政策、资金等多方面支持。如美国2009年、2011年和2015年相继颁布三个版本的《国家创新战略》，德国2010年、2014年分别颁布《国家高技术战略》和《工业4.0计划》，日本颁布了多个版本《新成长战略》，这些战略都非常注重延续性和继承性，并根据全球科技的新发展和国家发展的战略新需求进行适时补充与调整。同时，在战略实施过程中，主要发达国家都会根据不同新兴产业的特点针对性地出台和不断完善相关支持配套政策，形成政策支持体系，保持政策的可操作性、持续性和完善性。例如，德国在2013年发布了《德国工业4.0未来项目实施建议》，提出了"工业4.0计划"愿景，在2015年又相继出台《智能服务世界未来项目实施建议》和《德国工业4.0实施战略报告》，明确了德国工业4.0和智能服务两大未来项目的愿景与实施路线图，构建了完整的面向未来的工业4.0概念和体系，被称为工业4.0"三部曲"（盛朝迅，2016）。这些政策在战略上相互呼应，内容上重点重叠，彼此有机结合，共同促进新兴产业重点领域的突破发展。这些做法值得我国在科技创新和战略性新兴产业发展过程中予以借鉴。

在国际金融危机后，我国根据全球科技发展趋势和国家战略发展需要，提出发展战略性新兴产业的新要求，2010年10月发布《关于加快培育和发展战略性新兴产业的决定》、2012年发布《"十二五"国家战略性新兴产业发展规划》、2016年发布《"十三五"国家战略性新兴产业发展规划》，初步建立起培育和发展战略性新兴产业的政策体系。未来，我们国家应在党的十八届六中全会、七中全会和党的十九大精神指导下，立足当今世界各国发展新兴产业的国际环境和全球科技的发展，解决近年来我国战略性新兴产业创新发展规律和政策体系中存在的问题。在保持我国战略性新兴产业发展战略和政策连续性的同时，根据国家发展战略的新要求，进行适当调整和完善。要把战略性新兴产业摆在经济社会发展更加突出的位置，以创新驱动、引领升级为核心，构建战略性新兴产业现代产业发展体系。

3. 重视中小企业在战略性新兴产业发展中的主体作用

中小企业已成为经济发展的重要力量，在推动技术创新、促进新兴产业发展方面发挥着越来越重要的作用。新兴产业的发展是众多新兴中小企业不断发展壮大的过程，政府的主要作用是为新兴产业营造良好的发展环境和制度条件，企业才是战略性新兴产业发展的主体，特别要重视中小企业的主体作用，只有这样才能推动新兴产业快速可持续发展。国际金融危机后，发达国家充分认识到中小企业的重要性，对其的政策支持力度不断加大，为新兴产业发展提供了有力支撑。例如，美国在《美国创新战略(2009)》中提出，加大对企业家创新的支持和小企业的贷款支持以及税收抵免，促进高增长和基于创新的创业，要求政府对中小创业者进行指导和培训，免除小企业的资本增益税，为小企业获得贷款提供便利等。德国着力提升中小企业自主创新能力，为中小企业发展提供良好的基础设施和政策条件，鼓励中小企业和大企业合作研发，重点支持小企业和重点科研机构间的合作，为中小企业成长营造良好的创新环境。在德国的研发投入中，企业与政府在科研开发项目上的投资各占50%，德国企业在申请科研经费时，必须有50%的自有资金作为保障，将国家的利益和企业的需求结合起来，使得企业的创新效率得到提高，从技术层面促进了新兴产业的发展。

我国发展战略性新兴产业也要充分认识到企业的重要性，政府主要加强引导，营造企业创新发展环境，引导和鼓励进入战略性新兴产业的中小企业发展壮大，保障企业的主要资源和精力能最大限度地聚焦于创新的核心环节。同时推动企业瞄准新技术、新业态、新模式和新产业来寻找突破口，不断提升技术水平，积极发展新业态和新模式。当企业自主性和创新性不断提升后，战略性新兴产业整体比较优势将逐步形成和增强，从而吸引更多生产要素进入。随着进入战略性新兴产业的企业数量的增多、企业规模和实力的不断提升，配套完整的产业链将逐渐形成。最终，战略性新兴产业发展将经历市场和政府双重驱动向市场主导的转变，企业的研发创新和市场竞争能力将大大加强，成为战略性新兴产业发展的主导力量，促进战略性新兴产业的持续较快发展。

4. 加大对基础研究的支持，提升企业自主创新能力

新兴产业具有知识高度密集、技术快速演进的特征，因而突出基础研究的核心地位和提高技术创新能力是把握新兴产业发展主动权的关键。美国政府在新颁布的《政府的创新议程》中明确指出，基础科学是美国创新的基石，应进一步加大对基础科学研究的支持。美国政府将新能源与生物领域的基础科学研究作为重中之重，如美国能源部提出了一个新的高级研究项目议程——能源（ARPA-E），设立了能源前沿研究中心、能源高级研究计划署以及能源创新中心，联合高校、研究所和产业界在该领域的顶尖专家，从基础研究寻求美国在使用和生产能源技术方面根本性的变革与突破。为了确保创新成功，美国政府认为必须在基础研究项目的创新和转让环节给予必要的人力、物力、技术、资本与政策手段的支持。例如，美国《2009年复苏与再投资法》提供183亿美元用于各领域的基础研究资助。

我国基础研究长期薄弱，加上管理体制和评价导向的原因，削弱了国家在战略性和产业共性领域的研究能力，许多战略性新兴产业发展过程中的关键技术和产业共性技术无法获得突破。因此，我国应进一步突出基础研究的核心地位，加强自主创新能力的培育。只有大力支持有产业背景的基础研究，才能保证我国战略性新兴产业具有原创活力以及持续发展的前景。政府应加大对战略性新兴产业重点领域前沿性、关键性、基础性和共性基础研究的投入。一方面，应通过政府主导，在战略性新兴产业领域组建高校院所、科研机构与产业界合作的若干战略性新兴产业技术创新联盟或战略性新兴产业技术研究院，聚焦产业发展中的共性技术和关键技术，致力于战略性新兴产业技术创新，强化对战略性新兴产业的技术服务；另一方面，应激发高校、科研机构和企业的内在研发动力，强化对龙头企业自主创新能力的考核，提升企业自主研发能力。另外，要加大对新兴产业自

主知识产权的保护。自主知识产权与自主标准是新兴产业国际竞争力的核心，政府应尽早着手战略性新兴产业的主控式技术布局，加大新兴技术知识产权保护力度，加强相关的专利申请力度，并加强对拥有自主知识产权尤其是拥有自主标准的优势企业的保护。

5. 加强战略性新兴产业人才的培育

人才资源是第一资源，是新兴产业发展的重要战略资源。战略性新兴产业具有跨领域和跨学科的特点，涵盖复杂多样的科学知识、市场知识、技术开发知识，需要培养更多的综合型和复合型人才。发达国家在战略性新兴产业的培育发展过程中都高度重视人才的作用，加大对科技创新人才的培育。日本政府认为大学和产业界共同承担着教育责任，并通过建立较为完善的产学研合作教育模式来保障科研人才的培育，日本许多高校都组建了科技园来加强大学和产业的衔接，从而有针对性地培养产业所需的人才。我国生物技术、集成电路、网络信息、建筑节能等战略性新兴产业从基础研究到工艺研发的各个环节，人才都比较缺乏。我国应在积极引进海外高端技术和产业人才的同时，加大各类高等院校战略性新兴产业相关专业的人才招收和培养的力度；对高等院校课程规划中尚未涉及的专业方向，如合成生物学、平板显示、节能建筑等，尽快开展国家层面的学科规划，在高校开设相关专业及课程，建成可持续的人才培养基地。开展产学研合作教育符合我国的战略性新兴产业创新模式，其中企业将培养内部专业人才和引进高校研发人才相结合，不仅加大了企业与高校之间的合作，也能推动科技创新成果的产生和创新成果的产业化。

第四章 战略性新兴产业技术创新联盟内涵及主体行为研究

随着技术发展越来越复杂,技术创新速度越来越快,技术创新活动呈现出复杂性、系统化和社会化协作等特点,单一企业往往难以满足重大技术创新的要求,技术创新出现跨领域、跨企业的特征(Ruckman,2009)。为应对技术创新环境的变化,产业技术创新联盟被认为是实现协同创新的一种重要企业合作模式(Butler,2008)。传统产业技术创新联盟的技术创新方式主要是按照既有技术轨道模式进行,具有渐进性特征。相较于传统产业技术创新联盟,战略性新兴产业技术创新联盟具有哪些具体特征和显著优势呢?本章将对这一问题进行探讨。

第一节 战略性新兴产业技术创新特征与创新模式分析

一、战略性新兴产业技术创新特征

战略性新兴产业是充分利用重大科技创新成果建立起来的知识密集型产业,是新兴科技和新兴产业的深度融合,其发展具有明显的创新驱动特征。除具有传统产业和高新技术产业所具有的特征外,战略性新兴产业的技术创新还具有以下特征:

1. 突破性创新

传统产业创新具有渐进性创新的特征,渐进性创新是既有产业技术方式、技术制度下的创新，具有渐进性和持续性。而突破性创新主要是基于科学原理上的突破性技术而产生的创新，会使产品性能发生跃迁，导致市场规则、竞争态势，甚至整个产业发生变革，其实质是采用破坏性方法产生突破性的思想和创新（Leifer 和 Mcdermott，2000）。新兴产业的产生源自于新兴技术，而新兴技术本质是一种突破性创新。因此，突破性创新是战略性新兴产业创新的重要特征。

与传统产业以需求响应速度为优势的"先动效应"不同，在战略性新兴产业领域，积极开展创造性破坏、成功实现技术创新者呈现出"赢者通吃"的特质，率先掌握战略性新兴产业技术的企业将成为行业龙头并且具有绝对的竞争优势（胡昱，2012）。与传统的渐进性创新相比，除技术轨道和过程轨迹的差异外，战略性新兴产业的技术创新还具有高度不确定性、不可预测性、非线性、不连续性、偶发性等特点，是一种建立在创造性破坏基础上的突破性创新。战略性新兴产业的突破性技术创新不仅能够解决产业发展的技术路线问题，而且能够快速降低产品成本和大幅提高产品性能，从而促进产业快速发展。

中国与前几次工业革命的机会失之交臂，使我国成为"世界工厂"，还成为发达国家工业转移的阵地。生产成本要素低、能源消耗大、环境污染严重、核心技术匮乏、自主研发能力低下等问题在我国一直存在。后金融危机时代，各国加紧新兴产业的培育和发展，中国产业也致力于摆脱长期的劳动密集型、资本密集型特点，向知识技术密集型和有重大发展需求的战略性新兴产业转移。由突破性创新而产生的技术轨道和新技术的出现，为我们在战略性新兴产业中实现技术主导与前沿创新提供了可能，通过创造性破坏式技术创新，战略性新兴产业领域的新兴企业可以挑战既有企业，同时也可以利用战略性新兴产业实现经济跨越式发展。

2. 协同创新

协同创新是当今世界科学技术创新的新趋势。MIT 学者 Peter Gloor（2006）基于开放式创新理论，首次提出协同创新（Collaborative Innovation），他认为协同创新就是自我激励人员或组织在共同愿景的作用下组成网络，并利用网络平台分享创新思维、信息及研究进展，通过合作和协同来实现共同目标。国内学者陈劲和阳银娟（2012）认为，协同创新是以知识增值为核心，以企业、科研院所、高等院校、政府等为创新主体的价值创造过程。传统产业企业的研发活动一般是垂直、线性的，多在独立的科研单位或企业内完成，跨产业、跨行业研发活动较少。战略性新兴产业的主导技术不是单一技术，而是多学科、多领域技术相互融合渗透形成的技术群，绝大多数战略性新兴产业技术难以由单一的科技单位或企业独立完成，需要各模块之间的协同。因此，战略性新兴产业的创新不仅需要企业的独立创新，更需要高校、科研机构基于基础研究的原始创新，通过产学研的深度合作，围绕产业关键核心技术进行协同创新。因此，协同创新是战略性新兴产业技术创新的重要特征。

基于演化视角，新兴产业协同创新是创新主体内在演化动力和外部环境相互交织与影响的复杂过程。新兴产业协同创新也表现出自身的一些特征：一是利益相关的创新主体涉及的范围更为广泛。由于新兴产业代表未来的产业方向，具有良好的发展前景，各利益相关者为抢占市场先机，都会积极进入新兴产业，因此，在多方主体协同作用下共同推动新兴产业的发展。二是创新合作更活跃。新兴产业处于产业生命周期的前期阶段，其技术更新和市场环境变化比传统产业更快，创新主体间的互动协作更活跃。三是创新过程受环境影响较大。新兴产业的市场不确定性程度较高，创新主体对外界环境的变化比较敏感，环境变化对新兴产业协同创新的影响较大。四是主导创新方式发生变动。协同创新方式会随着产业发展而发生变化，协同创新早期以知识创新与技术创新为主，但随着技术路线与市场环境的稳定，已经逐渐过渡到以产品创新和工艺创新为主（陈芳和睢纪刚，2015）。

3. 颠覆性创新

颠覆性创新由哈佛大学教授克利斯坦森（Christensen，2010）在《创新者的困境》一书中首先提出，颠覆性创新是指创新者推出的更简单、更方便、更便宜的技术，目的是颠覆现有市场。与传统的突破性创新和渐进性创新不同，颠覆性创新并不完全依赖于技术变迁本身，而是侧重于企业价值体系的变化和市场新范式的构建。在既定技术轨道和市场上的前沿突破是突破性创新，而不是颠覆性创新。要实现颠覆性创新，必须在技术轨道上实现变轨，当基于破坏性创新的新技术范式出现时，通过技术轨道的跃迁，机会窗口出现，企业和产业就可以实现跨越式发展（周源等，2015）。

以重大科技突破为基础的战略性新兴产业作为我国产业转型升级的引擎之一，存在着大量的不确定性和新兴技术，技术轨道的识别与选择对战略性新兴产业的技术创新和发展起着至关重要的作用。战略性新兴产业由于其技术尚不成熟，因此其技术范式和技术轨道都在形成之中，并呈现出与传统产业显著的差异性。技术轨道（Technology Track）与技术范式既有联系也有差别，是既定技术范式中的具体技术路线，是研发人员在一个基本相同的技术发展方向中形成的研发路径（周绍东，2012）。实现战略性新兴产业的技术变轨，也就实现了技术范式上的颠覆性创新。颠覆性创新还需要在市场范式上出现变轨，战略性新兴产业新市场在形成早期，市场需求不确定，市场范式还未确立，战略性新兴产业中企业的产品若能很好地满足市场初始需求或偏好，则意味着新市场的形成和新市场轨道的确立。发展战略性新兴产业，前沿技术的突破和对现有市场的颠覆必不可少，而颠覆性创新的出现对战略性新兴产业的发展起到了关键作用。

二、战略性新兴产业技术创新模式分析

传统产业的技术创新模式主要是产学研合作模式。这种产学研合作是一种契约式合作，合作一般由企业提供经费，通过签订契约委托高校或科研院所进行项目开发或出让科研成果。这种合作能使科技成果在较短时间内实现应用，产生规模经济效益，但由于高校、科研院所只需按照合同条款履行职责，履行完合同后就与企业无权责关系，因此这种合作一般适用于一些成熟的、投资小的技术，难以为企业提供持续技术支撑和后续开发，这种短期、单项合作产学研的创新模式难以满足高层次创新发展的需求（申俊喜，2011）。

在信息与资本日益全球化和知识经济的今天，仅仅依靠内部的资源进行创新，已经难以适应快速发展的市场需求以及日益激烈的竞争环境。在这种背景下，开放式创新逐渐成为技术创新的主导模式。开放式创新是各种创新要素互动、整合、协同的动态过程，要求技术创新主体、知识主体以及创新资源之间建立紧密联系，逐步构成具有互补性和结构性的网络体系，以实现创新要素在不同企业、研究机构、个体之间的共享（陈劲，2011）。

在国家政策的大力支持下，我国战略性新兴产业蓬勃发展，产业规模迅速壮大，创新资源进一步集聚，技术研发和产业化水平提升，对国民经济和社会

发展的支撑作用逐渐增强。但是我国战略性新兴产业并没有摆脱"高端产业，低端技术"的发展思路，关键技术自给率低，核心技术掌握较少。发达国家的经验表明，缺少核心技术的新兴产业无法形成竞争优势，没有自主知识产权的产业，规模再大也不具备战略性。战略性新兴产业是科技和新兴技术交叉融合的产业，技术创新活动更复杂、不确定性更强，要想突破战略性新兴产业的核心技术，必须实现创新组织模式的变革。由于战略性新兴产业关键技术和共性技术投入大、战略性强，因此迫切需要形成产业链、学科链、高校链、政府链、资本链等。

以上分析表明，传统的产学研合作创新模式已很难满足战略性新兴产业技术创新的需求。产学研合作要从初期的点对点分散式合作，逐步扩展到政府、企业、高校和科研院所以及金融中介服务机构等参加的全方位网络协同式合作创新。这种合作创新模式通过政府、金融中介服务机构等相关要素的支持，针对战略性新兴产业发展的共性技术和技术瓶颈，联合成立产业研发基地或者共建产业研发平台，注重技术合作，共同突破与发展产业关键核心技术和共性技术，加速创新成果的大规模商业化运用，努力形成产业技术标准，增强战略性新兴产业的持续创新能力，为战略性新兴产业技术开发与产业化提供集成式服务。

第二节 战略性新兴产业技术创新联盟溯源

战略性新兴产业技术创新联盟研究源自于战略联盟和技术创新联盟。随着经济全球化和信息一体化的快速发展，市场经济主体为占据市场份额和满足自身经济发展，开始与其他少数市场主体结成战略联盟，主动交换和转移互补性资源。20 世纪 90 年代，美国学者 Hopland（1990）首次提出战略联盟概念，随后引起理论界和业界的关注。战略联盟是指两上或两个以上有共同战略利益的企业或跨国公司为了达到共同的战略目标而采取的优势互补、风险共担、利益共享、生产要素相互流动的合作模式。Teece（1992）认为战略联盟是两个或两个以上合作伙伴组成的协议网络，并把联盟归结成五种类型。战略联盟使得参与主体既保存了企业的现有资源，又共享企业外部及市场资源，为企业快速抓住市场机遇和拓展市场份额提供了条件。与此同时，科技革命和知识经济的到来，推动市场产品向高科技化和复杂化方向发展。市场新产品的产生往往涵盖多种技术资源、多个生产和经营环节，单个企业无法依靠自身有限的资源和资本支付较高的科研投入与开发成本。

随着技术的日新月异，以信息技术为中心的科技进步从广度和深度上把社会分工、生产需求和产业组织推进到一个新阶段，创新者之间的横向和纵向合作也越来越重要。作为一种新的技术合作方式，技术联盟已经成为现代企业技术创新的一种新模式，是企业获取持续竞争优势的重要手段。在企业战略联盟中，85%以上的合作与技术创新活动相关。从价值链的角度看，企业不可能拥有全部优势，但可以通过技术联盟，借助各自在价值链上的优势环节展开合作，实现整体收益的最大化，这是企业建立技术创新联盟的原动力，能实现价值系统的整体增值（Kevin，2000）。Inkpen（2002）认为，技术联盟是指两个或两个以上的企业联合致力于某一知识或产品的研发行为，是为适应知识快速发展和市场竞争需要而产生的优势互补型组织。技术联盟是随着产品复杂性的提高和新兴技术优势的增加，为了技术发展而展开的合作组织（Gurneeta Vasudeva，2005）。技术联盟是企业提高自主创新能力和满足市场技术要求为主要目的的合作关系，是网络组织的具体表现形式（Bob Phelps，2007）。不确定的市场环境及技术发展要求使得企业对外部知识和技术资源的依存度逐渐提高，因而与其他主体如科研院校、相关企业、金融投资和中介机构等形成相互学习与相互联系的技术创新联盟网络。较之于其他形式的战略联盟，技术联盟主要是指两个或两个以上独立法人的组织相互联合致力于技术创新行为，这种合作是一种以知识活动为基础的动态合作关系。技术联盟更强调通过技术竞争和合作来开拓市场，注重组织间的知识和技术的联系，联盟的目的主要是学习与创造技术和知识。

随着竞争的全球化和技术进步的不断推动，产业分工越来越细，产业内部的合作也越来越紧密，企业在专注于核心竞争力的同时越来越依赖整个产业的发展水平和发展环境。信息网络的发展为战略联盟带来了多方参与者，并让主体联系更加紧密，将战略联盟的合作范围扩大到整个产业和整个区域（Dixon，2002）。许多产业内企业开始结成产业技术创新联盟，提高自身技术创新能力以应对激烈的市场竞争。产业技术创新联盟源自于技术联盟和战略联盟。在产业技术创新联盟中，参与主体致力于攻克产业共性技术，研发出新技术和新产品，最终提升产业的核心竞争力。Lundval（1995）认为，产业技术创新联盟是以技术研发、技术市场化、产业化等为共同目标组成的具有正式组织形式和规则及战略意义的组织模式。产业技术创新联盟作为战略联盟和技术联盟的一种，其合作主体不仅包括企业法人，而且强调高等院校、科研院所和中介组织的共同作用。

在我国，产学研联盟是战略联盟实践的开端，同时又是产业技术创新战略联盟的前身。1992年，国家经贸委、国家教委、中科院联合组织实施"产学研联合开发工程"，为产学研联盟发展奠定了基础。产学研联盟主要是在企业、高等院校和科研院所之间建立紧密的交流合作关系来实现社会创新资源的优化配置，快速提升产业技术发展水平和技术竞争力。虽然产学研合作在实践中取得了一定成效，但产学研合作形式多以项目为主，缺乏战略层次的资源整合，不能适应重大产业关键技术和共性技术研发的需要。2008年，国家六部委联合发布《关于推动产业技术创新战略联盟构建的指导意见》（以下简称《意见》），加快各地产业技术创新战略联盟的建设和发展步伐。《意见》中把产业技术创新战略联盟界定为由大学、科研机构或其他组织机构，以企业的发展需求和各方的共同利益为基础，以提升产业技术创新能力为目标，以具有法律约束力的契约为保障，形成的联合开发、优势互补、利益共享、风险共担的技术创新合作组织。产业技术创新战略联盟的主要特点有：一是联盟的定位主要是创新，重点关注产学研之间的合作与创新，其目的是通过合作，加快研发进程，实现技术和知识共享，共同攻克产业发展的关键核心技术和产业共性技术；二是具有特定的产业，既包括产业链的水平合作，也包括产业链上下游的垂直合作；三是参与主体的多元化，创新主体是企业、高校和科研院所，还包括金融机构、科技中介等辅助性组织。联盟主体各自拥有不同的资源优势和能力，这些资源优势和能力在联盟内容易实现互补。

第三节 战略性新兴产业技术创新联盟的提出及内涵界定

传统产业处于成熟时期，产业技术已经趋于稳定，其创新主要是对传统产业链的功能升级和技术换代升级。创新的目的是加强技术性能和降低成本，提升附加值和扩大市场占有率。在传统产业技术合作创新中，主要是企业与科研院所、高校的内部合作，忽略了外部支持性因素和辅助组织的作用，没有很好地建立起政府部门、金融机构和中介组织共同参与的协同创新模式。战略性新兴产业是科学、技术交叉融合的新兴产业，其技术创新具有其他产业难以比拟的复杂性和不确定性，如何更好地实现战略性新兴产业的关键技术和共性技术的创新，是战略性新兴产业可持续发展的关键。

一、产业技术创新联盟与战略性新兴产业技术创新

战略性新兴产业的核心是新技术，只有技术的突破才能支撑战略性新兴产业的发展。战略性新兴产业的关键技术具有技术门槛较高、技术成熟度低、市场化程度低的特点（于旭等，2013）。技术不确定性是造成企业内部研发动力低下的原因（Lowe 和 Taylor，1998）。新兴产业技术的不确定性，使得仅凭单个企业的力量或者一个产业的力量很难迅速完成重大技术突破。战略性新兴产业的创新具有创造一个新行业或改变一个现存行业，并对经济结构产生重大影响的能力。

战略性新兴产业技术创新模式不是简单依赖外部技术源的创新，而是重组价值链体系的开放式创新，是通过各种创新要素交互作用的系统过程，是一种以持续增长、高度专业化为特征，着眼于未来的开放式共生系统。这个系统的创新主体更加多元化，战略性新兴产业企业需借助政府、相关产业企业、高校、科研机构、中介机构等组织的力量，同时利用内部和外部互补的创新资源，通过对内外创新资源的整合，实现协同创新，共同开发共性技术和关键核心技术。

产业技术创新联盟通过对技术、人才、资金和信息等优势资源的有效利用与

重新整合，获取并整合出更多的新知识和新技术，是企业获取和保持竞争优势的主要模式（Butlerz，2008）。产业技术创新联盟是交互学习和创造知识的平台，是产学研协同创新组织，也是实施国家创新战略的重要载体。产业技术创新联盟的主要目标是围绕产业技术创新的关键问题和产业发展的共性问题，协同进行研发，联合制定产业技术标准，合作建设技术创新平台，推动技术转移和科技成果商业化。因此，产业技术创新联盟是开放式创新的一种重要形式，是实现战略性新兴产业技术创新的一种重要途径。

二、战略性新兴产业技术创新联盟内涵界定

战略性新兴产业技术创新联盟研究源自于技术创新联盟和战略联盟。Teece（1992）认为，战略联盟是两个或两个以上合作伙伴组成的协议网络。Hagedoorn等（2000）认为，技术联盟主要是基于创新导向，企业、科研院所等为了共同R&D而组合在一起的技术创新合作组织。产业技术创新联盟是企业技术联盟在产业层面的拓展。产业技术创新战略联盟是满足国家重点产业技术创新需要，聚焦于战略高技术、重大关键共性技术和支撑性技术的创新联盟（万钢，2010）。产业技术创新联盟主要解决产业技术创新问题，不是个别企业的技术问题（李新男，2007）。付苗等（2013）以 TD 产业技术创新战略联盟为例，利用共生理论研究了产业技术创新战略联盟的组织模式。总体而言，这些研究成果从不同视角对产业技术创新联盟的内涵和模式进行了界定，具有很好的借鉴价值。然而，战略性新兴产业在我国是最近几年才提出来的，有关创新联盟的研究以往主要集中在传统产业领域，针对战略性新兴产业技术创新属性，对战略性新兴产业技术创新联盟的研究仍较为欠缺。

传统产业技术创新联盟的创新主要是按照既有技术轨道和技术范式进行的一种改善性创新，技术创新活动大多是围绕同类产品的单个技术在同一产业链间展开，跨产业、跨学科、跨领域的创新活动不多。战略性新兴产业是新兴技术和新兴产业的深度融合，跨产业、跨学科、跨领域的创新活动比较多。传统产业技术创新模式已经很难满足战略性新兴产业技术创新的需要。通过构建产业技术创新战略联盟来适应战略性新兴产业技术创新环境的变化，达到战略性新兴产业发展关键核心技术的突破，是国家创新体系构建的重要组成部分。在战略性新兴产业

领域中形成的产业技术创新联盟，我们称为战略性新兴产业技术创新联盟，有别于传统产业技术创新联盟。本书认为，战略性新兴产业技术创新联盟是指在政府的推动和引导下，以战略性新兴产业中能提出创新需求的龙头企业为核心，产业内及相关产业企业、高校科研院所和支持性机构共同参与，整合产业内外相关创新资源，聚焦于战略性新兴产业内重大关键共性技术和支撑性技术，满足国家或区域重点战略性新兴产业发展需求的新兴创新合作组织（见图4-1）。战略性新兴产业技术创新联盟强调政府的主导作用，创新重点是满足国家战略发展需求的产业关键支撑性技术和共性技术。

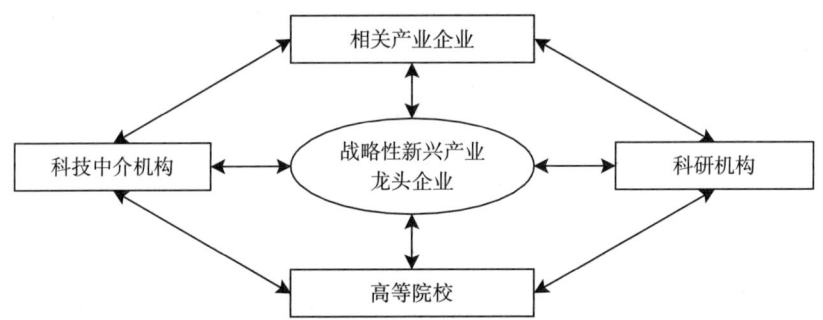

图4-1 战略性新兴产业技术创新联盟主体结构

战略性新兴产业技术创新联盟通过政府层面的引导来构建，政府在联盟中处于主导地位，利用行政权力，通过颁布法律法规和制定相关政策对联盟实施监管，约束联盟成员的行为。战略性新兴产业内龙头企业是联盟的核心主体，主要任务是提供和协调联盟内外的创新资源，制定技术标准，进行战略性新兴产业共性技术和关键重大技术开发，以及负责技术创新成果推广和制定创新产业化战略。高校和科研机构主要是通过智力资源、创新资源参与联盟的研发，实现联盟的协同创新。其他相关企业利用自身异质性创新资源的比较优势，通过资源共享、优势互补，参与联盟的技术创新和技术成果推广。

战略性新兴产业技术创新联盟是提高产业竞争力和创新能力的有效途径，不同的视角对产业技术创新联盟的组织模式有不同的分类。许多学者（张晓，2009；王越，2011；孙亮，2015；殷群和胡大伟，2015）分别从合作关系视角、联盟治理结构视角、发展目标视角、主导力量视角等对产业技术创新联盟的构建和运行模式进行了分类。在技术、市场和政策的推动下，联盟中的主导力量不同，战略性新兴产业技术创新联盟的构建和运行模式截然不同，联盟的主体行为也不尽相同。借鉴相关学者对产业技术创新联盟的分类，本书按照主导力量的不同把战略性新兴产业技术创新联盟的组织模式分为政府主导型、市场导向型、学研驱动型技术创新战略联盟。不同类型的联盟组织涵盖的信息、技术、人才、资金、物资基础等客体要素存在差异，在联盟运行过程中，联盟主体的行为表现也各不相同。

第四节　战略性新兴产业技术创新联盟主体行为分析

一、政府主导模式中联盟主体行为分析

政府主导型的战略性新兴产业技术创新联盟，是指某些事关国家经济发展的重大战略性新兴产业技术创新领域，对于国家战略利益和产业技术突破非常关键，但新兴技术的市场前景不确定性高，市场创新主体不愿意主动参与，可通过政府直接或间接的介入和引导来构建产业技术创新战略联盟。不确定性和高风险是战略性新兴产业发展初期的基本特征之一，产业技术创新战略联盟的构建和发展仍处于初级阶段，没有成熟的运行管理经验，需要政府的引导和协调（刘林舟和武博，2012）。在这种模式中，政府起着主导作用，政府根据世界科技发展的趋势，针对相关战略性新兴产业发展需要和企业、高校及科研院所科研实力，制订相关技术创新计划，整合联盟内各参与主体的优势资源，确定联盟战略目标、任务计划，构建联盟运行机制，制定有效的激励政策，使战略性新兴产业技术创新联盟高效运行。政府还应通过颁布一系列的知识产权法律法规，如知识产权保护和产业违约责任等，保护主体的知识创新成果，约束不正当的行为。政府建立知识服务平台和专家评估体制，定期对联盟中重要的产品知识和技术进行评估并提出指导意见。政府作为能拥有和调控最多资源的主体，会兼顾效率和公平的原则，利用行政法律手段对联盟主体的利益进行合理分配和整合。

由于技术和市场的不确定性高，在政府主导型模式中，企业主体一般不愿意投入过多的资源和精力进行技术创新活动。高等院校和科研院所在没有足够资金支持的条件下很难独立进行技术创新活动。政府作为一个公共部门，拥有公共权力，它代表着社会和公众，管理着创新的相关资源，通过经济手段、法律手段、行政手段来影响技术创新活动（王健，2014）。政府可以通过制定相关产业的财政政策和金融政策，对其进行税收优惠、创新基金的设立、资金的直接扶持等，减少企业因资金压力而采取的不利于联盟稳定的行为。

二、市场导向模式中联盟主体行为分析

市场导向型的战略性新兴产业技术创新联盟模式，是指某些战略性新兴产业技术创新领域的市场前景相对比较明朗，战略性新兴产业企业为提升自身的市场竞争力，以委托大学和科研机构开发或共同研发的形式，主动寻求与大学和科研机构在技术支持、技术服务、新技术开发等方面的合作，从而提升企业自身的技术和效益所形成的产业技术创新战略联盟。在市场导向型战略性新兴产业技术创新联盟中，战略性新兴产业中的龙头企业占据主导地位，与其他主体的资源拥有量差异显著。龙头企业的资源和技术优势促使其在联盟内部发挥带头和领导作用，根据市场需求的变化并结合企业自身技术实际问题，选择适当的联盟合作伙伴，充分发挥资源共享、优势互补效应。通过不断加强主体间的合作交流，共同制定科学高效的管理制度和协同创新体系，规范联盟利益分配机制，保障联盟的顺利运行。龙头企业通过转移和整合其他企业主体的知识、技术资源，结合自身实践优化和重构资源配置，提高研发效率和创造新产品。除了龙头企业外，市场导向型联盟中的跟随企业要强化学习机制和研发创新能力，提高与龙头企业合作交流的积极性、创新的主动性，不断学习吸收龙头企业及其他主体的知识信息和技术资源，尽量避免机会主义行为和违背契约行为的产生。由于产业技术创新联盟的动力机制主要来源于龙头企业雄厚的资源基础、管理协调能力和组织能力，所以其不仅能有效控制和约束联盟内部独立分散与违背契约的行为，而且能最大限度地扶持和指导跟随企业，提高主体间的信任系数。

在市场导向型的战略性新兴产业技术创新联盟模式中，科研机构和高等院校根据联盟中战略性新兴产业龙头企业的创新需求，利用自身的技术、知识和人才

优势，在企业的支持下，开展技术创新活动。在市场导向型战略性新兴产业技术创新联盟中，政府主要是通过完善相应的法律法规，为联盟的运行和发展提供良好的环境，以便更好地解决联盟运行中出现的利益分配、知识产权保护和科技成果转化等问题。

三、学研驱动模式中联盟主体行为分析

学研驱动型的战略性新兴产业技术创新联盟，是指在知识密集、技术密集且市场前景比较明确的战略性新兴产业领域，大学和科研机构根据自身的人才、技术和知识等优势资源，愿意承担创新风险，主导组建产业技术创新联盟，实现战略性新兴产业技术创新及创新成果的产业化。在学研驱动型战略性新兴产业技术创新联盟中，大学和科研机构起着主导作用。在这种类型的产业技术创新联盟中，大学和科研机构是技术的主要研发载体，大学和科研机构运用自身的技术、知识和人才优势，紧密把握战略性新兴产业技术前沿趋势，主导联盟的战略性新兴产业发展的基础研究、应用研究和开发研究以及技术创新成果的转化与产业化，通过分析市场和项目产品开发数据有效指导联盟企业的产品和服务创新，满足企业技术创新需要和市场需要。

在学研驱动型战略性新兴产业技术创新联盟中，企业作为市场主体，其市场敏锐性比较强，在产品生产、经营、销售等方面有比较成熟的经验和做法，在联盟运行中，可以为大学和科研机构提供支持。而政府可以制定专门的激励支持政策，并利用国家科技计划、设立专项项目等形式资助大学及科研院所进行战略性新兴产业共性技术和关键核心技术的研发，同时发挥协调和监督作用，保障联盟的有效运行。

第五节 战略性新兴产业技术创新联盟特征分析

传统产业是以消费需求为导向，以追求范围经济和规模经济为目标，提高生产效率和市场占有率价值的基础性产业，其基本特征表现为产品需求收入弹性

低、见效快、综合竞争力较弱。而我国经济发展动力已经由"要素和投资驱动"转向"创新驱动","创新"成为驱动经济可持续发展的最重要因素（张志彤，2014）。与传统产业技术创新联盟相比，战略性新兴产业技术创新联盟会有何区别？呈现什么新特征？

一、战略性新兴产业技术创新联盟与传统产业技术创新联盟比较

由于传统产业和战略性新兴产业创新特征的差异，战略性新兴产业技术创新联盟与传统产业技术创新联盟相比，其创新组织形式、创新重点和创新模式具有明显不同，具体体现在以下几个方面：

1. 创新组织形式不同

传统产业技术创新活动大多是围绕同类产品的单个技术展开，技术创新活动以直线的、垂直的居多。这种创新活动一般根据产业链上下游企业、客户需求，通过产业链内的科研组织或企业合作就能完成，跨产业、跨行业的创新活动甚少，传统产业技术创新联盟在组织形式上纵向一体化特征较为明显，对外部合作主体的技术信息依赖程度高。战略性新兴产业技术在不同产业间高度交叉和深度融合，具有高度复杂性与发展的不确定性，大多数战略性新兴产业技术不可能由单一主体独立完成，需要多维主体紧密协作、相互协同，通过共享和整合多方资源，培育产业核心竞争力。所以，战略性新兴产业技术创新联盟在注重纵向一体化的同时，更加注重横向一体化，既可以是基于产业链上下游企业、客户间的合作，也可以是跨组织、跨部门、跨系统和跨区域的主体间的合作。组织形态上更加体现了模块化和网络化特征，这些具有高度专业化、模块化的组织可能分布于不同产业、不同领域。如我国重庆市在2016年5月成立的数据产业技术创新联盟，由重庆市科学技术研究院牵头成立，吸引了市经济信息中心、中科院云计算技术研究中心、重庆大学、万达信息、腾云天下、前海科技等国内50多家机构加入，技术优势涵盖了数据采集、清洗、建模、应用、可视化等各个环节。联盟通过各个模块主体协同合作，资源共享，优势互补，最终实现重庆大数据产业核心竞争力的有效提升和可持续发展战略目标。

2. 创新重点不同

由于传统产业大都处于成熟期，产业技术和市场需求已趋于稳定，传统产业

技术创新联盟绝大多数是产业链上相关创新主体间进行合作创新，创新的重点大多数是为通过技术创新提高产品附加值和市场占有率而进行的改善性创新。通常表现为对现有产品、服务或工艺进行调整、改良和市场上的主导设计，没有发生根本性的变化，产业间的竞争仍表现为成本领先或产品差异化（孙圣兰和夏恩君，2005）。传统技术创新活动主要围绕同类产品的单个技术展开，利用和借鉴原有技术轨道进行渐进性创新，创新目的主要是改进产品的技术性能和降低成本，提升产品附加值和客户满意度。

战略性新兴产业发展是以重大技术突破为前提，以新兴技术和新兴产业深度融合为基础，具有广泛的技术扩散效应以及引导科技进步的能力，创新活动更趋复杂化、高不确定性和创新驱动性。由于缺乏相应的技术标准和运行模式，具有很大的技术不确定性和市场风险性，战略性新兴产业往往需要改变技术路径和发展轨道。因此，战略性新兴产业技术创新联盟的创新不仅注重单个技术、单一产品的研究，而且更注重产业共性技术、交叉业务和基础技术的研发。这种产业技术创新能将国家宏观经济发展和产业、企业发展需求结合起来，提升整个产业的竞争优势，并能带动相关产业的发展，进而提高产业竞争力和国家竞争力。

3. 创新模式不同

在传统产业技术创新联盟的合作创新中，主要是企业与科研院所、高校的内部合作，忽略了外部支持性因素和辅助组织的作用，没有很好地建立起政府部门、金融机构和中介组织共同参与的协同创新模式，这种联盟合作方式是一种层次相对较低的线性或链式创新合作。协同创新是以知识增值为核心，从整合和互动两个维度将各个创新主体要素进行系统优化、价值创造的过程。根据整合和互动两个维度，协同创新过程可以分为"沟通—协调—合作—协同"四个阶段。战略性新兴产业技术创新的复杂程度更强，技术创新呈现开放性、交叉式、非线性、网络化趋势。因此，战略性新兴产业技术创新联盟在优势互补、风险共担、利益共享和合作共赢的基础上，通过政府引导，形成一种以高校、科研院所和产业内企业为核心要素，以中介组织、政府职能部门、金融部门、创新平台和相关产业企业等为辅助要素的多元主体网络创新模式，在整个协同创新过程中真正实现既在产业内诸要素、多个子系统之间实现交互和协同，也与相关产业要素和其他系统之间进行耦合互动，实现跨领域、多学科的协同创新。

二、战略性新兴产业技术创新联盟的特征

1. 政府主导性

战略性新兴产业具有促进产业结构转换和引导科技进步的能力，是国家或区域实现经济持续增长的先导产业，对国民经济发展具有导向作用，关系到国家经济发展命脉和产业安全。为了实现战略性新兴产业的新跨越，构建国家或地区竞争力，战略性新兴产业技术创新联盟强调由政府或政府相关职能部门引导组建，并且借助政府的财政、金融、政策和资源支持，促进联盟内创新资源和创新要素的合理流动与优化配置。战略性新兴产业技术创新联盟往往体现政府意志，是政府对国家或区域创新发展的谋划，需要以国家战略性新兴产业和区域支柱产业的技术创新需求为导向，引领企业的技术创新方向与国家战略利益相结合，与区域经济发展需求相适应。战略性新兴产业技术创新联盟是国家创新体系在产业层面的推进，是国家创新系统的重要组成部分，是政府推动战略性新兴产业协同创新和可持续发展的具体体现。

2. 战略目标性

相对于传统产业技术创新联盟而言，战略性新兴产业技术创新联盟的最终目标不仅是实现优势互补、利益共享、风险共担，而且是在一些领域体现国家技术创新的战略目标，更注重在高端技术领域的多方战略合作。并强调以全球视野和战略思想为指引，从宏观上规划产业技术发展路线，把握全球产业技术发展趋势，聚焦产业内关键共性技术或区域经济发展急需的支撑性技术，抢占未来产业技术和产业发展的制高点，提升产业创新力和竞争力，促进战略性新兴产业可持续发展，最终提高国家竞争力。

3. 高不确定性

战略性新兴产业还处于产业化初期，技术和市场都不成熟，许多新兴技术大都发源于原始创新。战略性新兴产业技术创新的出现和应用，改变了企业间原有的竞争规则和价值链结构，甚至可能创造多个新行业，促成一种新的"技术—经济"范式出现。同时，战略性新兴产业由于技术创新轨迹尚未确定，技术创新与市场需求之间的相互反馈系统还没有完全建立，使得战略性新兴产业技术创新与市场需求之间存在高不确定性，面临的风险更大，从而导致技术发展、市场需求

和产业成长环境等充满了不确定性。高不确定性更凸显了战略性新兴产业技术创新联盟存在的重要价值和必要性，联盟内企业可以一起共同攻克产业内的关键支撑技术和共性技术，共享技术创新成果，分散由于不确定性带来的技术创新风险。

第五章 战略性新兴产业技术创新联盟构建机理研究

第一节 战略性新兴产业技术创新联盟构建原则及路径分析

战略性新兴产业技术创新联盟是一个聚焦于战略性新兴产业内重大关键共性技术和支撑性技术，满足国家或区域重点战略性新兴产业发展需求的新兴创新合作组织。为保证联盟能持续、有效和健康发展，充分发挥联盟的作用，在联盟构建时应遵循一定的原则：

一、政府引导原则

战略性新兴产业对国民经济发展具有导向作用，关系到国家经济发展命脉和产业安全。战略性新兴产业技术创新联盟一般由政府引导组建，在一定程度上能体现国家战略目标，符合国家产业政策导向，符合提升国家核心竞争力的迫切需要，是政府对国家或区域创新发展的谋划。政府在战略性新兴产业技术创新联盟构建中可以通过制定必要的经济政策、产业政策，鼓励、支持、规范和引导产业技术创新联盟朝正确的方向发展；通过重大科技专项，为产业技术创新联盟的构建提供必要的前期启动和运行资金；通过信息资源的优势力量，政府可以为联盟提供决策咨询服务、信息服务等，促进战略性新兴产业技术创新联盟的形成。

二、资源互补原则

资源互补是战略性新兴产业技术创新联盟主体结盟的前提。联盟主体在拥有核心创新能力的前提下应与其他联盟主体达到资源互补的目的,使得在联盟过程中发挥各自的资源优势,满足战略性新兴企业跨组织和跨学科的发展。Stuart 和 Toby(1998)认为,联盟是行为主体间根据自身资源的异质性,本着互惠互利原则,利用资源互补来追求共同利益的合作活动。他把联盟界定为一种资源整合的组织行为。李健和金占明(2015)认为,联盟伙伴的选择应综合考虑战略目标、资源互补、市场相似程度和文化差异等方面。技术和资源的互补体现在联盟选择技术与资源合作伙伴时应充分考虑主体知识的关联性和差异性。

战略性新兴产业技术创新联盟会选择拥有异质性且具有一定关联性、互补性的主体进入联盟,这样主体间的知识互补才能更好地推动联盟合作创新行为的产生,营造文化协同和制度协同的联盟环境,增加彼此间的信任度。联盟主体资源互补性越强,越有利于合作创新效应的提高。由于主体间的行业属性和知识配置不均衡,联盟成员具有各自的技术和资源禀赋,通过结合和学习不同成员的资源,能够聚集创新资源,均衡技术和资源,形成互补和协同效应,提高研发成功的可能性。

三、契约原则

战略性新兴产业技术创新联盟构建要遵循市场经济规则,要立足于企业创新发展的内在要求和各主体的共同利益,在联盟主体平等协商的条件下,形成具有法律效力的契约,对联盟各主体进行有效的行为约束和利益保护。联盟契约是战略性新兴产业技术创新联盟主体开展合作的基础。刘林舟和武博(2012)提出应通过契约安排,使得联盟内各合作伙伴对知识产权、技术秘密等技术成果的归属与产业化收益遵守约定,实现对技术突破的成果共享。由于战略性新兴产业涉及较多的新兴性和复杂性科学知识,在联盟过程中会产生很多新产品和新专利,需要相关产业知识产权法律的保护,以此提高创造新产品和新服务的积极性。在联盟的每一阶段应根据公平合理的契约原则颁布战略任务,各主体根据总的战略任务具体安排自身的相关活动,明确责任与义务,避免机会主义行为。联盟主体是具有有限理性的市场主体，创新主体容易产生"搭便车"等机会主义行为。因此，联盟内部应以契约的形式建立利益分配制度，对于"搭便车"等机会主义行为主体实施相关惩罚和约束措施，而对于参与度较高的联盟主体应进行利益补偿和相关奖励。

四、风险共担与利益共享原则

风险共担和利益共享是战略性新兴产业技术创新联盟成立的重要原则。联盟内建立良好的风险共担与利益共享机制，是联盟能否成功运行的关键因素。战略性新兴产业还处于产业化初期，技术和市场都不成熟，许多新兴技术大都发源于原始创新。同时，战略性新兴产业由于技术创新轨迹尚未确定，技术创新和市场需求之间的相互反馈系统还没有完全建立，所以战略性新兴产业技术创新和市场需求之间存在高不确定性，面临的风险更大，从而导致技术发展、市场需求和产业成长环境等充满了不确定性。战略性新兴产业技术创新联盟处于开放性和动态性的市场环境中，由于新兴发展的技术范式和路径不清晰、市场不确定性高和外部环境变化大，战略性新兴产业技术创新联盟在带来竞争优势的同时也会给每个环节带来风险。战略性新兴产业技术创新联盟作为一个整体组织，必须强调风险共担原则，各主体共同承担联盟构建初期、成熟运行期和终止期不同阶段的风险和损失。在战略性新兴产业技术创新联盟成立初期，各参与主体应制定相应的财政金融计划和技术研究计划，包括政府的扶持政策、金融和投资机构的经费支持、高等院校的技术知识指导等。在联盟运行中，技术的不确定性也会导致企业开发的新技术与市场需求无法有效匹配，市场认可度低。短时间内企业无法回收前期投入资金，企业可能会存在投资风险，此时应利用政府的财政政策和科技创新政策、投资金融机构和其他相关产业的资金扶持等分散投资回收期过长带来的经济风险。

市场主体是基于利益最大化组建技术创新联盟的，联盟组织应遵循利益共享原则，在联盟协议中明确规定各主体的投入和产出分配机制，按照契约中的规定和法律制度进行合理公平的利益分配，使联盟主体获得平等的地位，而平等地位的建立有利于联盟的稳定运行。利益共享的重点是联盟通过协同创新所开发的战略性新兴产业新技术和所形成的专利，联盟根据各主体对专利的贡献度和重要程度等因素制定专利利益分配协议。通过协议，联盟主体对专利许可费用达成一致并根据收益分配原则构建联盟知识产权经营收益分配模式。联盟内部主体的知识产权可以通过自愿的技术互换或交叉许可进行分配和交换，联盟内部主体对于联盟取得的知识产权有优先使用权。

五、文化兼容原则

信任和协同文化是保障联盟机制稳定运行的重要因素，有助于提高主体和组织内部的创新效率。联盟涵盖企业、研究机构、中介服务组织及政府职能部门等行为主体，不同类型的机构具有不同属性的文化特征，即使是同产业内的不同企业也存在企业文化和价值观上的差异。对于战略性新兴产业企业而言，其是以市场为导向，以利益最大化为根本目标；对于高等院校和研究机构而言，其是以研究为主要目的，追求技术先进性，很少考虑市场的技术需要和其他环境因素的扰动，因此可能导致自身研发的新产品存在与市场脱节的风险（孙笑明、崔文田和董劲威，2011）。不同的战略目标既会驱使主体产生不同的竞合行为和产品开发，又会造成各主体过度以自身利益为重，导致联盟目标不容易实现。

因利益和目标不一致导致联盟不稳定是战略性新兴产业技术创新战盟运行过程中不断存在的问题，无法兼容的价值观和利益追求易导致成员之间产生矛盾冲突和机会主义行为，大大降低联盟主体的信任系数。信任程度的降低会造成企业在生产管理活动中有所保留，降低技术创新效率。信任共享的文化不仅能保障主体达成共同目标，认同对方的价值观和利益追求，而且能在吸收和利用对方资源的同时持续提高主体间的合作信任系数，进一步减少参与方之间的沟通障碍，形成参与方之间坦诚互信的氛围，提高联盟的创新发展能力。

第二节 战略性新兴产业技术创新联盟合作伙伴选择与评价

由于战略性新兴产业技术的不确定性和复杂性，合作伙伴选择对联盟创新能力和创新绩效的影响更大。近年来，在政府指导下构建了大批产业技术创新联盟，但部分联盟运作不畅，创新绩效不高，在我国，联盟失败率高达40%~70%，其中合作伙伴选择不当是主因（李柏洲和罗小芳，2013）。因此，在战略性新兴产业领域，如何正确而有效地选择合作伙伴，以提升联盟创新绩效和创新能力，是构建战略性新兴产业技术创新联盟亟须解决的问题。

国内外学者主要运用演化博弈理论、共生理论、组织学习理论、交易成本理论和资源依赖理论对产业联盟合作伙伴的选择进行研究。脱胎于生物学，结合技术创新理论并运用于创新管理研究的技术生态位理论，成为研究技术创新及其演化、评价企业技术生态系统的有力工具（潘海英，2011），对创新联盟构建、合作伙伴选择和战略性新兴产业培育都有着重要的借鉴意义。因此，本章基于已有研究，在梳理技术生态位和产业技术创新联盟关系的基础上，利用技术生态位理论来重新构建战略性新兴产业技术创新联盟合作伙伴选择评价指标体系。考虑到战略性新兴产业技术具有复杂性、多属性和不确定性特征，我们还运用Theil不均衡指数来计算各评价指标的权重，利用灰色关联度系数来分析模糊综合评价中的隶属度，形成组合赋权灰色模糊评价法，构建联盟合作伙伴评价模型来对备选合作伙伴进行选择与评价。

一、技术生态位与战略性新兴产业技术创新联盟

1. 技术生态位的内涵

生态位（Niche）是现代生态学的重要概念。美国学者J.Grinnell（1917）明确将其定义为物种在群落和生态系统中所占据的最后分布单元（Ultimate Distributional Unit）。Hutchinson（1957）将生态位看作一个物种生存条件的总和，认

为"任何一个物种的生态位都将表明该物种的生态特性",他把生态位设想为一个多维空间(Hyperspace),称为多维超体积生态位(Multi-dimensional Hyper Volume Niche),进而提出基础生态位(Fundamental Niche)和实际生态位(Realized Niche)概念。20世纪70年代开始,生态位研究逐渐运用于经济管理领域,称之为企业生态位。企业生态位是企业在战略环境中占据的多维资源空间(Freemant和Hannan,1983)。

技术生态位是企业生态位在技术范式和技术演进角度的进一步拓展。Weber M.和Hoogma R.(1998)等认为,技术生态位是一个为新技术研发、应用起到试验平台作用的特定领域,在该领域内新技术可以得到暂时保护,避免受到市场或其他制度的约束,从而使得该新兴技术逐步走向成熟和产业化,避免新兴技术在适应市场环境前就与主流市场竞争。Geels F.(2002)等认为技术生态位是新技术的"孵化器",当新技术产生后,它将在孵化空间进行培育和发展并受到保护。技术生态位的功能在于保护空间的构建,使新兴技术得到培育和发展,免受市场冲击,从而走向成熟。国内学者潘海英等(2011)从技术生态系统的角度将技术生态位界定为一种技术所占据的时空位置及其与相关技术之间的功能关系和作用。何巨峰等(2008)认为,技术生态位由有形资源、无形资源、个人能力和组织能力四要素构成。叶芬斌等(2012)研究发现,技术创新系统中每个子系统及其内部各单个技术在大体系中分别占有特定的"生态位",从而形成技术生态位。技术生态位是整个企业创新链条或企业创新生态系统中的一个环节,对企业技术创新有着至关重要的影响。

综上所述,技术生态位是企业生态位的核心组成部分,是企业发展技术生态系统时机构所能提供的一切可利用资源,包括保护空间、实验平台、技术人员和辅助资料等,以及使用这些资源创造价值的能力,它反映整个技术链条的变化,尤其是核心技术的创新与变迁。

2. 联盟各合作伙伴技术生态位因素分析

战略性新兴产业技术创新联盟是由战略性新兴产业企业、高等院校、科研院所、相关产业企业及其他科技中介组织等组成的,是一个联合开发、优势互补、利益共享、风险共担的共同体,也是合作伙伴间进行知识产权转移和科研成果转化的有利平台(刘林舟和武博,2012)。联盟各成员在提升联盟整体竞争力中发挥着各自的作用,也从不同的合作伙伴身上汲取自己所需的创新资源。为了分析联盟各成员所发挥的功能,本书运用技术生态位的"态"和"势"做进一步阐释。

技术生态位的"态"是企业技术累积的成果,包括技术和文化制度层面;技术生态位的"势"是企业技术对现实的影响力和潜在支配能力,决定企业在联盟中的地位和技术的未来走向,包括资源获取能力、组织管理能力和信息沟通能力。此外,技术生态系统中资源利用的丰富程度被称为技术生态位宽度,技术生态位越宽,表明在资源运用多样性方面越丰富。当更多的联盟成员利用同种或相似的技术资源时,会造成技术生态位的重叠,重叠度越高,说明区域内竞争越激烈。

(1)企业技术生态位分析。企业在联盟中起主导作用,一方面,企业要主动寻求与研究机构(高校)合作,组建创新联盟,通过对创新主体技术生态位的分析,进一步优化创新资源。应利用高校科研人才优势,对具有战略性的技术进行反复遴选,不断挖掘新技术的衍生效益,培育出合格样品和关联产品。通过对产品进行标准化设定,实现产业化、规模化,最终实现技术生态位向市场生态位的跃迁。另一方面,企业也要寻找对等或是上下游企业型合作伙伴,增加整个联盟技术生态位的宽度,丰富联盟技术池,使企业能够运用多种技术资源对不同技术进行组合创新,增强企业间信息和创新资源共享。"对等"企业合作的实质是强强联合,可以增强对产业技术标准制定的话语权,使企业能够快于竞争对手接触到新兴技术。上下游企业合作是纵向整合,通过形成一条创新链条,以满足市场需求为导向,围绕核心企业,以创新为驱动,把具有互补性的创新资源连接起来,实现创新系统优化(王国华,2014)。其结果使得创新链条上各成员巩固自身的技术生态位,在分工协作时,通过技术生态的收缩和扩展,避免直接竞争,提高产业壁垒,节约交易费用,提升整体效益。

(2)研究机构(高校)技术生态位分析。研究机构(高校)在联盟中起协助作用,一方面,基于自身技术生态位,依托技术资源和人才充裕的优势,通过协同创新,加强与企业之间的合作,共同研发可满足市场需求的新兴技术产品,并通过技术转移,使原有技术积累能够实现产品化和产业化;另一方面,增强与其他研究机构的信息技术共享,增进彼此对新兴技术的了解,分享技术解决方案,实现知识转移和知识外溢效应。然而，由于隐性知识的存在，在进行知识转移和传输的过程中，伴随着大量解释性信息和联系特定情景，需要组织间的信任加以弥补，通过促进无形资源、隐性知识和敏感专有资产的有效流通，才能产生互惠互利效应（宿慧爽，2013）。

（3）政府技术生态位分析。政府在联盟中起引导、规范作用。政府不存在技术生态位的宽度和深度概念，但存在"势"的影响力。一方面，政府能够依靠相关政策制定，如土地优惠、税费减免、技术补贴和金融融资等方式，引导社会资本向战略性新兴产业领域流动。在建设国家重点实验室和高新技术开发区、帮助成员建设合作研究中心、辅助企业对新兴产品的市场拓展等方面，政府都起到了举足轻重的作用。另一方面，依据可持续发展、低碳环保等要求，政府可以规范战略性新兴产业发展，采取强制措施使产业发展步入正轨，减少因畸形发展而带来的损失。对政府而言，其在技术生态位的"势"上拥有较强的引导能力，对加快战略性新兴产业发展具有重要意义。

二、战略性新兴产业技术创新联盟合作伙伴指标构建

合作伙伴选择是联盟有效运行的基础，也是联盟存在的原动力。选择的好坏直接影响联盟的创新能力和创新绩效。在选择合作伙伴时，联盟成员最根本的动机在于协同创新、降低成本、共担风险、共享收益（刘林舟和武博，2012）。因此，依据前文对各成员技术生态位的分析，结合已有的文献资料，本书对战略性新兴产业技术创新联盟合作伙伴从技术生态位的"态"和"势"两方面，进行评价指标的梳理和构建。

1. 合作伙伴技术生态位"态"因素分析

（1）技术层面。万伦来（2004）以核心技术水平、技术开发投入状况、技术产出状况和新产品开发状况四个因子作为技术层面评价的核心指标。基于万伦来的研究，本书在技术层面增加了研发人员能力和比重这两项指标。战略性新兴产业的竞争实质是人才的竞争，研究人员数量和研究能力会影响企业的竞争优势，因此研究人员比重和研究人员能力的重要性就凸显出来。此外，基于战略性新兴产业技术研发的不确定性、新兴性及技术的复杂性和跨学科等特点，合作伙伴选择应侧重具备核心技术自主知识产权并与核心企业技术形成互补的机构。因此，

将核心技术的知识产权自主性、核心技术与市场需求的相容性等九个评价指标作为选择的参考依据。

（2）文化制度层面。该层面涵盖组织文化和组织制度两个方面。组织间文化距离会影响联盟的知识传播，组织制度差异会影响组织间合作。用户规模与市场地位、技术资源互补性、合作企业间的兼容性及声誉与信任等会影响合作伙伴的选择。在相容的组织文化中，内隐性知识能够有效传播，开放的组织文化能够使联盟内的成员产生信任感，增强联盟的向心力。而良好的组织制度对激励员工和提升员工素质有促进作用。综合相关学者的观点，将文化制度层面细分为七个评价指标作为选择时的参考依据（见表5-1）。

表 5-1 合作伙伴技术生态位"态"的评价指标

	影响因素	评价指标
态	技术层面 H_1	H_{11} 核心技术的知识产权自主性
		H_{12} 核心技术与市场需求的相容性
		H_{13} 研发人员比例
		H_{14} 研发人员研究能力
		H_{15} 有研发技术背景的管理人员比例
		H_{16} 研究开发投入占总费用的比重
		H_{17} 研究设备的先进程度
		H_{18} 年均专利产出数量
		H_{19} 研究专利开发周期
	文化制度层面 H_2	H_{21} 组织文化的相似程度
		H_{22} 组织文化的开放程度
		H_{23} 组织品牌知名度
		H_{24} 社会对组织的认可度
		H_{25} 人员晋升通道的完善程度
		H_{26} 人员激励的完善程度
		H_{27} 人员年均培训次数

2.合作伙伴技术生态位"势"因素分析

（1）资源获取能力。资源获取是指企业依靠自身从外部获取研发、推广所需一切资源的能力。合作伙伴获取资源能力直接决定着企业战略的制定和实施。此外,秦玮等(2011)在分析企业加入联盟的动机时,认为政府支持是结成联盟的一个重要依据。因此,将政府部门的支持程度等三个评价指标作为选择时的参考依据。

(2)组织管理能力。组织管理涵盖整合协同、组织结构、组织规模和创新决策四个方面。在组织规模上占优势的企业,其技术生态位较宽,技术资源、人才储备等都较为充裕,在合作伙伴选择上往往占据主动地位,在研发强度和专利技术上也往往处于优势。扁平化组织结构有利于信息传递,使得内部沟通更加顺畅。因此,将组织管理能力划分为组织协同、研发、制造等八个评价指标作为选择时的参考依据。

(3)信息沟通能力。信息沟通对于提升合作研发的有效性尤为关键,在联盟不同成员进行合作研发的过程中,必然产生大量的信息沟通行为,因此,信息沟通及时、准确对于研发整体而言显得十分必要。利用地理上的邻近性增加核心企业与合作伙伴的互动频率,消除合作伙伴的不信任,能够提高知识转移的效率(孙笑明和崔文田,2011)。因此,本书将信息沟通因素划分为三个评价指标作为选择时的参考依据(见表5-2)。

表5-2 合作伙伴技术生态位"势"的评价指标

	影响因素	评价指标
势	资源获取能力 H_3	H_{31} 政府部门的支持程度
		H_{32} 与科研院所合作的程度
		H_{33} 与企业组织合作的程度
	组织管理能力 H_4	H_{41} 机构研发、制造、营销协调能力
		H_{42} 机构研发、制造、营销整合能力
		H_{43} 组织结构的扁平化程度
		H_{44} 组织规模的大小
		H_{45} 高层决策人员对风险与失败的容忍程度
		H_{46} 高层决策人员对技术创新的预测和评估能力
		H_{47} 高层决策团队的凝聚力
		H_{48} 高层决策团队研发意愿的强弱程度

续表

	影响因素	评价指标
势	信息沟通能力 H_5	H_{51} 地域的临近程度
		H_{52} 信息沟通的频率程度
		H_{53} 信息沟通的有效程度

三、战略性新兴产业技术创新联盟合作伙伴选择评价模型

考虑到战略性新兴产业技术的复杂性、多属性和不确定性特征，联盟合作伙伴选择指标是一个多因素、多层次的评价指标体系。为此，结合模糊综合评价法对各备选合作伙伴进行选取，考虑到选取过程的主观性问题，引用 Theil 不均衡指数来计算各评价指标的权重，并利用灰色关联度系数来分析评价中的隶属度。

1. 基于 Theil 不均衡指数确定指标权重

（1）确定评价对象集、评价指标集和评价集。根据备选的合作伙伴（企业、研究机构等）确定对象集。依据前文的评价指标确定指标集，评价集确定为 = {很低，较低，一般，较高，很高}，对应的分值依次为 1、2、3、4、5。

（2）Theil 不均衡指数计算过程。假设现在有 m 家备选的合作伙伴组织，每个组织均有 n 个评价指标，共 z 位专家对 n 个评价指标进行评价，则每个指标均有 z 个评价值，记为：$x_{ij}^r (r=1, 2, \cdots, z)$。对备选合作伙伴的最终评价值记为：$X = (x_{ij})_{n \times m}$。依据式（5-1），运用 Matlab 软件对 $n \times m$ 阶矩阵进行标准化，记为：$Y = (y_{ij})_{n \times m}$。

$$x_{ij} = \sum_{r=1}^{z} x_{ij}^r / z y_{ij} = x_{ij} / \sum_{j=1}^{m} x_{ij}^r \tag{5-1}$$

其中，$i = 1, 2, \cdots, n$；$j = 1, 2, \cdots, m$；$r = 1, 2, \cdots, z$。引用 Theil 不均衡指数 $T = \frac{1}{m} \sum_{j=1}^{m} \frac{x_j}{\bar{x}} \ln \frac{x_j}{\bar{x}}$，可计算出第 i 个指标的不均衡度 $T_i = \ln m + \sum_{j=1}^{m} y_{ij} \ln y_{ij}$，依据公式可得各个指标的相对权重 $W_i = T_i / \sum_{i=1}^{n} T_i$ ($i = 1, 2, \cdots, n$)。最终可以确定各个维度和评价指标的权重 $\widetilde{W}$。

2. 基于灰色关联度求解隶属度

（1）确定评估因素集合。根据表 5-1 和表 5-2，产业技术创新联盟合作伙伴选择的影响因素为 H = {h_1（技术层面），h_2（文化制度层面），h_3（资源获取能力），h_4（组织管理能力），h_5（信息沟通能力）}。其中，影响因素评价指标集合为 h_1 = {h_{11}（核心技术的知识产权自主性），…，h_{19}（研究专利开发周期）} 等要素集合，其他影响因素评价指标可据表得出。

（2）确定指标层最优指标集合。采用灰色模糊评价法，将指标集合中备选企业各项指标的最优值设为 $U^* = \{u_1^*, u_2^*, \cdots, u_n^*\}$，据此可构建初始矩阵 E，进行无量纲化处理，转化成 C。

$$C = \begin{bmatrix} c_1^* & c_2^* & \cdots & c_n^* \\ c_{11} & c_{12} & \cdots & c_{1n} \\ c_{21} & c_{22} & \cdots & c_{2n} \\ \vdots & \vdots & \ddots & \vdots \\ c_{m1} & c_{m2} & \cdots & c_{mn} \end{bmatrix} \tag{5-2}$$

（3）确定灰色模糊隶属度矩阵。将规范后的数列 $c_i^* = \{c_1^*, c_2^*, \cdots, c_n^*\}$ 作为最优参考数列，$c_{1j} = (c_{11}, c_{12}, \cdots, c_{1n})$，$c_{2j} = (c_{21}, c_{22}, \cdots, c_{2n})$，…，$c_{mj} = (c_{m1}, c_{m2}, \cdots, c_{mn})$ 为比较数列。则灰色关联度系数为：

$$\xi_{ij} = \frac{\Delta c_{min} + \rho \Delta c_{max}}{\Delta c_{ij} + \rho \Delta c_{max}} \tag{5-3}$$

其中，$\Delta c_{max} = \max_i \max_j |c_i^* - c_{ij}|$，$\Delta c_{min} = \min_i \min_j |c_i^* - c_{ij}|$，$\Delta c_{ij} = |c_{ij} - c_i^*|$，$\rho = 0.5$。

式（5-3）即灰色模糊隶属度，根据式（5-3）可以得出各个指标的相对灰色模糊隶属度矩阵：

$$\widetilde{R} = \begin{bmatrix} \xi_{11} & \xi_{21} & \cdots & \xi_{m1} \\ \xi_{12} & \xi_{22} & \cdots & \xi_{m2} \\ \xi_{13} & \xi_{23} & \cdots & \xi_{m3} \\ \cdots & \cdots & \ddots & \cdots \\ \xi_{1n} & \xi_{2n} & \cdots & \xi_{mn} \end{bmatrix} \tag{5-4}$$

3. 计算结果和分析

依据模糊评价原理 $\widetilde{B} = \widetilde{W} \times \widetilde{R}$，备选伙伴的选择根据 $\widetilde{B}$ 值的大小确定，$\widetilde{B}$ 值越大说明备选伙伴越优秀。

4. 算例分析

选取风力发电装备制造业中的企业 A 作为核心企业，A 企业积累了大量的相关专利，拥有众多科研人员，自主研发了远程集中监控系统。A 企业计划在设备制造和设备工艺研究上与同类企业（或研究机构）达成合作，现有企业 B、企业 C 和企业 D 可供选择。通过邀请 7 位有关风力发电装备制造方面的专家进行综合评分，并对评分进行处理，经过计算各个影响因素和评价指标的权重如表 5-3 所示。

表 5-3 合作伙伴技术生态位评价指标权重

影响因素	权重	评价指标	权重
技术层面 H_1	0.2890	H_{11}	0.2213
		H_{12}	0.1711
		H_{13}	0.0546
		H_{14}	0.1393
		H_{15}	0.0924
		H_{16}	0.0548
		H_{17}	0.1046
		H_{18}	0.0809
		H_{19}	0.0809
文化制度层面 H_2	0.2179	H_{21}	0.1135
		H_{22}	0.0883
		H_{23}	0.1624
		H_{24}	0.1324
		H_{25}	0.0725
		H_{26}	0.0966
		H_{27}	0.3343
资源获取能力 H_3	0.1783	H_{31}	0.5184
		H_{32}	0.2887
		H_{33}	0.1929

续表

影响因素	权重	评价指标	权重
组织管理能力 H_4	0.1899	H_{41}	0.0545
		H_{42}	0.1864
		H_{43}	0.0892
		H_{44}	0.3044
		H_{45}	0.0835
		H_{46}	0.0146
		H_{47}	0.1784
		H_{48}	0.0892
信息沟通能力 H_5	0.1250	H_{51}	0.3601
		H_{52}	0.2832
		H_{53}	0.3567

企业 B、企业 C 和企业 D 三个备选企业的评价指标对应的原始数据如表 5-4 所示。

表 5-4　合作伙伴备选企业评价指标对应的原始数据

	H_{11}	H_{12}	H_{13}	H_{14}	H_{15}	H_{16}	H_{17}	H_{18}	H_{19}	H_{21}	H_{22}	H_{23}	H_{24}	H_{25}	H_{26}
B	2.50	2.50	3.50	4.50	2.50	2.50	3.00	2.00	3.00	2.00	3.00	1.50	3.50	2.50	1.50
C	5.00	4.50	3.50	3.50	3.50	3.00	3.50	3.00	3.00	4.00	3.00	4.00	3.00	3.00	3.50
D	3.00	3.33	2.67	3.00	2.00	3.00	3.67	2.67	2.67	3.00	2.67	2.67	2.67	2.67	3.00

	H_{27}	H_{31}	H_{32}	H_{33}	H_{41}	H_{42}	H_{43}	H_{44}	H_{45}	H_{46}	H_{47}	H_{48}	H_{51}	H_{52}	H_{53}
B	4.00	5.00	4.00	2.00	2.00	1.50	3.00	2.50	2.50	2.50	2.00	3.00	1.50	1.50	1.50
C	2.50	4.00	3.50	3.50	3.50	4.00	3.50	3.50	3.00	3.50	3.00	3.50	3.50	4.00	3.00
D	2.33	3.67	3.67	3.67	3.00	2.67	2.33	1.33	3.00	3.00	3.33	2.33	2.00	2.67	3.33

由表 5-4 与式（5-2）、式（5-3）和式（5-4）可以得出，企业 B、企业 C 和企业 D 的灰色模糊矩阵分别为：

$$\widetilde{R}_B = \begin{bmatrix} 0.36, & 0.34, & 1.00, & 1.00, & 0.44, & 0.35, & 0.33, & 0.33, & 1.00, & 0.34, \\ 1.00, & 0.34, & 1.00, & 0.35, & 0.33, & 1.00, & 1.00, & 1.00, & 0.34, & 0.33, \\ 0.34, & 0.54, & 0.52, & 0.35, & 0.34, & 0.33, & 0.54, & 0.35, & 0.34, & 0.34 \end{bmatrix}$$

$$\widetilde{R}_C = \begin{bmatrix} 1.00, & 1.00, & 1.00, & 0.44, & 1.00, & 1.00, & 0.66, & 1.00, & 1.00, & 1.00, \\ 1.00, & 1.00, & 0.46, & 1.00, & 1.00, & 0.39, & 0.42, & 0.35, & 0.83, & 1.00, \\ 1.00, & 1.00, & 1.00, & 1.00, & 1.00, & 0.67, & 1.00, & 1.00, & 1.00, & 0.74 \end{bmatrix}$$

$$\widetilde{R}_D = \begin{bmatrix} 0.41, & 0.47, & 0.35, & 0.35, & 0.35, & 1.00, & 1.00, & 0.60, & 0.35, & 0.50, \\ 0.35, & 0.49, & 0.34, & 0.44, & 0.67, & 0.37, & 0.35, & 0.44, & 1.00, & 0.60, \\ 0.49, & 0.33, & 0.34, & 1.00, & 0.50, & 1.00, & 0.33, & 0.42, & 0.49, & 1.00 \end{bmatrix}$$

最后根据 $\widetilde{B}=\widetilde{W}\times\widetilde{R}$ 得到 $\widetilde{B}=\begin{bmatrix} 2.89 & 3.94 & 2.65 \end{bmatrix}$，所以合作伙伴选择企业 C 更为适宜。从表 5-4 中可以发现：第一，在技术层面，企业 C 明显优于企业 B 和企业 D，其掌握着不少设备工艺制造方面的专利，并拥有自主知识产权，这是核心企业优先考虑的因素；第二，在文化制度层面，比较其他两家企业，企业 C 在员工培训上略显不足，但其占据着品牌优势，这也为企业 C 留下了良好的口碑；第三，在资源获取能力上，企业 B 长期与外部保持着合作关系，优势明显；第四，在组织管理能力上，三家企业并没有太大的差异；第五，在信息沟通能力上，企业 C 相比其他两家，地理位置更贴近核心企业 A，而且总部位于沿海特大城市，更有利于信息的获取。

合作伙伴选择是战略性新兴产业技术创新联盟有效运行的基础。考虑到战略性新兴产业技术的不确定性、跨学科性和复杂性特征，合作伙伴选择对联盟的构建尤为重要。基于技术生态位视角，本书构建了联盟合作伙伴技术生态位的评价指标体系，并运用灰色模糊综合评价法对备选伙伴进行了选择与评价。研究认为：第一，联盟从技术生态位"态"、"势"角度选择合作伙伴时要注意不同的影响因子在选择过程中权重的差异性，权重大小会直接对备选企业的选择产生影响。第二，要综合考虑所选行业的特殊性，例如，风力发电装备行业相比其他新兴产业更为分散，加上海上风力发电技术、变桨变速功率调节技术、直驱式风电技术等日益成为趋势，核心企业在选择合作伙伴时，也应该对地区分布、市场热点和主流技术加以考量。第三，在选定企业后，应设定一段时间的观察期，以防止在选取过程中由于信息不对称而造成错误或次优选择。

第三节 战略性新兴产业技术创新联盟合作伙伴选择实证分析

随着新兴技术越来越复杂,技术创新活动呈现出系统化、复杂化和社会化协作特点,技术创新出现跨领域、跨组织特征。许多企业在技术创新过程中通过选择与科研院所、高校及相关产业企业进行合作,以构建产业技术创新联盟的方式来获取互补性资源,降低创新成本和分担创新风险。为更好地实现产业协同创新,共同攻克产业发展的共性技术和关键核心技术,在战略性新兴产业领域,通过政府引导,产业技术创新联盟得到了积极发展,但在实际运行过程中,许多联盟运作效率不高,稳定性不强,联盟协同创新失败率高达40%~70%。其中,合作伙伴选取不当是主要原因之一(游达明和黄曦子,2014)。因此,加强对联盟合作伙伴选择的研究,对于提升战略性新兴产业技术创新联盟的协同创新能力和有效运作具有重要的理论价值和实践意义。

基于此,本书以高端装备制造业、新材料产业等战略性新兴产业企业为样本,结合战略性新兴产业的技术属性和技术创新特征,把企业技术资源、文化背景、信息沟通和合作意愿纳入统一框架,构建战略性新兴产业技术创新联盟合作伙伴选择结构方程模型,运用 Smart PLS 3.0 软件对所获得的问卷调研数据进行分析,以期通过研究进一步探究技术资源、文化背景、信息沟通和合作意愿对战略性新兴产业技术创新联盟合作伙伴选择的作用机理,提高战略性新兴产业技术创新联盟合作伙伴选择的科学性。

一、研究假设

1. 技术资源、合作意愿与合作伙伴选择

企业技术资源越多,技术能力越高,对联盟进行协同创新、价值创造的影响越大。战略性新兴产业建立在基础研究和原始创新之上,是新兴技术与新兴产业高度融合的结果。其中,新兴技术的不确定性和复杂性,加之用户需求的存在,迫使企业去寻找合作伙伴，促进产业共性技术的研发。此外，企业间技术、知识共享不是简单的"加法"原理，而是依据技术链需要进行择优整合与重组，从而更好地实现协同创新（陈佳，2011）。李苗苗、肖洪钧和傅吉新（2014）研究发现，企业是知识和技术的拥有者以及价值的创造者，企业研发费用的投入会直接关系到企业技术创新能力的高低，进而对企业的合作意愿产生影响。大规模企业和高校及科研院所有更多的协同创新行为，主要是因为大规模企业有更多的技术资源来支持协同创新行为（Adebowale 和 Oyelaran，2006）。技术资源是战略性新兴产业技术创新联盟合作伙伴选择的基础，只有具备一定技术资源的创新主体才有可能更好地与外部进行协同创新，实现资源共享，也有利于增强各创新主体的合作意愿。基于以上分析，提出以下假设：

假设1：技术资源对合作伙伴选择产生显著的正向影响。

假设2：技术资源对合作意愿产生显著的正向影响。

2. 文化背景、合作意愿与合作伙伴选择

文化背景对企业间的合作意愿和联盟合作伙伴的选择具有重要影响。由于联盟中各创新主体合作的利益目标各不相同，所以各创新主体在文化价值的认同和取向上也必然存在差异。联盟中各创新主体对彼此合作目标的认同，有助于保持产业创新联盟的稳定并促进协同创新的进行（李云梅和乔梦雪，2015）。文化距离会影响联盟企业之间的理解和沟通，进而影响知识在联盟内部的有效流通，而知识作为联盟的战略性资源，嵌入在特定的情境中，只有相似或相同的文化背景才能有效传播。隐性知识通常蕴藏在企业的实践和文化中，对知识创造和组织创新有着重要影响（何铮和顾新，2012）。只有背景相似、相互信任的企业，才能通过非正式渠道转移联盟中的隐性知识（陈金丹和胡汉辉，2010）。相似的文化背景不仅有利于提升企业的合作意愿，更能促进在今后合作的过程中相互学习，进一步提高联盟的稳定性和协同创新效率。基于以上分析，提出以下假设：

假设3：文化背景对合作伙伴选择产生显著的正向影响。

假设4：文化背景对合作意愿产生显著的正向影响。

3. 信息沟通与合作意愿

沟通是建立彼此信任的重要因素。孙笑明、崔文田和董劲威（2011）指出，地域邻近可以使核心企业与合作伙伴增加互动频率，消除合作伙伴对自己的不信任，有助于提高企业的合作意愿。隐性知识具"情景依附性"，浸透在人们的社会关系和价值取向之中，对知识创造和组织创新有着重要影响。隐性知识与特定情景紧密相连，只有相互信任，才能进行有效沟通。此外，企业都偏向于选择有合作历史或是频繁接触的企业作为合作伙伴。刘志迎和单洁含（2013）研究认为，地理距离对大学、企业的协同创新绩效具有显著的抑制作用，表明邻近的大学、企业之间更能够产生较高的创新绩效。杨勇和周勤（2013）认为，地缘关系使企业成员之间实现信息、人员的频繁交流，加速了信息、知识的传播和扩散，有利于增强企业的合作意愿。基于以上分析，提出以下假设：

假设5：信息沟通对合作意愿产生显著的正向影响。

4. 合作意愿与合作伙伴选择

合作意愿即企业寻求外部资源和合作伙伴、积极参与和其他企业的合作活动的意愿。合作意愿是合作伙伴选择的前提条件（张宝生和张庆普，2015）。企业间合作的起点首先取决于企业间是否有合作意愿，有合作意愿才会产生合作行为。合作意愿直接影响到合作双方知识、信息和技术等资源的投入度。郭晓丹和何文韬（2011）指出，通过高校人才的引入和政府R&D补贴来解决研发投入不足，引导和促进更多的资本投入研发活动，可以提升研发实力，也是研发意愿的体现。合作意愿是战略性新兴产业技术创新联盟各创新主体共同合作进行协同创新的重要信号，体现出联盟主体寻找合作伙伴的积极性和主动性。基于以上分析，提出以下假设：

假设6：合作意愿对联盟合作伙伴选择产生显著的正向影响。

二、研究设计

1. 模型构建

基于上述关于合作伙伴选择影响因素作用特征的分析，本书以战略性新兴产业中新材料和高端装备制造产业的企业为研究对象。考虑到PLS-SEM模型能够较好地处理变量测量带来的误差，且对数据分布没有要求，即使在小样本情况下仍然有效（马国勇、田国双和石春生，2014），所以认为PLS-SEM模型在探索性和解释性研究中较为适当（Hair、Ringle和Sarstedt，2011）。在充分借鉴国内外研究成果的基础上，本书结合战略性新兴产业的属性特征，基于偏最小二乘法

(Partial Least Square，PLS) SEM 模型研究方法，构建企业技术资源、文化背景、信息沟通、合作意愿对战略性新兴产业技术创新联盟合作伙伴选择影响作用的结构模型（见图5-1），进一步探究技术资源、信息沟通、文化背景和合作意愿对合作伙伴选择影响的作用机理。

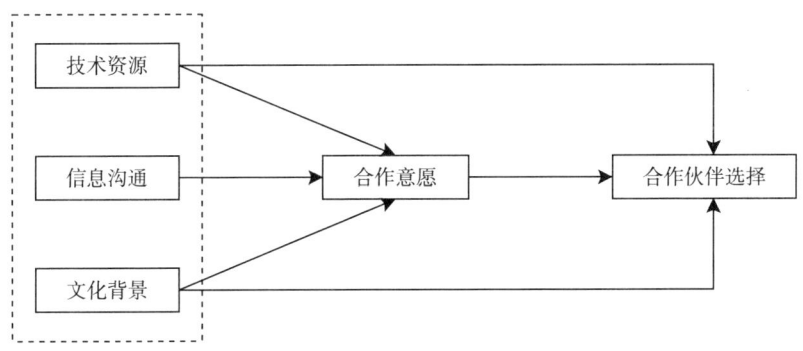

图 5-1 研究的概念模型

2. 变量测量

为保证测量工具的信度和效度，研究中涉及的企业技术资源、文化背景、信息沟通、合作意愿和合作伙伴选择等测量量表，主要通过对现有文献的研究分析，尽量借鉴有关学者的成熟量表，同时结合战略性新兴产业的属性特征，进行适当修订而成（见表5-5）。

表 5-5 研究变量的测量题项

变量	项目	文献来源
技术资源	合作伙伴研发人员研究能力（JS1）	Li H.、Zhang Y.和Chang T. S.（2005）；游达明和黄曦子（2014）；等等
	合作伙伴中有研发技术背景的管理人员比例（JS2）	
	合作伙伴研究开发投入（JS3）	
	合作伙伴研究开发投入占总费用的比重（JS4）	
	合作伙伴研究设备的先进程度（JS5）	
	合作伙伴研究设备的利用率（JS6）	
文化背景	合作伙伴组织文化的相容程度（WH1）	张运生和田继双（2011）；金辉等（2013）；Hwang和Kim（2007）
	合作伙伴组织文化的开放程度（WH2）	
	合作伙伴组织文化的先进程度（WH3）	
	合作伙伴组织员工对学习的态度（WH4）	

续表

变量	项目	文献来源
信息沟通	合作伙伴地域的邻近程度（XX1）	Kernan M. C. 和 Hanges P. J. （2002）；邓丽芳和郑日昌（2008）；等等
	合作伙伴信息沟通的频率程度（XX2）	
	合作伙伴信息沟通的有效程度（XX3）	
	合作伙伴信息沟通的畅通程度（XX4）	
合作意愿	合作伙伴研发意愿的强弱程度（YY1）	侯蕴慧、王学军和郑迎（2014）；闫莹和赵公民（2012）；等等
	合作伙伴对风险与失败的容忍程度（YY2）	
	合作伙伴分享技术、信息等资源的意愿强弱程度（YY3）	
合作伙伴选择	原始创新能力（核心技术知识产权的自主性、核心技术与市场的相容性、知识产权拥有数量）（HZ1）	李柏洲和罗小芳（2013）；游达明和黄曦子，（2014）；等等
	战略意图（战略目标的一致性、战略目标的兼容性、长期合作的可能性）（HZ2）	
	市场地位（市场占有率、品牌知名度、顾客好评度）（HZ3）	
	规模大小（人员规模、资产数量、营业收入）（HZ4）	

在表 5-5 的基础上，量表先由江西师范大学等学校的 MBA 学员及部分学员所在企业的员工进行试填，并进行简单的数据处理，以评估问卷的可操作性和适用性，根据试填结果对量表进行修订，以保证量表的信度和效度。问卷内容主要涉及企业概况、个人情况等基本信息，以及技术资源、信息沟通、文化背景、合作意愿和合作伙伴选择等方面的问题。在具体变量的测度中，运用 Likert 五级量表（1~5 分别表示"完全不符合"到"完全符合"），请被调查者依据量表问题的陈述与企业的相符程度进行选择。

3. 数据收集

本研究团队在 2015 年 4~9 月，以南昌高新技术开发区、鹰潭高新技术开发区等的战略性新兴产业企业为调研对象，主要涉及高端装备制造业、新兴材料产业和新一代信息技术产业。对于南昌高新技术开发区的企业，研究团队通过南昌高新区管委会和企业联系，进行实地调研，对企业相关人员进行访谈，并现场发放和回收问卷。对于其他地区的战略性新兴产业企业，则主要通过电子邮件的形式进行问卷调查，或通过在职的 MBA 学员发放和回收问卷。本调查共发放问卷350 份，收回有效问卷 218 份，有效问卷回收率 62.29%。

对问卷的初步统计显示，在被调查对象中，专科学历及以下成员占16.06%，本科学历成员占45.87%，硕士研究生学历及以上成员占29.81%。工作人员工作年限情况：工作年限在3年以下的占28.44%，工作3~5年的占37.16%，工作5年以上的占34.40%。调研企业所属产业的分布情况：新一代信息技术产业企业占16.67%，高端装备制造产业企业占38.89%，新兴材料产业企业占43.44%。调研企业员工人数分布情况：人数在200人以下的企业占22.22%，人数在200~500人的企业占27.78%，人数在500~1000人的企业占38.89%，人数在1000人以上的企业占11.11%。

三、数据分析与研究结果

1. 模型测量评价

（1）模型信度评价。在本研究中，主要通过测量题项的内部一致性检验对量表的信度进行评价。内部一致性通过Composite Reliability值和Cronbach's Alpha（α）系数来检验，在探索性研究中要求Composite Reliability值在0.7以上，Cronbach's Alpha（α）系数大于0.6。从表5-6中可以看出，所有潜在变量的Composite Reliability值和Cronbach's Alpha（α）系数都满足要求，这表明测量模型具有较好的信度。

表5-6 PLS路径分析模型的指标体系

潜变量	Cronbach's Alpha（α）	Composite Reliability	Factor Loading	T-test	显变量指标
技术资源	0.815	0.867	0.724	19.243	JS1
			0.698	16.248	JS2
			0.799	29.795	JS3
			0.765	23.014	JS4
			0.668	15.274	JS5
			0.667	12.688	JS6
文化背景	0.747	0.840	0.742	20.444	WH1
			0.801	30.900	WH2
			0.684	12.854	WH3
			0.786	26.001	WH4

续表

潜变量	Cronbach's Alpha (α)	Composite Reliability	Factor Loading	T-test	显变量指标
信息沟通	0.768	0.852	0.809	29.759	XX1
			0.781	18.247	XX2
			0.771	16.896	XX3
			0.708	14.394	XX4
合作意愿	0.703	0.834	0.753	15.579	YY1
			0.817	25.231	YY2
			0.803	25.625	YY3
合作伙伴选择	0.698	0.815	0.682	13.991	HZ1
			0.688	14.416	HZ2
			0.761	17.472	HZ3
			0.762	20.788	HZ4

（2）模型效度评价。一般而言，所有的 Factor Loading（因子负荷）大于 0.5 才能够合理解释潜在变量（Barclay D.、Higgins C. 和 Thompson R.，1995）。从表 5-6 中可以看出，本研究所有的 Factor Loading 均满足结构效度的要求。此外，PLS 模型的收敛效度和区分效度主要依据 Average Variance Extracted（平均变异萃取量），要求 Average Variance Extracted（AVE）大于 0.5，且要求 Average Variance Extracted（AVE）值的平方根大于其他潜变量的相关系数。从表 5-7 和表 5-8 中可以看出，研究数据满足上述条件，表明测量变量与潜变量之间具有较好的线性等价关系，测量变量能够较好地解释潜变量。

表 5-7 潜变量 AVE 值

	Average Variance Extracted（AVE）
技术资源	0.521
文化背景	0.569
信息沟通	0.590
合作意愿	0.627
合作伙伴选择	0.525

表 5-8　AVE 平方根与潜变量间的相关系数

	合作伙伴选择	信息沟通	合作意愿	技术资源	文化背景
合作伙伴选择	0.724				
信息沟通	0.599	0.768			
合作意愿	0.594	0.575	0.792		
技术资源	0.723	0.636	0.562	0.722	
文化背景	0.682	0.657	0.567	0.613	0.754

2. 模型预测能力评价

本研究模型的预测能力通过内部模型解释功效用 R^2（多重判定系数）来评价，R^2 的值越大，说明测量变量对潜变量的解释能力越强。在本研究中，合作意愿对模型的解释程度为 42.6%，合作伙伴选择对模型的解释程度为 63.2%。一般而言，R^2 在 0.25~0.5 解释能力较弱，在 0.5~0.75 解释能力适中（Ana M.、Helena M. 和 Jose M.，2015），本研究模型的解释能力基本符合要求。

3. 结构模型说明

如表 5-9 所示，技术资源对合作意愿和合作伙伴选择的路径系数分别为 0.249（T=3.440>1.96）、0.430（T=6.533>1.96），假设 1 和假设 2 成立，表明备选企业的互补性技术资源拥有量或创新能力大小对企业合作意愿有较大的影响，并直接影响战略性新兴产业技术创新联盟合作伙伴的选择。文化背景对合作意愿和合作伙伴选择的路径系数分别为 0.249（T=2.968>1.96）、0.323（T=5.294>1.96），假设 3 和假设 4 成立，表明备选企业的文化背景对战略性新兴产业技术创新联盟合作伙伴的选择具有一定影响。信息沟通对合作意愿的路径系数为 0.253（T=2.932>1.96），假设 5 成立，表明信息沟通有利于提升企业间的合作意愿。合作意愿对合作伙伴选择的路径系数为 0.168（T=3.013>1.96），假设 6 成立，表明企业的合作意愿对战略性新兴产业技术创新联盟合作伙伴的选择有显著影响。

表 5-9　模型假设检验结果说明

假设	模型构架间的关系	路径系数	T 值检验	检验结果
假设 1	技术资源→合作伙伴选择	0.430	6.533	接受
假设 2	技术资源→合作意愿	0.249	3.440	接受

续表

假设	模型构架间的关系	路径系数	T值检验	检验结果
假设3	文化背景→合作伙伴选择	0.323	5.294	接受
假设4	文化背景→合作意愿	0.249	2.968	接受
假设5	信息沟通→合作意愿	0.253	2.932	接受
假设6	合作意愿→合作伙伴选择	0.168	3.013	接受

四、联盟合作伙伴选择的效应分析

（1）企业技术资源效应分析。技术资源对合作伙伴选择的路径系数为0.430，表明企业技术资源每提高1%，对合作伙伴选择的影响相应提高43%。此外，对合作意愿的路径系数为0.249，说明企业技术资源对合作意愿的影响较大。这与战略性新兴产业的知识技术特性是紧密相连的，战略性新兴产业是知识密集型产业，联盟企业之间知识的异质性、互补性和知识价值是选择合作伙伴的一个重要参考标准。

（2）企业文化背景效应分析。文化背景对合作伙伴选择的路径系数为0.323，对合作意愿的路径系数为0.249，表明相容的文化背景有助于合作伙伴间的了解，从而提升企业间的合作意愿。因此，相容或相似的文化背景不仅可以减少企业之间沟通交流的障碍，增强企业之间的信任程度，减少未来由于文化差异导致的冲突，而且能促进技术资源、知识资源的流动，从而有利于战略性新兴产业技术创新联盟中的企业更好地进行协同创新。

（3）企业信息沟通效应分析。信息沟通对合作意愿的路径系数为0.253，表明信息沟通对合作意愿有显著性影响，也表明可以通过合作意愿这个中介变量间接对合作伙伴选择施加作用。信息沟通是建立彼此信任的重要因素，良好的沟通有利于提高企业的合作意愿，对战略性新兴产业技术创新联盟合作伙伴的选择具有促进作用。

（4）企业合作意愿效应分析。合作意愿对合作伙伴选择的路径系数为0.168，说明合作意愿每提高1%，对合作伙伴选择的影响将提高16.8%。这表明备选企业合作意愿是战略性新兴产业技术创新联盟合作伙伴选择的前提，对联盟合作伙伴的最终选择具有显著性影响。

第四节　战略性新兴产业技术创新联盟构建策略研究

一、注重企业技术创新资源和创新能力的互补

战略性新兴产业以新兴技术和新兴产业的融合为基础，跨领域、跨产业和跨学科的技术和知识资源较多。由于战略性新兴产业技术知识资源的复杂性和新兴性等属性，在战略性新兴产业技术创新联盟合作伙伴选择的过程中，以实现利益最大化为根本目标的企业获取和分享合作伙伴互补性的技术资源以及政府的全面扶持，是技术创新联盟构建的主要动机之一。技术资源的互补性主要体现为企业所拥有技术资源的独特性、差异性和关联性。在选择合作伙伴的过程中，主体间有关联性的知识能形成互补性的知识需求，有利于认可其他成员的价值观和利益观；有差异性的知识能弥补主体内部所需的知识资源，使企业间在技术创新资源水平和技术创新能力的配置上得到均衡优化。

在联盟进行合作伙伴选择时，要围绕联盟战略目标，基于创新资源和创新能力的互补性，选择那些拥有独特性、稀缺性和难以复制性以及关联性和互补性技术创新资源的企业，避免知识资源的重合和过于异质性；选择区域范围内拥有雄厚人才资源、科技资源和专业知识的高等院校和科研机构。在技术联盟发展中，中介机构和投资机构能提供相应的资金与信息服务，联盟组织应根据所需的信息资源和产业的相关性选择合适的机构与服务平台进行长期合作，以便联盟能通过协同创新中的信息、技术资源共享，利用合作伙伴各自独特的核心技术创新能力和资源互补的优势，共同攻克战略性新兴产业发展中的共性技术和核心技术。例如，辽宁沈阳无人机产业技术创新战略联盟由沈阳航空航天大学牵头，聚集来自北京、天津、长春等地的27家无人机企业、高校、科研院所、金融机构、用户、中介等单位。无人机产业联盟将在"互联网+"的高科技背景下，一方面充分利用沈航现有的技术优势，另一方面实现六方联合开发、资源共享，通过科研与应用相结合，加快实现科技成果转化，推动沈阳经济发展。

二、重视合作伙伴企业文化的相容性

联盟创新主体间企业文化的相容是联盟进行协同创新和稳定运行的基础，可融合的文化容易在联盟中形成"双向环境激励"，使联盟的价值目标趋同。战略性新兴产业技术创新联盟中的成员来自于不同区域、不同产业和不同领域，各创新主体间的知识异质性程度高，在发展过程中又形成了不同的管理风格及各自独特的价值观、战略目标和经营管理模式等，文化背景差异较大。在选择合作伙伴时，如果只考虑技术创新资源、创新能力，而忽略企业文化和发展目标等因素的融合，将给联盟中各创新主体间的沟通和交流带来障碍，最终可能导致联盟间的协同创新和运行无法顺利进行。企业文化塑造着企业的管理风格和管理理念并指导实践，有比较广泛而深入的影响力。在选择合作伙伴时，必须全面了解各企业的文化背景（郭军灵，2003），系统分析评价潜在合作伙伴的文化属性，尽可能选择与联盟现有成员文化相似或相容的合作伙伴。

不同企业生产的产品属性和管理方式是有差别的，联盟主体间很难达到文化的一致性，应结合不同主体的文化属性，理解、培养和融合彼此能认同的联盟文化，始终倡导合作创新精神，发挥联盟协同创新的竞争优势。一般来说，通过已有的合作关系进行伙伴的选择能提高联盟目标实现的可能性，由于彼此间熟悉对方的文化、技术水平以及管理模式，能减少文化差异带来的冲突和矛盾。同时也能利用其合作企业的关系网络，增加获得资源的途径，从而减少联盟过程中的一些交易成本和沟通成本。对于不同的联盟目标需要相对应的参与主体，强调在原有合作关系中能基于技术标准和资源的互补性筛选合作伙伴，而不是以增强自身的战略利益为出发点进行选择。如2000年在国家发改委、信息产业部以及科技部推导下构建的TD产业技术创新战略联盟，78家成员中的电子产业（华为、联想、中兴、中国电子、中国普天等）于近几年进行技术联盟发展智能制造。合作关系的稳定使得主体间了解彼此的研发能力和创新能力，能粗略衡量其知识库的技术资源拥有量和技术水平。在后期联盟的运行过程中，主体间存在相同的价值观、利益观和相似的企业文化，能推动市场反应机制的形成，提高对联盟组织内部知识结构调整的效率。

三、增强合作伙伴的合作意愿

合作意愿体现为网络环境下企业选择合作伙伴的积极性和主动性。合作意愿的强弱直接影响企业是否愿意加入联盟，合作意愿越强，越有利于与外部进行知识、技术资源的交流和共享，积极参与联盟的协同创新活动，降低协同创新成本，实现战略性新兴产业的协同创新。在战略性新兴产业技术创新联盟合作伙伴选择的过程中，联盟中的成员不仅要考虑未来合作伙伴技术资源的互补性和兼容性，还需考虑其合作意愿。合作意愿是企业、高等院校和科研机构有意愿共同合作进行协同创新的重要信号，也是联盟实现协同创新效应、获取可持续竞争优势的前提和基础。

企业和学研机构自组织形成技术联盟的动力机制来源于协同目标中的经济利益和科研价值。当市场产生技术需求和创新需求时，参与主体会在估算成本和利益的前提下选择合作和资源共享，因此以企业和学研为主导型的技术联盟应分析与评估协同目标的综合绩效，规划出项目可行性计划书和财务预算表，重点包括技术创新中不同阶段的协同风险、成本和利益。例如，我国的高效节能铝电解技术创新战略联盟由7家电解铝生产企业、2所重点大学和3家科研院所组成，成立了联盟理事会、专家技术委员会和秘书处，以多样化、多层次的形式明确各合作主体的责、权、利，开展的"大电流高温超导直流电缆的研究开发及其工程研究示范应用"项目申报计划书已通过专家认证，计划书详细写明了联盟的技术目标、联盟成本和预期收益，吸引了区域内具有一定规模的企业。

以政府为主导型的技术联盟应重点发挥政策效应，制定战略性新兴产业及其产业技术联盟的科技创新政策和财政金融政策，激励参与主体进入和合作；启动创新基金和知识专利政策，推动主体间的协同创新行为；不断完善知识产权保护政策，激发知识主体的创造行为。例如，陕西省中药产业技术创新战略联盟是2013年3月在陕西省科技厅指导下成立的，联盟成立后致力于解决国家重大专项和陕西省中医药产业中所面临的重大关键科学技术问题，致力于陕西省中药种植、中药饮片加工、中药新药开发、中药品种技术升级及创新机制的探索。

第六章 战略性新兴产业技术创新联盟网络知识共享机制研究

随着新兴技术发展越来越复杂,技术创新活动呈现出系统化、复杂化和社会化协作等特点,技术创新出现跨领域、跨组织特征(Ruckman,2009)。战略性新兴产业以新兴技术和新兴产业的融合为基础,跨学科、跨产业、跨领域的知识较多,创新活动更具复杂化与高不确定性,大多数战略性新兴产业技术不可能由单一主体独立完成,需要多维主体紧密协作、相互协同,通过知识共享和整合多方资源才能更好地开展创新活动。基于网络的知识观点,联盟网络为促进知识共享、开展创新活动和提高组织协同创新能力提供了机会和平台(Tsaiw,2001),是提升战略性新兴产业核心竞争力的有效途径。

第一节 战略性新兴产业技术创新联盟网络知识共享行为分析

战略性新兴产业联盟网络是基于政府的推动和引导,以战略性新兴产业中能提出创新需求的龙头企业为核心,产业内及相关产业企业、高校科研院所和支持性机构共同参与,满足国家或区域战略性新兴产业发展需求的新兴合作网络组织。战略性新兴产业技术创新联盟网络强调通过政府层面引导来构建,并且借助政府政策和资源支持,促进联盟网络内创新资源和创新要素的合理流动与优化配置,以国家或区域战略性新兴产业发展需求为导向,为战略性新兴产业企业进行知识共享和协同创新提供有效平台,目的是提升战略性新兴产业企业的竞争优势。战略性新兴产业技术主要以新兴技术居多，知识复杂性、动态性和不确定性程度较高，联盟网络内战略性新兴产业企业知识结构存在较大差异，这种知识差异包括质的差异（不同学科、不同领域的知识类型）和量的差异两方面。在战略性新兴产业联盟网络中，企业间知识差异主要有交叉、互不相交及包含三种关系类型。交叉关系是指联盟网络中企业的知识集合存在部分重叠；互不相交关系是指联盟网络中企业的知识来自不同领域或产业，它们的知识没有交集，但对于战略性新兴产业的技术创新具有互补和协同作用；包含关系是指在联盟网络中一个企业（主要是非核心企业）的知识完全含在另一个企业的知识结构中。当战略性新兴产业联盟网络中企业间的知识结构属于交叉关系或包含关系类型时，有利于联盟网络企业之间保持一种适度的动态合作竞争关系。

由于企业知识势差的存在，战略性新兴产业联盟网络中企业间存在互补性资源，在联盟网络知识共享过程中，企业间知识转移、吸收和转化会受到影响。如果企业间没有足够的可供其他企业共享的知识，或者知识的相似性、互补性小，学习过程长，都会导致联盟网络企业间知识共享难度增加。另外，联盟网络中不同的企业文化、管理制度对于知识管理的方式也具有差异性，企业文化、企业制度越接近，越有利于企业间进行知识共享；反之，当企业文化和企业制度差距较大时，企业间知识共享的难度就会增大。战略性新兴产业企业的知识相对来说大部分都是独特的专业知识，通常都会采用特别的制度和专业性知识产权加以保护，使得企业间的知识共享无法正常实现。因此，战略性新兴产业联盟网络必须建立相应的制度和机制规范联盟网络中企业知识的共享行为，提高企业的信任度，采用灵活的知识交换方式，构建知识共享平台，使得联盟网络成员既能从网络中获取其他企业的知识，又不用担心自己的知识泄露而造成企业竞争优势的丧失。

第二节 战略性新兴产业技术创新联盟网络知识共享博弈分析

一、问题提出

组织间知识共享对于战略性新兴产业技术创新联盟网络协同创新效率的提高具有重要作用。众多学者从不同的角度对联盟网络和组织间的知识管理进行了研究。联盟网络是指以焦点企业为中心,所有与其具有联盟关系的企业集合。彭伟和符正平(2012)研究认为,企业联盟网络的中心性位置、关系强度对企业竞争优势具有显著的正向影响,知识资源获取在其中起到中介作用。宋志红、李常洪和李冬梅(2013)以索尼公司1995~2011年的技术联盟网络为对象,考察了索尼与其他公司建立的联盟网络类型与知识管理动机之间的匹配关系。Beckman(2004)、Lin和Demirkan(2007)指出,开发式联盟有利于企业利用现有的知识,促进知识和信息流动,提高短期创新绩效;探索式联盟可以开拓新知识,为自身提供新机会,同时也带来风险和不确定性。企业在联盟网络中的结构越相似,其表现也越相近。相似性有利于改善沟通,提高信任度;但联盟伙伴之间的相似性,对于创新也存在限制作用(Pallotti和Lomi,2011)。陈涛、王铁男和朱智洺(2013)研究了环境不确定性、知识距离与组织间知识共享的关系,以及环境不确定性因素对于知识距离和组织间知识共享的影响。王海花、蒋旭灿和谢富纪(2013)研究了知识资源需求、知识资源池、共享渠道和环境变量四个维度对开放式创新模式下组织间知识共享的影响及影响因素间的交叉作用关系。刘臣、单伟和于晶(2014)针对组织知识共享面临的动态性和知识异质性,建立了知识共享单群体和多群体动态博弈模型,分析了组织间知识共享进化稳定策略。

虽然许多学者从不同视角对联盟网络及企业间的知识共享展开了研究,但在国家积极扶持战略性新兴产业发展的背景下,结合战略性新兴产业技术创新需求和知识属性,研究联盟网络企业间知识共享的文献不多,涉及联盟网络中知识共享成本及知识协同效应问题的文献更少。鉴于此,根据战略性新兴产业联盟网络中企业有无协同效应的情形,结合战略性新兴产业的知识属性,对联盟网络的知识共享机理进行进一步探索,并分析联盟网络促进知识共享的策略。

二、联盟网络中无协同效应时的知识共享博弈分析

在战略性新兴产业联盟网络中,企业间知识共享可分为两种情形:一种是联盟网络中企业知识无协同效应时的知识共享;另一种是联盟网络中企业知识具有一定的互补性和协同效应时的知识共享。对于第一种无协同效应的知识共享情形,采用静态博弈来分析。假设联盟网络中参与知识共享的两个企业 $i(i=1, 2)$ 间具有一定的知识势差,且企业间的知识不存在协同效应。此时,假设 R 为知识共享一方从对方的知识中获得的收益。如果只有一方把自身的知识贡献出来共享,而另一方选择不参与共享策略,则共享方付出了共享成本而没有从对方知识资源中获得收益,而且会因失去自身共享知识的独占性而产生风险损失成本 C。如果双方都选择不共享策略,则双方的共享收益都为 0。战略性新兴产业联盟网络中参与博弈双方的收益矩阵如表 6-1 所示。

表 6-1 战略性新兴产业联盟网络知识共享静态博弈

		企业 2	
		参与	不参与
企业 1	参与	R, R	−C, R+C
	不参与	R+C, −C	0, 0

对该模型进行简单的占优分析可以得知,当战略性新兴产业联盟网络中企业知识无协同效应时,假如没有相应的制度或机制保障参与知识共享企业的利益,则联盟网络中的企业不会主动把知识贡献到网络中来供其他企业共享,反过来也希望其他企业溢出更多的知识供自己学习,以降低自己的学习成本,增加自身利润,从而在联盟网络中出现"搭便车"现象。此时,(不参与,不参与)是该模型的一个纯策略纳什均衡,这说明如果没有外界因素引导,不参与是战略性新兴产业联盟网络企业知识共享博弈的一个均衡。另外,如果战略性新兴产业联盟网络通过制定一定的激励和监督机制,鼓励联盟网络中的企业把知识贡献到网络中

来共享，同时对于违约者进行惩罚，则（参与，参与）也是联盟网络中知识共享博弈的一个纯策略纳什均衡。由于该模型只是对战略性新兴产业联盟网络企业间无协同效应时知识共享的静态博弈进行研究，而对于联盟网络企业间存在协同效应情形的知识共享博弈没有涉及，所以联盟网络知识共享博弈的变迁趋势还不明朗。因此，下面将进一步采用演化博弈理论来分析战略性新兴产业联盟网络中存在协同效应的企业间知识共享策略选择的发展变化机理。

三、联盟网络存在协同效应时的知识共享博弈分析

战略性新兴产业联盟网络主要是通过企业间技术、知识等资源的互补性所产生的协同效应来提升联盟网络中企业的竞争优势。由于联盟网络中每个企业都是有限理性的决策主体，战略性新兴产业联盟网络中企业在每一次知识共享博弈中不可能都选择到纳什均衡策略。但由于协同效应的存在，在联盟网络中的企业不会过多担心自身知识溢出风险而仍然嵌入网络以获取网络溢出的知识，提高知识协同创新效应，因而在联盟网络中企业间知识共享会多次地重复进行，企业每次进行知识共享后会相互比较、学习，并根据实际调整自身策略。因此，当存在协同效应时，战略性新兴产业联盟网络企业知识共享过程是典型的演化博弈过程。

1. 模型假设

在战略性新兴产业联盟网络知识共享过程中，企业 i（为简化模型，我们仅考虑两个企业的情况）不仅可获得因自身知识资源所产生的收益 $R_i(i=1,2)$，还可获得因知识共享所带来的协同效应价值。可以做如下假设：

假设1：$a_i(i=1,2)$ 表示企业 i 的知识资源总量。在其他条件一定的情境下，战略性新兴产业联盟网络中知识资源总量一般与知识共享收益成正比，联盟网络知识资源总量越多，网络溢出的知识就越多，知识共享收益相对就多。

假设2：$\sigma_{ij}(i,j=1,2)$ 表示企业 j 对企业 i 在知识共享过程中因知识的互补性和联盟网络协同机制的共同作用所产生的协同效应的系数。协同效应的价值一般与组织核心能力资源、知识距离、组织间知识互补性及联盟网络协同机制相关，企业 i 所产生的协同效应的价值可用 $\sigma_{ji}a_j$ 表示。

假设3：$r_i(i=1,2)$ 表示企业 i 的知识吸收能力系数。吸收能力系数反映企业在知识共享过程中从联盟网络其他企业吸收知识的能力，知识吸收能力和企业

自身知识转化能力、知识复杂性、联盟网络结构和环境动态性相关。

假设4：$k_i(i=1,2)$表示企业知识共享度。知识共享度与技术知识的复杂性、企业知识距离相关，技术知识越复杂，知识共享度越低。由于不同企业知识结构的差异性，企业从外部获取知识的过程中会形成知识距离的差异性，知识距离与企业间的知识共享度成正比，企业间知识距离越大，则知识共享难度就越大。

假设5：$l_i(i=1,2)$表示企业i的风险系数。企业i在联盟网络中进行知识共享时，可能因其他企业的道德风险而使自身核心知识被其他企业获取而丧失比较优势。l_ia_i为企业i选择参与知识共享时所对应的风险损失。

2. 模型构建与求解

根据以上假设和分析，当战略性新兴产业联盟网络中企业都选择参与知识共享时，企业1、企业2的学习收益为 $R_1 + r_1k_2a_2 + \sigma_{21}a_2 - l_1a_1$ 和 $R_2 + r_2k_1a_1 + \sigma_{12}a_1 - l_2a_2$；若双方独立创新，不参与战略性新兴产业联盟网络知识共享，即不愿把自身知识资源贡献出来，则它们各自凭借自身知识资源独自进行创新获得收益 R_i（i=1，2）；若企业1选择参与知识共享，即把自身知识资源贡献出来，而企业2选择不参与，则企业1不仅不能通过战略性新兴产业联盟网络知识共享获得学习收益，而且还会面临因自己的知识被共享而自身比较优势丧失的风险，此时收益为 $R_1 - l_1a_1$。

综上，战略性新兴产业联盟网络企业参与知识共享博弈双方的收益矩阵如表6-2所示。

表6-2 博弈双方的收益矩阵

		企业2	
		参与	不参与
企业1	参与	$R_1 + r_1k_2a_2 + \sigma_{21}a_2 - l_1a_1$, $R_2 + r_2k_1a_1 + \sigma_{12}a_1 - l_2a_2$	$R_1 - l_1a_1$, R_2
	不参与	R_1, $R_2 - l_2a_2$	R_1, R_2

假设企业1选择参与联盟网络知识共享的概率为 p_1，则选择不参与的概率为 $1-p_1$；企业2选择参与联盟网络知识共享的概率为 p_2，则选择不参与的概率为 $1-p_2$。

企业1选择参与知识共享所获得的期望收益为：

$$u_{1s} = p_2(R_1 + r_1k_2a_2 + \sigma_{21} - l_1a_1) + (1 - p_2)(R_1 - l_1a_1)$$

选择不参与知识共享所获得的期望收益为：

$$u_{1n} = p_2R_1 + (1 - p_2)R_1$$

企业1的平均收益为：

$$\overline{u}_1 = p_1u_{1s} + (1 - p_1)u_{1n} = R_1 + p_1(p_2r_1k_2a_2 + p_2\sigma_{21}a_2 - l_1a_1)$$

企业1的复制动态方程为：

$$F(p_1) = \frac{dp_1}{dt} = p_1(u_{1s} - \overline{u}_1) = p_1(1 - p_1)(p_2r_1k_2a_2 + p_2\sigma_{21}a_2 - l_1a_1)$$

令 $F(p_1) = 0$，当 $p_2 = l_1a_1/(r_1k_2a_2 + \sigma_{21}a_2)$ 时，$F(p_1) \equiv 0$，也即所有 p_1 都是稳定状态；当 $p_2 \neq l_1a_1/(r_1k_2a_2 + \sigma_{21}a_2)$ 时，得到 $p_1 = 0$、$p_1 = 1$ 是 p_1 的两个稳定状态。但 $p_1 = 0$、$p_1 = 1$ 两个稳定状态不全是演化稳定策略（ESS）。在数学上，演化稳定策略（ESS）要求 $\frac{dF(x)}{dx} < 0$。经分析可以得到：当 $p_2 > l_1a_1/(r_1k_2a_2 + \sigma_{21}a_2)$ 时，$p_1 = 1$ 是 ESS；当 $p_2 < l_1a_1/(r_1k_2a_2 + \sigma_{21}a_2)$ 时，$p_1 = 0$ 是 ESS。

同理，企业2的复制动态方程为：

$$F(p_2) = \frac{dp_2}{dt} = p_2(u_{2s} - \overline{u}_2) = p_2(1 - p_2)(p_1r_2k_1a_1 + p_1\sigma_{12}a_1 - l_2a_2)$$

令 $F(p_2) = 0$，当 $p_1 = l_2a_2/(r_2k_1a_1 + \sigma_{12}a_1)$ 时，$F(p_2) \equiv 0$，也即所有 p_2 都是稳定状态；当 $p_1 \neq l_2a_2/(r_2k_1a_1 + \sigma_{12}a_1)$ 时，得到 $p_2 = 0$、$p_2 = 1$ 是 p_2 的两个稳定状态。其中，当 $p_1 > l_2a_2/(r_2k_1a_1 + \sigma_{12}a_1)$ 时，$p_2 = 1$ 是 ESS；当 $p_1 < l_2a_2/(r_2k_1a_1 + \sigma_{12}a_1)$ 时，$p_2 = 0$ 是 ESS。

将上述两个企业比例变化的复制动态关系用坐标平面图表示，则战略性新兴产业联盟网络企业间知识共享博弈的动态演化过程如图6-1所示。

3. 模型分析

由图6-1可知，在战略性新兴产业联盟网络知识共享过程的演化博弈中，有五个局部平衡点，其中点A、点B是不稳定平衡点，点$D(l_2a_2/(r_2k_1a_1 + \sigma_{12}a_1), l_1a_1/(r_1k_2a_2 + \sigma_{21}a_2))$是鞍点，点$O(0, 0)$、点$C(1, 1)$是稳定平衡点，共同参与或都不参与知识共享是企业的演化稳定策略（ESS）。企业间知识共享的演化路径与企业共享收益（包含协同效应价值）、共享成本以及因知识共享所产生的风险损失有关，企业会根据自身的收益来调整自身在联盟网络知识共享过程中的博弈行

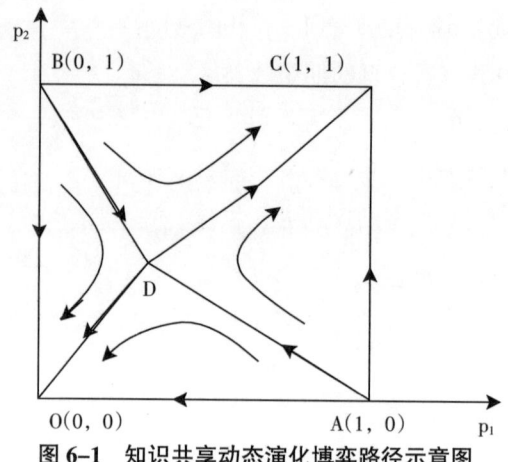

图 6-1 知识共享动态演化博弈路径示意图

为。当联盟网络中企业存在协同效应时，企业知识共享策略选择过程需要经过企业间长期相互合作后才能演化到稳定状态。例如，在图 6-1 中由两个不稳定均衡点 A、B 和鞍点 D 连成的折线为系统收敛临界线，即在 ADBC 部分，企业会逐步趋向于选择参与策略，最终走向全部参与知识共享的状态；在 ADBO 部分，企业会逐步趋向于选择不参与策略，此时战略性新兴产业联盟网络学习效果就会降低。具体分析如下：

（1）当 $r_1k_2a_2 + \sigma_{21}a_2 > l_1a_1$ 时，表示战略性新兴产业联盟网络企业在知识共享中选择参与策略的收益大于风险损失，即当企业 2 选择参与知识共享，且企业 1 同样选择参与策略时，所获得的收益比选择不参与要大，此时企业 1 会选择参与策略。反之，当企业 2 选择不参与策略时，如企业 1 选择参与策略，显然就会有 $R_1 - l_1a_1 < R_1$，即所获得的学习收益比不参与时要小，所以，在这种情况下，企业 1 的最佳策略是选择不参与。同理，对企业 2 的分析也有同样的结论。由于战略性新兴产业创新联盟网络通过政府层面的引导来构建，政府在联盟中处于主导地位，所以政府可以利用行政权力，通过制定相关政策对联盟网络实施引导和监管，约束联盟成员的行为。在网络中有效的协调机制、学习机制和激励机制共同作用下，企业会共同选择参与知识共享以实现自身利益，并聚焦于战略性新兴产业内重大关键共性技术和支撑性技术的技术创新活动。在图 6-1 中由两个不稳定均衡点 A、B 和鞍点 D 连成的折线的右上部分（即 ADBC 部分），企业参与网络知识共享的行为会使鞍点 D 向右移动，直至收敛于点 C(1, 1)，即（参与，参

与）是 ESS。

（2）当 $r_1k_2a_2 + \sigma_{21}a_2 < l_1a_1$ 时，表示当战略性新兴产业联盟网络企业 2 选择参与知识共享时，企业 1 因共享所获得的收益小于选择不参与时的收益。此时，不管企业 2 选择参与策略还是选择不参与策略，企业 1 从自身利益出发，都会选择不参与策略。同样，根据博弈对称性质，这种分析对于企业 2 也适用。即当战略性新兴产业联盟网络企业因知识共享所获得的收益比风险损失小时，企业都会选择不参与策略。在图 6-1 中由两个不稳定均衡点 A、B 和鞍点 D 连成的折线的左下部分（即 ADBO 部分），企业不参与网络知识共享的行为会使鞍点 D 向左移动，直至收敛于点 O(0，0)，即（不参与，不参与）是 ESS。

战略性新兴产业联盟网络作为一种基于政府推动和引导而形成的长期战略合作关系，聚焦于战略性新兴产业内重大关键共性技术和支撑性技术，是战略性新兴产业企业进行知识共享和协同创新的有效平台。研究结果表明，当联盟网络企业知识无协同效应时，考虑到知识成本及知识溢出风险，如果没有相应制度或机制保障参与知识共享的企业的利益，则企业没有积极性把自己的知识贡献到网络中以供其他企业共享；当联盟网络企业知识存在协同效应时，战略性新兴产业联盟网络中企业选择何种知识共享策略，会考虑协同效应价值，并根据联盟网络中知识资源水平、知识共享度、知识吸收能力以及知识共享风险做出决策，企业知识共享策略的选择需要经过企业间反复合作才能演化到稳定状态。因此，战略性新兴产业联盟网络中，企业应根据自身情况及时调整和选择合适的知识共享策略，通过战略性新兴产业联盟网络知识共享达到收益最大化。

第三节　组织间知识共享对战略性新兴产业协同创新绩效影响的实证研究

在战略性新兴产业技术创新过程中，知识扮演着十分重要的角色。战略性新兴产业是新技术和新知识深度融合的新兴产业，技术的复杂性和异质性程度更高，知识扩散和溢出效应明显。国内外已有不少文献从不同视角对组织间知识共享、知识吸收能力及知识整合与创新绩效做了一定研究，但是结合战略性新兴产业的技术属性和知识特点，探讨战略性新兴产业协同创新绩效提升的研究却鲜见。其实，由于战略性新兴产业知识资源的复杂性和新兴性等属性，在知识共享过程中，战略性新兴产业企业从内外部环境获取知识的能力不仅与知识属性有关，还取决于其知识整合和知识吸收能力的大小，吸收能力越强，企业所获取的知识越多，而知识整合能力的大小直接决定协同创新的绩效。

基于以上分析，本书以战略性新兴产业企业为研究样本，基于组织间知识共享视角，借助知识整合和知识吸收能力理论，将组织间知识共享、吸收能力和知识整合纳入同一研究框架，构建战略性新兴产业协同创新绩效的结构方程模型，运用PLS-SEM模型算法，结合问卷调研数据，探讨组织间知识共享、吸收能力及知识整合与协同创新绩效间相互关系的作用机理，以期进一步探究战略性新兴产业协同创新绩效的提升路径。

一、研究假设

1. 组织间知识共享与协同创新绩效

组织间知识共享有利于促进企业新方法、新技术的产生，从而成为企业创新绩效提升的原动力。宋志红、陈澍和范黎波（2010）研究发现，知识特性和知识共享对创新绩效有显著的正向影响。曾萍、邓腾智和曾雄波（2011）以珠三角122家IT企业为研究载体，研究结果显示，知识共享与企业技术创新有正相关关系。王海花、蒋旭灿和谢富纪（2013）研究了知识资源需求、共享渠道、知识资源池和环境变量四个维度对组织间知识共享的影响。曹勇和向阳（2014）通过实证研究认为，知识治理对知识共享有显著的正向影响，知识共享对员工创新行为有直接影响。Lin和Demirkan（2007）指出，开发式联盟有利于企业促进现有知识的流动，提高短期创新绩效；探索式联盟可以开拓新知识，但风险和不确定性较高。组织间可供交换的知识量、知识相似性和知识距离都会影响组织间知识共享（Marco等，2012）。环境不确定性因素对知识距离和组织间知识共享具有正向调节效应（陈涛、王铁男和朱智洺，2013）。

其实，战略性新兴产业是以新兴技术和新兴产业的融合为基础的，跨学科、跨产业、跨领域的知识较多。在不确定、动态变化的情境下，大多数战略性新兴产业技术不可能由单一主体独立完成，需要多维主体紧密协作、相互协同，通过知识共享和整合多方资源才能更好地开展创新活动。基于以上分析，提出以下假设：

假设1：组织间知识共享对战略性新兴产业协同创新绩效有直接的正向影响。

2. 知识整合与协同创新绩效

从外部获取零散、无序的知识往往难以发挥其作用，只有通过与自身知识、资源相整合、内化，形成新的知识体系，才能发挥其作用。李久平和姜大鹏（2013）从创新观的角度认为，知识整合是对不同组织分享的知识进行消化、吸收、整合，并将其创新转化为新的知识。魏江和徐蕾（2014）以5个集群200多家企业为研究对象，发现集群内企业功能整合和知识整合有利于提升企业创新能力。吴绍波（2014）从知识创新链的视角研究了如何提高战略性新兴产业的协同创新效率。吴俊杰和戴勇（2013）实证分析了企业家社会资本、知识整合能力与技术创新绩效三者之间的关系。李晓红和侯铁珊（2013）以186家软件企业研发的产品为研究对象，发现企业对内外部知识的整合能力对企业自主创新绩效有显著影响。Singh（2008）研究认为，跨区域的知识整合有助于提升企业创新绩效。

战略性新兴产业企业间的知识距离较大，不同企业的知识异质性程度高。企业不仅需要通过知识共享或组织学习获取知识，而且要将所获取的知识与企业自身知识、资源相整合，形成系统化的新知识体系，这样才能提高战略性新兴产业协同创新绩效。基于以上分析，提出以下假设：

假设2：知识整合对战略性新兴产业协同创新绩效有显著的正向影响。

3. 吸收能力与协同创新绩效

相关研究表明，企业创新绩效不仅与其知识积累的多少有关，更取决于其吸收和转化知识的能力。Zahra和George（2002）认为，较强的知识吸收能力有利于企业将外部知识转化为创新产出。张德茗和李艳（2011）分析了科技型中小企业知识吸收能力的影响因素，并对现实吸收能力和潜在吸收能力与企业创新绩效的关系进行了研究。解学梅和左蕾蕾（2013）通过对长江三角洲地区300多家企业进行调研，发现企业知识吸收能力与企业创新绩效呈正相关关系。李贞和杨洪涛（2012）以科技型中小企业为实证对象，对关系学习、吸收能力和知识整合对创新绩效的影响进行了探讨。战略性新兴产业企业所拥有的知识资源大都具有难以模仿性、隐性和不可复制性，企业吸收能力强有助于创新知识在企业中更好地转移和扩散。在知识转化为创新的过程中，吸收能力起到了非常重要的作用。基于此，提出以下假设：

假设3：吸收能力对战略性新兴产业协同创新绩效有显著的正向影响。

4. 组织间知识共享对知识整合的影响

组织间知识共享为参与知识共享的企业提供了接触多元信息和知识的机会，但组织间知识共享仅仅实现了知识的共知、共有，并没有实现知识相互之间的融合、重构。知识整合需要以知识为基础，而知识共享是企业获取知识的重要来源（Kogut 和 Zander，1992）。组织间知识共享是知识整合的重要途径和必要环节，没有知识共享就没有知识整合（李久平和姜大鹏，2013）。李贞和杨洪涛（2012）认为，知识共享能促进科技型中小企业的知识流动和扩散，而知识整合就是通过知识流动和扩散的相互作用来共同实现。战略性新兴产业企业通过知识共享能够改善组织间互动、沟通和交流的方式，建立良好的相互信任关系，这种关系和方式的改善对知识整合有显著影响。基于以上分析，提出如下假设：

假设4：组织间知识共享对知识整合有显著的正向影响。

5. 组织间知识共享对吸收能力的影响

在协同创新模式下，企业可以通过知识共享获取组织内外部环境中异质性或互补性的创新资源。而在知识共享过程中，企业获取外部组织知识的多少取决于其吸收能力的大小。曹勇和向阳（2014）实证分析了吸收能力对知识共享与员工创新行为的调节作用。隐性知识转移比显性知识转移更依赖于供应商的吸收能力（陈春平和毛基业，2012）。吸收能力对知识获取、知识解释以及知识创造具有影响，吸收能力越强，越容易通过知识共享获得和消化从外部环境所获得的知识并增强本身的学习能力（Makhija，1997）。Zahra 和 George（2002）认为，通过跨组织间知识共享可以获得更多的隐性知识及显性知识，而这些知识有利于组织积累和发展更多的知识运用技能，从而促进组织吸收能力水平的提高。基于以上分析，提出以下假设：

假设5：组织间知识共享对吸收能力有显著的正向影响。

二、研究设计

基于组织间知识共享的视角,选择运用偏最小二乘法(Partial Least Square,PLS)的 SEM 模型研究战略性新兴产业企业协同创新绩效,主要是考虑到传统 SEM 模型要求变量必须符合正态分布,而 PLS-SEM 模型对于数据分布没有要求,并能较好地处理变量测量带来的误差,且在小样本情况下仍较为理想。因此,利用 PLS-SEM 模型并结合 Smart PLS 2.0 软件来分析组织间知识共享、吸收能力及知识整合对战略性新兴产业企业协同创新绩效的影响,能更科学地探讨它们之间的作用机理。

1. 模型构建

本研究以战略性新兴产业企业为实证分析对象,探究组织间知识共享、知识吸收能力及知识整合能力对协同创新绩效增长的影响力大小,并分析各因素的影响路径效果。通过文献研究,结合前期研究个案与小组访谈,本书构建了组织间知识共享、知识吸收能力及知识整合能力与战略性新兴产业协同创新绩效之间关系的 PLS 路径分析概念模型(见图 6-2)。

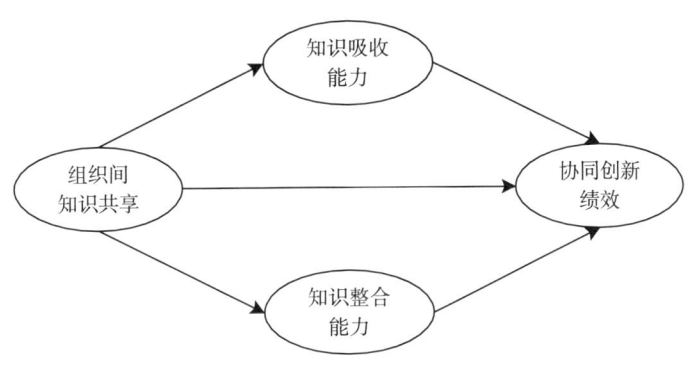

图 6-2　PLS 路径分析概念模型

2. 变量测量

为保证本研究具有良好的信度与效度,所涉及的协同创新绩效、组织间知识共享、知识整合能力及知识吸收能力的测度量表主要通过研究分析现有文献,借鉴相关已成熟量表,并结合战略性新兴产业知识属性及技术创新特点,对相关问项进行适当调整而成(见表 6-3)。

表 6-3 研究变量的测量题项

变量名称	测量题项	文献来源
组织间知识共享	参与知识共享的目的（A1）	Carmeli 和 Atwater（2011）；Bock 等（2005）；陈涛、王铁男和朱智洺（2013）；等等
	组织间知识共享渠道和平台建设（A2）	
	组织间的信任程度（A3）	
	组织间知识共享协调机制和争端解决机制（A4）	
	企业有良好的知识共享氛围（A5）	
	与合作企业分享自己的知识的态度（A6）	
知识吸收能力	企业员工对新知识的理解能力（B1）	Zahra 和 George（2002）；马国勇、田国双和石春生（2014）；等等
	企业员工能很快了解新知识的用途（B2）	
	企业获取新知识的制度比较完善（B3）	
	企业自身知识与新知识的相容性（B4）	
	企业所获得的知识对企业作用较大（B5）	
知识整合能力	企业内部新知识处理流程规范化（C1）	Kogu 和 Zander（1992）；魏江和徐蕾（2014）；等等
	显性知识与隐性知识易进行转化融合（C2）	
	企业内成员相互信任和共同学习（C3）	
	员工利用从外面获得的知识进行研发的能力（C4）	
	企业知识整合流程和平台建设（C5）	
	企业知识整合协调和运行机制的建设（C6）	
协同创新绩效	共同研发的新技术或新产品数量（D1）	Jantunen（2005）；Wilfred 和 Geert（2010）；解学梅（2013）；范钧、郭立强和聂津君（2014）；等等
	新技术或新产品提升企业利润和竞争力（D2）	
	新技术或新产品研发成功率和市场认可度（D3）	
	新技术或新产品研发周期（D4）	

在正式问卷调查之前，先在江西师范大学 MBA 学员及高级经理培训班学员中进行问卷预调查和现场访谈及讨论，以评估问卷设计的适用性和可操作性，再根据预试者提供的意见对问卷进行适当修订，然后把量表发给新兴产业、技术创新和知识管理研究领域的相关学者和专家征求建议，以保证问卷的科学性。在变量的具体测量过程中，我们运用 Likert 五级量表将其分为五个等级进行变量测度，从 1 到 5 代表从明显偏低到明显偏高。

3. 研究样本与数据收集

本研究团队从 2014 年 3~8 月，以江西省南昌、鹰潭和新余等地区的高新技术产业开发区的战略性新兴产业企业为调研对象，这些企业涉及产业主要有高端装备制造业、新能源产业和新材料产业。对于南昌高新技术开发区的高端装备制造产业和新材料产业企业，研究团队主要通过对企业管理者、技术研发人员以及生产一线的员工进行访谈收集数据，并现场发放和回收问卷。对于鹰潭和新余高新技术开发区的新材料产业和新能源企业则通过发送 EMAIL 和邀请在职的 MBA 学员协助发放问卷的形式进行调查。为让被调查者能真实地填写问卷，我们在每个企业物色一位联络人，由该联络人负责企业问卷的发放和回收，并通过他在企业内尽可能从不同岗位和部门随机选择员工进行独立填写，以保证样本提供信息的真实。本调查总共发放 300 份问卷，回收有效问卷 152 份，有效问卷回收率为51%。通过对问卷进行统计，所有被调查者的学历分布情况如下：大专以下学历成员 20 人，大专学历成员 52 人，本科学历成员 30 人，硕士学历成员 34 人，博士学历成员 16 人；工作人员工作年限情况如下：工作 1 年以下的成员 32 人，工作 1~3 年的成员 71 人，工作 3~5 年的成员 32 人，工作 5 年以上的成员 17 人；被调研企业所属产业分布情况为：新能源产业企业 4 家，高端装备制造业企业 9 家，新材料产业企业 8 家；所调研企业员工人数分布情况如下：人数在 201~500 人的有 10 家，人数在 501~1000 人的有 8 家，人数在 1000 人以上的有 3 家。

三、数据分析与研究结果

1. 测量模型的评价

（1）模型信度评价。采用复合信度系数 ρ 来表示测量结果的信度。复合信度系数 ρ 的值越高，表示测量结果的一致性、平稳性及可信性越好。由表 6-4 可以看出，本研究所有潜变量的复合信度系数 ρ 均大于 0.7，表明测量模型具有较好的信度。

但是，模型信度高并不能表示测量变量仅仅测量单一潜变量。要满足上述条件，必须保证满足所有因子负荷 λ 大于 0.5。只有满足上述条件，才能保证测量变量与潜变量之间具有足够的线性等价关系。由表 6-4 可以看出，本研究所有因子负荷 λ 均大于 0.5，所有潜变量的复合信度系数 ρ 均大于 0.7，表明测量变量与潜变量之间具有较好的线性等价关系，即测量模型具有较好的信度。

表 6–4　PLS 路径分析模型的指标体系

潜变量	复合信度系数 ρ	因子负荷 λ	T 值	显变量指标
组织间知识共享	0.839	0.672	5.110	A1
		0.726	13.678	A2
		0.669	10.486	A3
		0.673	8.378	A4
		0.674	9.072	A5
		0.676	7.515	A6
知识吸收能力	0.843	0.751	15.685	B1
		0.758	14.831	B2
		0.628	7.159	B3
		0.686	9.000	B4
		0.770	12.974	B5
知识整合能力	0.814	0.532	5.110	C1
		0.732	13.678	C2
		0.689	10.486	C3
		0.639	8.378	C4
		0.651	9.072	C5
		0.642	7.515	C6
协同创新绩效	0.816	0.744	12.676	D1
		0.723	12.737	D2
		0.667	8.965	D3
		0.763	13.061	D4

（2）模型效度评价。在模型效度评价方面，主要考虑平均方差提取率 AVE 值的大小。一般要求 AVE 大于 0.5，且 AVE 值的平方根大于与其他潜变量的相关系数，此时说明模型具有较好的区分效度。从表 6–5 中可以看出，所有潜变量的 AVE 值均大于 0.5。从表 6–6 中可以看出，每个潜变量 AVE 值的平方根均大于与其他潜变量的相关系数。因此，测量模型具有较好的区分效度。

表 6-5　潜变量 AVE 值

	AVE
协同创新绩效	0.546
知识吸收能力	0.559
知识整合能力	0.533
组织间知识共享	0.565

表 6-6　AVE 平方根与潜变量间的相关系数

	协同创新绩效	知识吸收能力	知识整合能力	组织间知识共享
协同创新绩效	0.739			
知识吸收能力	0.726	0.748		
知识整合能力	0.703	0.740	0.730	
组织间知识共享	0.638	0.701	0.705	0.752

（3）模型预测能力评价。在模型预测能力评价方面，主要考虑 R^2（多重判定系数）的值，R^2 的值越大，说明自变量对因变量的解释能力越强。在本模型中，组织间知识共享对企业知识吸收能力的判定系数为 0.362，组织间知识共享对企业知识整合能力的判定系数为 0.376，组织间知识共享、知识吸收能力与知识整合能力对协同创新绩效的判定系数为 0.483。考虑到数据是通过问卷方式调研来的截面数据，R^2 的值基本符合要求。

2. 结构模型的评价

如表 6-7 所示，组织间知识共享影响企业协同创新绩效的路径系数为 0.240（T=3.317），表明组织间知识共享对企业协同创新绩效有显著的正向影响，所以假设 1 成立。知识整合能力对企业协同创新绩效的路径系数为 0.209（T=2.939），表明知识整合能力的提高有利于企业协同创新绩效的增长，假设 2 成立。知识吸收能力对企业协同创新绩效的路径系数为 0.299（T=3.925），表明知识吸收能力对协同创新绩效的增长具有一定的推动作用，假设 3 成立。组织间知识共享对知识整合能力及知识吸收能力的路径系数分别为 0.706（T=9.880）、0.701（T=10.181），表明组织间知识共享有利于促进企业知识整合能力与吸收能力的提升，假设 4 和假设 5 成立。

表 6-7　模型假设检验结果说明

假设	模型构架间的关系	路径系数	T值检验	检验结果
假设1	组织间知识共享→协同创新绩效	0.240	3.317	接受
假设2	知识整合能力→协同创新绩效	0.209	2.939	接受
假设3	知识吸收能力→协同创新绩效	0.299	3.925	接受
假设4	组织间知识共享→知识整合能力	0.706	9.880	接受
假设5	组织间知识共享→知识吸收能力	0.701	10.181	接受

四、组织间知识共享对协同创新绩效影响的路径效应分析

1. 组织间知识共享对企业协同创新绩效影响的直接效应

组织间知识共享对企业协同创新绩效有直接影响，直接影响的路径系数为0.240，表明组织间知识共享对企业协同创新绩效影响的作用不显著。组织间知识共享还通过知识整合能力与知识吸收能力来对协同创新绩效产生影响，路径系数分别为0.706和0.701。这表明组织间知识共享每提高1%，企业知识整合能力相应地提高70.6%，企业知识吸收能力提高70.1%。可见，组织间知识共享对企业知识整合能力与吸收能力有较大的影响，这与战略性新兴产业的知识特性有关，战略性新兴产业属于知识密集型产业，组织间知识共享水平的提高，可以有效促进企业知识整合能力与知识吸收能力的提高。

2. 影响协同创新绩效的路径分析

企业协同创新绩效是模型的核心要素，其影响路径除组织间知识共享的直接作用外，还要受企业知识整合能力和知识吸收能力的影响，其影响路径系数分别为0.209和0.299。由实证结果可知，知识吸收能力和知识整合能力对战略性新兴产业协同创新绩效的影响相差不大。

3. 组织间知识共享促进协同创新绩效总路径效应

组织间知识共享既可以直接促进企业协同创新绩效的增长，又可以通过企业知识整合能力与知识吸收能力两个变量作用于企业协同创新绩效。企业协同创新绩效的总路径效应如下：①直接路径效应：组织间知识共享直接作用于企业协同创新绩效，其效为0.240。②间接路径效应：其中组织间知识共享→企业知识吸收能力→企业协同创新绩效路径的间接效应=0.701×0.299=0.210；组织间知识

共享→企业知识整合能力→企业协同创新绩效路径的间接效应=0.706×0.209=0.147。组织间知识共享对企业协同创新绩效的总效应=0.240+0.210+0.147=0.597。可见，组织间知识共享对协同创新绩效的作用不容忽视，必须大力提高组织间知识共享水平，发挥其在企业协同创新绩效中的作用。

第四节　战略性新兴产业联盟网络知识共享提升策略

一、注重加强政府对战略性新兴产业协同创新的引导和支持

促进战略性新兴产业协同创新，需要发挥政府的引导作用。发达国家的成功经验表明，政府引导和支持是新兴产业进行协同创新的重要保障。例如，美国进行协同创新的政府主导作用非常明显，政府颁布了《国家合作研究法》，从法律上保障企业协同创新的开展，并且先后制订了先进技术计划（ATP）、工程研究中心计划、小企业技术转移研究计划（STTR）等科技计划，通过政府设立专项基金、提供科研经费、支持建立产业技术联盟等方式，进一步引导和推动协同创新合作。欧盟也先后制定了《欧盟科技合作计划》（以下简称 COST）、《欧盟 2020战略》等科技合作政策和创新政策，促进产学研之间的协同创新。

因此，我国政府首先应制定和完善各种法律、法规，如尽早出台《协同创新合作促进法》，进一步完善《知识产权保护法》等法律法规，鼓励和保护战略性新兴产业企业进行协同创新。政府还应以市场为导向，积极出台促进战略性新兴产业发展的相关产业政策和科技创新引导政策，实现政策和市场引导相结合，有效引导战略性新兴产业技术创新方向，规划战略性新兴产业技术路线图。同时，以科技项目为载体，通过专项计划、科技攻关计划、创新平台建设计划、国家重大专项计划、基础设施计划等途径支持交叉领域的协同创新研究，重点选择战略性新兴产业中具有突破性、先导性的关键核心技术和共性技术进行合作研发。政府还应注意创造和完善协同创新投融资环境，如可借鉴美国和德国等发达国家风险

投资的经验，设立战略性新兴产业协同创新投资基金，创造风险投资环境，探索专利和知识产权等无形资产质押贷款等形式，鼓励和引导多元化融资政策支持战略性新兴产业协同创新。

二、选择适当的合作伙伴进入战略性新兴产业联盟网络

战略性新兴产业联盟网络在选择合作伙伴时，要选择那些具有异质性、互补性和比较优势资源的企业进入战略性新兴产业联盟网络。当企业间无协同效应时，如果没有相应的制度和措施作保障，联盟网络中的企业不会主动把自己的知识贡献到网络中以供其他企业共享，反而希望获得其他企业溢出的知识，联盟网络中会产生"搭便车"行为。当存在协同效应时，知识资源水平和协同性是企业参与战略性新兴产业联盟网络知识共享的基础，也是战略性新兴产业联盟网络知识共享成功与否的关键要素。如果战略性新兴产业联盟网络中知识资源多，互补性强，在其他因素不变的前提下，企业所获得的协同效应将越大，企业在战略性新兴产业联盟网络中参与知识共享的意愿就更强。

三、提高战略性新兴产业企业协同创新的知识整合水平

协同创新的本质在于创新主体间的知识整合和创新。战略性新兴产业组织间的知识距离大，异质性程度高，再加上新兴技术的不确定性和环境的动态性，导致在协同创新过程中知识整合难度大。因此，在战略性新兴产业协同创新过程中，首先，注重构建战略性新兴产业协同创新整合平台，提升协同创新过程中的知识整合水平。该平台可以分为以科研院所和高等学校为核心的知识整合子平台、以战略性新兴产业关键技术或共性技术为核心的项目知识整合子平台和以战略性新兴产业企业为核心的知识整合子平台。这三个子平台内部和相互之间不断进行的知识流动、知识重构、协同交互，共同构成战略性新兴产业协同创新知识整合体系。其次，建立战略性新兴产业协同创新知识整合支撑体系和运行机制。知识整合支撑体系主要包括政府政策支持、科技中介服务、科技信息管理系统和风险评估体系等；知识整合运行机制是协同创新中知识整合得以顺利进行的保障，主要包括相互信任机制、互补相容机制和协同旋进机制等，机制的建立有利于促进协同创新主体更好地合作，推动相互间知识的整合和创造。最后，注重加

强战略性新兴产业协同创新主体知识整合能力的培养，重点提高创新主体的协同学习能力、系统化能力和协作化能力，促进其知识整合能力提升，进而提高战略性新兴产业协同创新绩效。

四、提升战略性新兴产业企业的知识吸收能力

知识吸收能力逐渐成为获取竞争优势的特质资源，它与知识的复杂性、企业学习能力和环境的动态性等因素相关。知识吸收能力可以分为绝对吸收能力和相对吸收能力，绝对吸收能力受企业知识存量、组织创新氛围、组织学习等内源性因素的影响，相对吸收能力受企业与外源联结因素的影响，如企业协同创新网络规模、网络强度及网络同质性等。战略性新兴产业企业应加强组织学习机制建设，提高组织学习能力和知识总量水平，重视企业研发管理，营造和培养组织创新氛围，促进企业知识绝对吸收能力的提高。同时，应注重加强企业和相关产业企业、高校或科研院所的联系，扩大企业网络规模，使企业容易接触和获取更多的外部性知识源，进而提升企业的相对吸收能力。总之，战略性新兴产业企业只有兼顾绝对吸收能力和相对吸收能力的培养，提高企业的整体吸收能力，才能更好地促进战略性新兴产业协同创新绩效的提升。

企业知识吸收能力与企业学习能力、知识复杂性、联盟网络结构和环境的动态性相关，企业知识吸收能力越强，所获得的学习收益就越多，越倾向于选择参与联盟网络知识共享。战略性新兴产业企业的技术知识普遍具有隐性知识的特点，联盟网络结构的复杂性与动态性会对企业间的知识互动产生较大的影响，最终影响联盟网络中企业的知识共享与吸收。当无协同效应时，企业间知识差异不能过大，否则会影响企业的知识吸收水平。同时，在战略性新兴产业联盟网络中，要构建与之匹配的联盟网络结构，制定适当的学习机制和激励机制，注重提高企业的知识吸收能力，增强企业参与知识共享的意愿。

五、提升战略性新兴产业技术创新联盟组织间知识共享水平

首先，组织间知识共享有利于协同创新绩效的提升。在战略性新兴产业领域，应注重构建好战略性新兴产业知识共享网络平台，实现组织间知识的有效共享。政府可以利用政策引导和资金支持，共同开发战略性新兴产业知识共享平

台，鼓励战略性新兴产业企业及相关组织把自身信息资源、技术资源和知识资源贡献到共享网络中来，积极参与知识共享。同时加大对知识信息系统的构建，发展"信息高速公路"，使企业能更好地通过平台共享到异质性资源。例如，作为国家重点战略性新兴产业基地的苏州工业园，根据清华紫光提供的知识共享解决方案，利用苏州欧索软件公司开发的 Bluten 知识共享平台（该平台主要由知识共享系统、数据分析系统和效率管理系统组成），实现了战略性新兴产业企业和园区内外的相关企业、高等院校及科研院所的知识共享、数据挖掘分析和整合，有效实现了组织间知识共享，从而有利于园区内战略性新兴产业协同创新的开展。

其次，建立有效的战略性新兴产业组织间知识共享模式和动态共享机制。由于不同组织的文化、发展需求不同会影响组织间知识的交流和沟通，所以建立符合各自需求的共享新模式和新机制，有利于组织间知识共享的进行。如以战略性新兴产业企业为核心，建立产业技术创新战略联盟，并在联盟内部建立若干个互动学习小组，定期或不定期交流彼此的有价值信息及技术研发进展，以更好地实现组织间互动、协同。另外，战略性新兴产业组织间共享行为也是动态变化的，需要建立和不断完善各种机制，激励战略性新兴产业企业进行协同创新，积极参与组织间知识共享，同时通过法律手段和限制性措施降低企业参与知识共享的风险，阻止"搭便车"行为的发生。

再次，提高战略性新兴产业联盟网络知识资源的共享度。由于知识资源具有嵌入性、默会性和公共品属性，所以网络中的知识体现出异质性、互补性和复杂性特征。知识越复杂，异质性越高，共享度越低。另外，企业间知识距离也影响知识资源共享度的大小，知识距离越小，共享度越高。而共享度与参与知识共享的企业所获得的收益正相关。因此，在战略性新兴产业联盟网络中，要根据战略性新兴产业的技术属性，采取适当的措施提升企业间知识的互补性、协同性及知识共享度，同时制定相应的机制激励联盟网络中知识共享度较高的企业参与知识共享。对于知识距离较大的企业，可通过适当的措施消除知识距离的差距。

最后，降低战略性新兴产业中参与知识共享的企业的风险损失。风险损失主要与战略性新兴产业联盟网络中企业的道德风险、知识复杂性以及环境不确定性相关。在战略性新兴产业联盟网络中,由于战略性新兴产业技术创新的特殊性,企业间知识互补性较强,相互之间协同创新的意愿高,企业通过知识共享能获取对自身发展有利的知识,并且通过合作和协同创新共同承担风险。战略性新兴产业联盟网络中企业因参与知识共享所付出的风险损失越小,企业越趋向于选择参与联盟网络的知识共享。

第七章 战略性新兴产业技术创新联盟运作机理研究

战略性新兴产业技术创新联盟是一项复杂的系统工程，需要建立长期、稳定的战略合作关系，才能共同解决战略性新兴产业发展中的共性技术和关键核心技术。但联盟运行发展的实践表明，我国的产业技术创新联盟难以形成战略性新兴产业技术创新链所需的长期持续的合作关系，运行过程中还存在许多不足。因此，需进一步探讨战略性新兴产业技术创新联盟运作的内在机理，促进联盟的稳定可持续发展。

第一节 战略性新兴产业技术创新联盟发展现状及问题分析

一、战略性新兴产业技术创新联盟发展概况

我国战略性新兴产业技术创新联盟主要是在战略性新兴产业领域中组建的产业技术创新战略联盟。自20世纪90年代以来，我国以技术协同创新为形式的战略联盟发展迅速，在高科技产业和国家重点产业领域等多个方面形成了不同层次的联盟，政府也给予了相应的引导和支持。特别是自2007年6月启动全国产业技术创新战略联盟试点工作以来，截至2014年，共有146家联盟参加了试点工作，这些联盟主要分布于高新技术产业和战略性新兴产业。根据科技部、教育部、财政部、国务院国资委等部门2008年发布的《关于推动产业技术创新联盟

构建与发展的实施办法》《关于推动产业技术创新联盟构建的指导意见》等相关文件，科技部结合其他地域联盟的进展情况首次进行试点工作，包括WAPI产业技术创新联盟、TD产业技术创新联盟、光纤接入（FTTX）产业技术创新联盟和闪联产业技术创新联盟等在内的36家试点联盟入围。2012年，在联盟自愿申请的基础上，经审核，科技部同意抗体药物产业技术创新联盟等39个联盟开展试点期为2年的产业技术创新联盟试点工作。2013年，根据《国务院办公厅关于强化企业技术创新主体地位全面提升企业创新能力的意见》（国办发〔2013〕8号）的文件精神，同意将节能减排标准化产业技术创新联盟等55家联盟作为第三批试点期为2年的国家产业技术创新战略试点联盟。2015年，工业和信息化部公布了2015年智能制造46个试点示范项目名单，涉及38个行业、21个地区。产业技术创新联盟此时涉及的区域范围和产业领域显著拓宽，包括新能源、新材料、生物制药工程、高端装备制造等战略性新兴产业。联盟各主体之间通过长期的产学研合作，实现了在技术创新链条上的联合开发、优势互补、利益共享、风险共担，并通过稳定和制度化的利益机制进行公平的成果分配。我国的产业技术联盟在满足国民经济和社会发展需求的基础上，重点解决社会经济发展中涉及全局性、行业性、跨地区的重大科技问题，通过落实技术创新体系，实现科技成果转化、关键核心技术和产业共性技术的研究开发与突破。

同时，为了更好地贯彻落实《"十三五"国家技术创新工程规划》，引导和推动产业技术创新战略联盟健康发展，加强对联盟发展方向的政策引导，近期，国家有关部门对联盟活跃度进行了评价。联盟活跃度评价主要从联盟年度总结和计划工作常规化、联盟组织机构活动的规范性、联盟组织盟员开展的协同创新活动、联盟面向行业的辐射活动、联盟示范宣传交流活动五个方面进行评价，评价活动在协助科技部了解联盟的实际情况、支撑联盟评估、为相关部门制定支持联盟的政策提供依据等方面发挥了重要作用，取得了良好的效果。《2015年度产业技术创新战略联盟活跃度评价报告》显示，在活跃度高的56家联盟中，55家承担了政府科技计划项目，55家自筹资金设立联盟科研项目，50家以联盟名义接受外部委托项目，全部56家联盟组织成员单位共同开展标准制定工作，49家联盟开展了多种形式的联盟成员专利共享活动，体现了联盟在协同创新方面强有力的组织作用。

《2016年度产业技术创新战略联盟活跃度评价报告》显示，有29家联盟活跃度高，占试点联盟总数的19.86%，活跃度较高的联盟大多能够在形成产业技术创新链、掌握产业核心技术、行业技术推广及服务、促进人才交流培养、媒体报道及社会评价五个方面积极开展工作。活跃度较高的联盟共23家，占参评联盟的23%，占试点联盟总数的15.75%，23家活跃度较高的联盟在形成产业技术创新链、媒体报道及社会评价方面明显不足；活跃度一般的联盟共30家，占参评联盟的30%，占试点联盟总数的20.54%；活跃度差的联盟共18家，占参评联盟的18%，占试点联盟总数的12.32%，活跃度低的联盟甚至基本没有开展这五方面的工作。

产业技术创新战略联盟作为产学研协同创新的新型组织形态，已成为实施国家创新驱动战略、建设我国技术创新体系、发展战略性新兴产业的重要载体。产业技术创新战略联盟改变了企业单打独斗、恶性竞争的局面，有效整合了创新资源，实现了产业链与创新链的有机结合。产业技术创新战略联盟对增强企业技术创新的主体地位，突破产业共性关键技术，实现科技资源有效分工与协作发挥了重要作用，对构建创新型国家具有战略意义。

二、战略性新兴产业技术创新联盟运行存在的问题

战略性新兴产业技术创新联盟能有效引导国家战略利益与产学研技术创新方向相结合。其中，战略性新兴产业技术创新联盟聚焦于产业内共性技术和关键核心技术的研发，促进战略性新兴产业技术成果转化，提升产业核心竞争力，这也是我国解决企业没有真正成为技术创新主体、产学研松散问题的重要举措。然而，联盟运行发展实践表明，由于战略性新兴产业技术创新联盟在我国仍是一个新生事物，在联盟运行过程中还存在许多不足，如联盟合作伙伴选择不合理、联盟主体战略合作深度不够、联盟运作机制不完善、联盟创新能力不足等问题。

1. 联盟合作伙伴选择不合理

面对日益复杂的技术创新活动，许多企业选择加入产业技术创新联盟，试图通过联盟成员的共同努力，在攻克产业关键共性技术、提升自身竞争优势等方面获得收益。罗炜（2001）等认为，我国企业加入联盟进行技术创新合作的动因主要分为研究开发动因、技术学习动因、市场拓展动因。赵峰（2010）等通过对联

盟合作伙伴的选择与联盟组建的博弈分析，认为只有当联盟预期收益大于当前的不结盟收益时企业才会进行联盟，而联盟预期收益标准、范围对于不同类型的联盟主体是不一致的。根据麦肯锡的调查，20世纪90年代以来，联盟失败率达到了40%以上。究其根源，战略伙伴选择不合理是组建失败的重要原因之一。当我国战略性新兴产业技术创新联盟由政府引导组建时，其主要目标是解决战略性新兴产业发展过程中的产业共性技术问题和关键核心技术难题。合作伙伴选择是联盟有效运行的基础，我国许多战略性新兴产业技术创新联盟在成员选择方面未能很好地关注战略性新兴产业链上的成员，尤其对进入联盟的关键成员所含有的知识和技术未能吸纳，使得联盟不能很好地发挥各自互补的优势，从而影响联盟整个技术创新链的有效运作和联盟的稳定性。

2. 联盟主体战略合作深度不够

战略性新兴产业技术创新联盟主要是在政府引导和市场需求拉动下形成的，联盟各主体追求的利益和价值不同，其加入联盟的目标也存在差异。企业短期化和单一化的技术创新需求与战略性新兴产业技术创新联盟长期的战略定位存在矛盾，使得战略性新兴产业技术创新联盟在产业技术层面的长远战略合作不够（谢科范，2013）。企业受到市场竞争的影响，倾向于达到技术创新的近期目标，使得我国产业技术创新联盟围绕战略性新兴产业的重大创新不多，大部分是以项目为载体的意向性合作，一般合作创新主要是针对不超过3~5年的技术问题，缺少长期合作创新的目标。部分联盟甚至是为了申报国家项目经费而构建的，联盟主体的合作仅限于项目层面，组建后管理不善，导致联盟运作处于松散状态，合作研发不够深入、系统，针对战略性新兴产业成套技术开发、技术开发路线所需的多元和复杂技术创新合作较少，面向产业长远发展的关键共性技术创新所需的跨学科、跨领域、跨行业的合作不足。

3. 联盟运作机制不完善

战略性新兴产业技术创新联盟作为国家技术创新体系的重要载体，对于促进战略性新兴产业协同创新、科技成果转化等具有重要作用。但实践表明，在联盟实际运行过程中，企业、高校和科研院所之间的合作一直都存在着价值观念不一致、合作目标冲突，以及信任机制、学习机制、协调机制和利益机制等运作机制不完善的问题，从而降低了联盟的运行效率，不利于战略性新兴产业技术创新联盟作用的充分发挥。

信任是战略性新兴产业技术创新联盟成员间建立合作关系的基础。在联盟实际运行中，联盟成员往往希望对方能毫无保留地合作，但又担心自己企业的核心机密遭泄露，使得企业自身竞争优势丧失，因而往往会从自身利益出发，采取一些保护和防范措施，在联盟中有保留地合作，从而影响联盟成员的信任程度。由于战略性新兴产业的新知识和新技术较多，知识产权开始并不特别明朗，所以战略性新兴产业技术创新联盟的学习机制必须在契约的约束和保障下进行。联盟成员之间往往存在一定程度的竞争关系，契约的不完备往往导致联盟内的学习难以有效进行。联盟成员利益和责任的协调也会影响联盟的有效运行。联盟中高校和科研院所进入联盟的动机主要是科学研究与科研成果，而企业参与技术创新的目的则是以市场需求为导向，以经济利益为主要目标。由于约束协调机制的不完善，联盟成员之间的利益和责任难以协调，即使达成共识，考虑到维护各自的竞争优势和企业利益，协调起来也存在一定困难。利益机制实际上是联盟主体在合作研发的基础上实现利益共享和分配的过程，联盟利益机制的运作主要是围绕利益的创造和分配展开。由于各联盟主体的目标不同，利益往往存在各种冲突，在联盟中需要通过契约形式来保障联盟的高效获利和公平分配，最大限度地降低联盟的利益冲突和道德风险。目前，我国有些战略性新兴产业技术创新联盟在运行过程中缺乏具有约束力的正式协议和契约，主体之间权责不清晰、监管不到位，内部组织环境松散等，创新主体在利益分配过程中的维权成本和技术转让风险高。产业技术创新联盟致力于开发共性技术和关键技术，技术资源的溢出效应越高，技术转让、专利保护、核心知识等存在的风险就越大。而我国针对联盟合作创新成果的知识产权体系还不完善，再加上相关知识成果转化的风险投资功能和机制比较薄弱，联盟主体存在重复获取利益的道德风险行为（王敏和银路，2008）。

4. 联盟创新能力不足

在战略性新兴产业技术创新联盟中，创新的主体主要包括战略性新兴产业企业、高校、科研院所，相关企业协助联盟的协同创新活动。虽然大学、科研院所承担了基础性技术创新任务，但现阶段在共性技术和关键核心技术创新方面的能力明显不足以支撑战略性新兴产业发展的现实需要。而且大学和科研院所创新能力的发挥与企业创新活动的活跃程度及研发经费的投入高度相关，企业对产业基础性共性技术创新的投入较少,导致联盟创新活动不够活跃,联盟协同创新能力不足。《2014~2016年度产业技术创新战略联盟活跃度评价报告》显示,活跃度高的联盟在协同创新方面的能力相对较强,这些联盟除了承担政府科技计划项目外,还积极根据所处产业的发展需求自筹资金设立科研项目,而且联盟组织成员单位还共同开展标准制定工作和多种形式的联盟成员专利共享活动;活跃度一般的联盟在组织成员自设科研项目、开展标准制定工作和专利共享活动方面则相对欠缺;活跃度较差的联盟表现在协同创新活动少,联盟自设研发项目明显不足,其中只有个别联盟开展一些协同创新活动。该评价报告还显示,联盟大多重视申请承担政府科研项目,往往忽视了联盟自设项目和外部委托项目的重要性。而联盟自设项目和外部委托项目往往体现了行业发展的市场需求,是联盟与市场对接的纽带和桥梁。另外,战略性新兴产业技术创新联盟主体间共同开展国家、地方、行业、联盟标准研究、制定和修订方面的工作不够,联盟在取得技术创新成果的同时,还应注重加快联盟标准的制定和发布。

第二节 战略性新兴产业技术创新联盟运作机理的 SNM 理论分析

近几年,我国战略性新兴产业技术创新联盟发展迅速,对于提升战略性新兴产业协同创新效率、突破战略性新兴产业发展过程中的共性技术和关键核心技术瓶颈起到了举足轻重的作用。但联盟运行发展的实践表明,我国的产业技术创新联盟难以形成战略性新兴产业技术创新链所需的长期持续的合作关系,运行过程中也存在许多不足。因此,需进一步探讨战略性新兴产业技术创新联盟运作的内在机理,促进联盟的稳定可持续发展。

20世纪90年代以来,生态位理论和技术创新理论交叉形成的战略生态位管理(Strateglc Niche Management,SNM)理论越来越受到学者的重视,并被广泛应用于技术创新研究领域中。该理论从技术体制变革、新兴产业发展和技术创新的内在机理出发,解释技术创新范式变迁和技术创新政策的分析问题,目前主要应用于新能源、生物医药和高端装备制造业等新兴产业研究中，解决了新兴产业技术创新和产业园区的创新管理问题。SNM 理论也为我们从一个全新的视角分析战略性新兴产业技术创新联盟的内在机理提供了新思路。

一、SNM 理论与战略性新兴产业技术创新联盟

战略生态位管理（SNM）理论是技术创新理论和生态位理论相结合而衍生出来的一种新兴管理理论。Schot、Kemp 和 Geels（2002）等基于技术生态位思想提出战略生态位管理（SNM）理论，并结合社会技术系统观点，从微观和宏观视角解释技术范式变迁、可持续发展且潜力大的新兴技术研发与应用、创新管理政策分析等问题，构建一个新的技术创新研究分析框架。Weber 和 Hoogma（1998）认为，SNM 理论是"为有前景的新技术和为新技术的学习创造一个实验平台，并有控制性地取消它，从而提高技术的扩散概率"。Geels F. W.（2012）利用 SNM 理论从微观、中观和宏观三个层面分析体制变革、技术创新和社会技术远景之间的相互关系与作用机理。李华军、张光宇和刘贻新（2012）运用 SNM 理论构建了战略性新兴产业创新系统的理论架构。在分析创新系统要素与作用机理的基础上，建立了战略性新兴产业创新系统及相关模型。他们提出应在创新系统中通过战略生态位空间的构建、优化和突变，使技术生态位成功过渡到市场生态位，突破"技术制度锁定"效应，实现产业变革。刘鹰（2013）利用 SNM 理论从宏观（国家意志契合）、中观（体制机制创新）和微观（四个功能模块）三个层面对新时期国家高新区的发展进行了分析，并探究了国家高新区战略生态位空间的运作机理。

战略性新兴产业的培育和发展涉及技术创新、产业变革乃至社会技术体制的变革，单纯的技术创新或者市场培育都无法有效实现。SNM 理论的核心思想就是为新兴技术构建受保护的战略生态位空间，利用战略生态位空间内的网络化运作、试验与学习，对新兴技术进行选择、研发、培育和孵化，最终成功实现新兴技术产业化。基于 SNM 理论的研究视角，战略性新兴产业技术创新联盟其实就是一个战略生态位空间，在该空间内，各创新主体相互协同、协作研发，共同攻克战略性新兴产业发展过程中的共性技术和核心技术。因此，SNM 理论为我们从一个全新的视角分析战略性新兴产业技术创新联盟的内在机理提供了新思路。

基于战略生态位管理理论的分析范式和分析视角，探究战略性新兴产业技术创新联盟创新主体的技术生态位态势互动关系和联盟运作机理，对于我们深刻认识创新联盟在协同创新过程中的作用具有重要意义，有利于企业或政府职能部门加强对产业技术创新联盟运作的指导，提升战略性新兴产业的协同创新绩效。

二、战略性新兴产业技术创新联盟技术生态位网络关系

SNM 理论认为，社会主体间网络的形成是产生技术生态位的重要环节，技术生态位网络可以看作是使信息、技术、知识等创新资源可以流动的一系列联系的组合（Caniels M. C.和 Romijn H. A.，2008）。战略性新兴产业技术创新联盟作为满足国家或区域重点战略性新兴产业发展需求的协同创新网络，在其技术生态位网络中，战略性新兴产业内的核心企业、科研机构、高等院校、相关产业企业和科技中介组织等是网络创新行为主体，各创新行为主体在联盟技术生态位网络中依据自己的资源和优势占据重要的生态位，通过组织学习、技术交流、R&D 协议、项目研究等形式建立起关系，构成战略性新兴产业技术创新系统的核心部分（见图 7-1）。

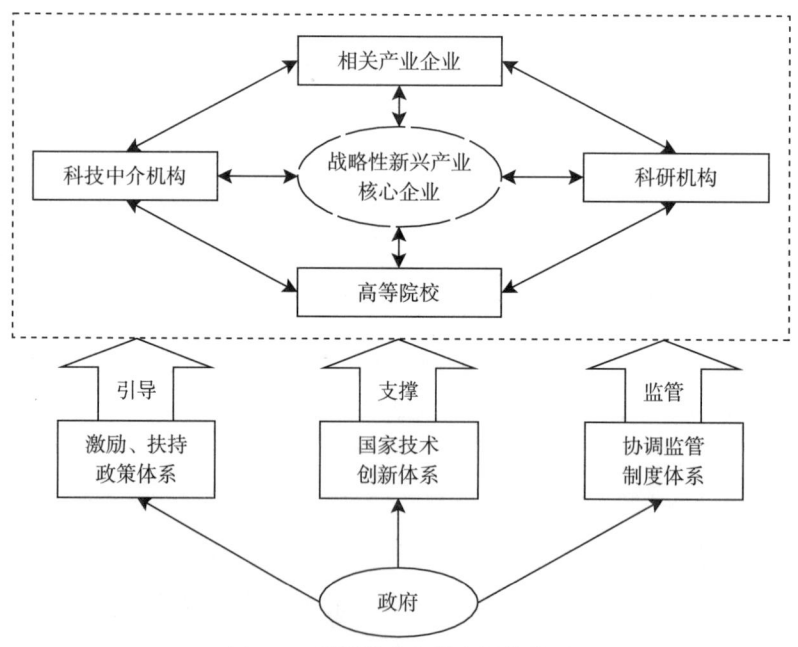

图 7-1 联盟技术生态位网络关系

在联盟技术生态位网络中，战略性新兴产业主导企业处于核心位置，负责网络的整体运行，协调网络成员参与技术创新，是创新资源的主要提供者，并且与网络内科研机构、高等院校、相关产业企业等其他创新主体参与战略性新兴产业共性技术和关键技术的标准制定、新兴技术研发，负责技术创新成果推广和落实新兴技术产业化战略。科研机构和高等院校是创新知识、技术、创新人才等创新资源的主要拥有者，研发能力强，在战略性新兴产业技术生态位网络协同创新过程中能发挥人才培养和研发优势。政府和科技中介机构在技术生态位网络中占据次要位置，不直接参与网络的具体创新活动，但作为环境主体，政府在战略性新兴产业技术生态位网络中主要发挥引导、协调、监督和政策支持作用，创造合适的技术创新环境。科技中介机构在技术生态位网络中扮演技术咨询、科技评估、管理咨询、信息服务等角色。总之，联盟各行为主体在战略性新兴产业技术生态位网络中依据自身的资源和优势占据特定的生态位，并通过知识、技术等资源共享和多维主体协同互动，最终实现战略性新兴产业的协同创新。

三、战略性新兴产业技术创新联盟技术生态位态势互动机制

个体生态位在生态系统中具有"态"和"势"两方面的属性，"态"表示个体状态，是个体以往学习、成长以及与社会经济环境相互作用累积的结果；"势"表示个体对现实环境的支配力与影响力（朱春全，1997）。社会主体间构成的网络关系是技术生态位态势机制的重要组成部分，网络中的强连接更易进行信息、知识和技术的交流与学习，创新绩效更高（孙冰、袭希和余浩，2013）。Lopolito（2011）针对新技术案例研究，把嵌入网络中的技术生态位态势机制分为愿景机制、力量机制和知识机制，这三种机制与网络形成一种嵌入式的相互作用关系，是成功研发、孵化新技术的重要因素。借鉴生态位态势理论观点，结合 Lopolito（2011）对技术生态位的研究，下面将分析战略性新兴产业技术创新联盟技术生态位态势机制的发展情况。

在创新联盟中，愿景机制描述联盟中各行为主体形成技术生态位态势的基本意愿。考虑到新兴技术的复杂性和不确定性，各行为主体在技术生态位开发过程中的意愿是形成该技术生态位的关键要素。通过国家政策引导和技术需求拉动，企业、科研机构和高等院校等组织具有较强的合作意愿。战略性新兴产业技术创

新联盟中，核心企业应根据其在联盟的地位和影响，通过与其他行为主体的相互作用、沟通和实践，形成联盟的共同愿景。力量机制是联盟中相关行为主体参与研发所获得的可支配资源的水平，它描述了联盟对技术生态位态势形成控制力的大小。由于联盟中各行为主体不可能单独拥有战略性新兴产业技术创新所需的全部资源，因此，在联盟生态位网络中各创新行为主体需通过共享资源、相互协同，共同提高联盟的技术生态位态势。联盟技术生态位态势的力量机制还体现在联盟是否有控制力或有协同效应来吸引或留住各行为主体，并给整个技术生态位网络带来溢出价值。知识机制的提出源于技术生态位研究中的学习过程，联盟中各创新主体利用联盟中的网络关系构建技术生态位，通过联盟知识共享机制和学习机制相互学习、交流，共享知识和创新资源，进而产生更多新技术、新知识，从而提升联盟协同创新绩效和运作效率，使整个联盟趋向稳定和成熟。

第三节　战略性新兴产业技术创新联盟运作策略

基于 SNM 理论视角，战略性新兴产业技术创新联盟是一个体现国家发展目标，以技术创新为核心的战略生态位空间，是由"技术—社会体制—社会环境"组成的社会网络。下面运用 SNM 理论，从宏观、中观和微观三个层面对战略性新兴产业技术创新联盟的运作提出相应策略。

一、在宏观层面，战略性新兴产业技术创新联盟的发展愿景要与国家创新战略相匹配

战略性新兴产业具有引导科技进步的能力，对我国经济发展具有驱动和导向作用。战略性新兴产业共性技术和核心技术的协同创新需要国家层面的战略谋划。因此，战略性新兴产业技术创新联盟的愿景需以国家或区域战略性新兴产业的技术创新需求为导向，充分体现国家宏观战略意图和战略要求，强调由政府或相关职能部门引导战略性新兴产业技术创新联盟的发展。国外发达国家的发展经验也证明了这一观点。在美国，为促进产业技术进步，提高美国产业的竞争力，

在坚持市场驱动的前提下，美国政府从法律、计划制订及实施、资金等方面对产业技术创新联盟给予支持，通过制定《技术创新法》《国家合作研究法》《标准发展机构促进法》等法律法规来规范和引导产业技术创新联盟的运作和发展。近几年，我国在高端装备制造业、生物和新医药、节能环保、新材料、新一代信息技术等战略性新兴产业领域成立了100多家产业技术创新联盟，并围绕战略性新兴产业技术创新链积极开展协同创新，成为推动我国战略性新兴产业发展的重要模式。

因此，政府应坚持以市场为导向，在相关职能部门的配合下，整合区域内现有的战略性新兴企业、相关产业企业及科研机构和高等院校，合理配置和优化资源，开展协同创新。应成立领导小组协调涉及战略性新兴产业技术创新的各环节和相关职能部门，加强对战略性新兴产业技术创新联盟运行过程的宏观管理。政府通过参与联盟的研究开发计划，引导联盟成员协商制订研发计划，并成立专家委员会，对联盟组织研发的战略性新兴产业共性技术和关键核心技术标准进行把关，从而通过联盟实现政府的国家目标。联盟通过战略生态位的构建与运作，使联盟创新战略与国家战略性新兴产业发展战略相结合。当出现重大技术发展需求时，政府应利用市场宏观调控和社会职能手段进行招标，引导其他产业界和学研机构的加入，扩大技术创新联盟网络的覆盖范围和知识资源存量，形成政府主导型技术创新联盟，运用政策效应引导联盟内部建立完善的利益分配体制和具有法律效力的约束体系，从而维护联盟的稳定，实现长期发展。

二、在中观层面，探索满足战略性新兴产业协同创新要求的科技服务管理体制和联盟运作机制

科技协同创新的生命力来自体制机制创新。2015年3月，我国发布《中共中央 国务院关于深化体制机制改革实施创新驱动发展战略的若干意见》，标志着我国科技体制改革正在向科技与创新体制的系统化改革发展。在经济新常态下，政府应坚持以市场导向、创新至上、服务为本的原则，正确处理好政府与协同创新体、政府与市场的关系，建立以企业为主导的产业技术创新的体制机制。政府应注重对科技计划的宏观管理，发挥政府的引导作用，减少对微观市场的干预，发挥市场对科技资源配置的决定性作用（王宏伟和李平，2015）。另外，构建涵

盖人才吸引、科技融资、知识产权保护、技术产权交易和信用体系建设等的市场化、多层次开放共享的协同创新科技服务平台。在该平台上，不同战略性新兴产业技术创新联盟之间、创新联盟内部不同行为主体之间以及创新联盟与环境之间能够实现跨组织的异质性资源共享、信息互通和全面协同。

建立好适合战略性新兴产业协同创新的联盟运作机制。网络化协同创新是把创新看成各种创新要素互动、整合、协同的动态过程。战略性新兴产业技术创新联盟应以生态位为主，在政府引导下，突破传统社会技术制度的锁定效应，将涉及战略性新兴产业技术创新的各创新要素进行整合、互动和协同，构建战略性新兴产业协同创新的宏观路径。另外，进入联盟内的各创新主体都对新兴技术有很高的愿景，并能积极参与新兴技术研发与培育。根据 SNM 理论思想，战略性新兴产业技术创新联盟中的核心组织应注重联盟机制的建立和完善，如加强战略性新兴产业创新联盟知识机制和力量机制建设，增强联盟网络对技术生态位态势的控制作用，发挥联盟内核心组织的作用，吸引更多的资源进入技术生态位网络中，使联盟网络内的创新资源具有多样性和互补性。各创新主体在互动中形成相互学习的机制，充分利用联盟技术生态位网络知识、技术等创新资源，促进联盟内创新资源在各创新主体间的流动和良性循环，从而实现产业链关键环节上的突破，带动战略性新兴产业快速发展。

三、在微观层面，打造好适合战略性新兴产业技术研发、培育的功能模块

战略性新兴产业技术创新联盟其实是一个新兴技术研发、孵化、成长直至产业化的战略生态位空间，在联盟内，每一种技术形态都占据一个技术生态位。从微观视角看，根据技术创新价值链的划分，该战略生态位可以划分为三个模块空间：研发模块、孵化模块和产业功能模块。在政府的引导和推动下，围绕战略性新兴产业共性技术和关键核心技术，通过整合创新联盟内科研机构、高校和企业等创新主体的创新资源，在联盟内形成一个开放、互动、协同的研发功能模块空间。如当经济环境稳定，出现长期性的技术需求时，高等院校和科研机构主动与企业形成联盟创新网络，收集、整理和分析企业内部信息资料，进行深入研究整合，达到整合和优化配置技术创新资源的目的。新兴技术的复杂性和不确定性程

度较高，一开始难以很快让市场完全接受。因此，在把战略性新兴产业新技术推向市场前，需要构建好一个新技术孵化空间，新技术在特定"生态位"区域内能得到很好的培育，并逐渐形成利基市场。如果培育良好，新技术逐步成熟，其商业价值逐渐显现出来后，新技术将在异质市场找到合适的生态位，并通过市场渗透在充分竞争的市场中确立自己的细分市场。最后，政府围绕战略性新兴产业新技术的产业化环节，通过产业规划和产业布局，构建以核心企业为主体，其他创新行为主体为支撑，集研发、孵化、制造及服务等功能于一体的产业空间，有利于产业新技术的培育和发展。

第八章 战略性新兴产业技术创新联盟发展的支持政策研究

战略性新兴产业具有促进产业结构转换和引导科技进步的能力，而产业技术创新联盟是产业协同创新、产业培育发展的重要途径。因此，构建战略性新兴产业技术创新联盟对于发展战略性新兴产业、促进国民经济的可持续发展具有重要作用。但目前战略性新兴产业技术创新联盟在我国还处于初级发展阶段，仅仅依靠市场力量是不够的，需要充分发挥政府宏观规划、引导和政策激励的作用。政府应结合市场"无形之手"，依据各地区域优势和战略性新兴产业发展情况，加强资源整合，培育一批布局合理、优势突出、特色鲜明的战略性新兴产业技术创新联盟，促进战略性新兴产业跨越式发展。

第一节 政府支持战略性新兴产业技术创新联盟的必要性

一、正确引导战略性新兴产业技术创新联盟的协同创新战略方向

战略性新兴产业技术创新联盟强调由政府或政府相关职能部门引导组建，并且借助政府的财政、金融、政策和资源支持，促进联盟内创新资源和创新要素的合理流动与优化配置，实现战略性新兴产业的新跨越。发达国家的成功经验表明，政府引导和支持是新兴产业顺利进行协同创新的重要保障。如美国政府通过制定国家产业创新战略，完善技术创新支持平台，加强产业的协同创新，鼓励各

创新主体注重技术突破，实现战略性新兴产业突破性创新或跨越式创新。日本政府则强调政府政策的引导作用，通过制定协同创新战略和指导性计划来引导新兴产业的协同创新活动。战略性新兴产业技术创新联盟不同于传统产业技术创新联盟，其发展主要依靠创新驱动。但在我国，目前以传统产业为主的战略性新兴产业技术创新联盟合作创新平台与战略性新兴产业的创新特点存在诸多不适应，没有形成有效的协同创新平台，阻碍了战略性新兴产业共性技术和关键核心技术的协同创新。协同创新平台有利于创新知识在技术创新联盟内的传播，是我国实施创新驱动战略、促进战略性新兴产业技术创新联盟协同创新的关键。如北京经济开发区通过创建云计算新兴产业基地研发平台，吸引了云计算产业链上下游多家企业，形成了产业关联度高、辐射能力强的云计算产业技术创新联盟，带动了云计算产业的创新发展。

政府支持有利于促进战略性新兴产业创新驱动式发展，使战略性新兴产业技术创新联盟的协同创新更容易进行。我国政府致力于以创新、壮大、引领为核心，紧密结合"中国制造2025"的战略，坚持走创新驱动发展道路，促进一批新兴领域发展壮大，持续引领产业中高端发展和经济社会高质量发展。政府从国家经济发展的战略层面制定战略性新兴产业技术发展规划，描绘战略性新兴产业技术路线图，建立灵活的、多元化的战略性新兴产业协同创新平台，明确各领域重点突破的产业关键核心技术，促使战略性新兴产业技术创新联盟内各创新主体对技术的认同，有效引导战略性新兴产业技术创新联盟结合联盟成员的短期目标指导联盟制定长期目标，从而更好地研究联盟内部的产业关键技术或共性技术，实现战略性新兴产业协同创新。

二、有力保障战略性新兴产业技术创新联盟的稳定运行

战略性新兴产业是以新兴技术和新兴产业融合为基础的先导产业，其中跨学科、跨组织、跨领域的知识较多，创新活动和资源更具复杂化与不确定性，容易使企业存在独立创新，而政府的支持和约束能减少该行为的产生。政府应利用职能调控社会资源，对联盟主体的不正当行为进行管理和控制，为战略性新兴产业实现技术突破和创新提供条件，同时地方政府根据各区域的资源、技术、产业发展现状制定相关资金和技术创新政策，构建有效的协调沟通制度体系，提高成员

间的信任程度，增加和优化知识资源的转移路径。另外，政府应通过资金补助政策、提供其他外部资源来打破合作的困境，更加有效地促进合作创新的开展，推动合作创新进入良性循环的轨道（邱晓燕和张赤东，2011）。

战略性新兴产业技术创新联盟各主体之间存在信息不对称和文化不相容的问题，政府应利用社会职能和市场手段加强主体交流，减少因文化不相容带来的利益冲突和价值观冲突。如在合作伙伴选择环节，政府利用互联网、信息咨询平台或者其他媒介将收集到的信息数据提供给联盟主体，使主体能及时准确地了解到其他伙伴的信息和优势，减少在选择过程中的交易和沟通成本。在联盟后期的运行过程中，政府应鼓励金融和投资机构、科研机构的参与，实现技术突破和产业结构调整。

三、有效降低战略性新兴产业技术创新联盟的运行风险和运行成本

我国战略性新兴产业存在技术知识缺乏、资源拥有量少、研发能力低等问题，未形成一套明晰的技术标准和相对成熟的产业体系，产业技术复杂性和不确定性直接影响企业在新兴市场的竞争优势。由于消费者对新产品的接受过程比较漫长，技术的不确定加剧了产品在市场中的不确定因素。政府应通过加强基础研究，为企业提供技术范式和借鉴，推动联盟主体适应新兴市场中的动态性要求。除了由技术、市场不确定性带来的技术风险和绩效风险外，联盟主体间还存在信任风险、知识产权风险等。联盟主体在技术创新战略联盟中长期处于博弈状态，基于文化、目标、管理不兼容等因素，企业会产生不信任行为，如机会主义行为、专利技术窃取行为、知识侵权行为等。政府根据产业技术发展规律制定灵活有效的利益分配制度和知识产权保护体系，使各主体明确权责、遵守规定，并利用社会监督和管理职能对造成风险的利益主体进行相对应的惩罚，可以保障联盟网络的持续有效运行，降低联盟的运行风险。

战略性新兴产业企业的技术投入和自身的经济资本实力成正比，如果自身的资本、资源不足，将导致企业技术进步缓慢，则企业很难实现转型和升级。除了在研发投入环节上存在资金不足外，企业在发展中也会面临其他市场活动的资金障碍，这些资金障碍会增加其他联盟主体的交易成本和间接成本。政府应通过制定相关激励政策、提供资金补助、降低税收、降低银行贷款利率和以其他融资方

式介入战略性新兴产业技术创新联盟，减少联盟企业研发的边际成本。资金充足能激发联盟成员的技术创新，积极诱导联盟成员企业加大研发资源投入的力度，从而提高企业运作效率，降低交易成本，增加共享收益（胡苏，2016）。同时政府应以第三方的角色介入，利用系统的信息资源库和高可信度，协调联盟主体之间的矛盾，加强联盟主体的沟通与合作，减少联盟形成阶段的企业成本支出。

第二节　国外产业技术创新联盟发展经验分析

一、美国产业技术创新联盟发展及经验分析

1. 美国产业技术创新联盟源起及发展历程

美国的产业技术创新联盟有着较长的发展历史和比较成熟的发展模式，其已经成为美国政府促进产业创新的重要途径。1862年《莫雷尔法案》的颁布以及1906年产生的辛辛那提合作教育模式是美国产业技术创新联盟合作的开端，其中主要集中在半导体和电子行业。早期的半导体联盟（SEMATECH）由高通公司发起，是整合了包括政府、设备制造商、运营商、国际市场等资源在内的各个领域形成的CDMA产业技术创新联盟（王塘，2012）。

20世纪中叶，美国形成了一批以大学为中心的高技术密集区，如斯坦福研究院、硅谷等。80年代后，科技工业园区的建设得到高速发展，到目前为止，美国已建成科技工业园区超过150个。除了建工业园外，美国许多大学也与企业、其他科研机构合作创办产业技术创新联盟合作联合体，如科技研发中心等。同期，美国通过《技术创新法》《国家合作研究法案》和《国家合作研究和生产法案》，促进产学研合作研究。1985~1996年，美国共成立了609个创新联盟，平均每年50个，大都集中在生物技术、信息技术、新材料技术、化学领域（卫之奇，2009；殷群，2012）。到2003年，新建立的战略联盟数量达到5789个，其中技术研发型联盟超过50%（区章娥，2015）。项目资金分配政策也由初创期的

集体决定、大片分配、长远安排转变为落实到某个企业资助某个项目的点对点项目投资上（望俊成，2012）。21世纪以来，美国国家信息技术科研计划、国家纳米技术行动（NNI）以及自由车计划（FREEDOM CAR）等的制订和实施，进一步拓展了21世纪产业技术创新联盟的合作领域。

2. 美国产业技术创新联盟的运行模式

随着技术的不断进步，经济实力的增强，美国的技术创新联盟步入成熟稳定状态，组织模式呈现多样化、多层次的特点，其中较具影响力的是政府引导型联盟模式、工程研究中心联想盟模式（ERC）和产学研合作研究中心联盟模式（卫之奇，2009）。

（1）政府引导型联盟模式。美国政府对技术创新联盟主要体现在调整法律、资金经费补助、参与计划制订及实施上。如1984年，《国家合作研究法案》规定产业技术创新联盟只能进行合作研究开发，而不能进行合作研究生产，但在1993年，国会修订了《国家合作研究法案》，形成了《国家合作研究和生产法案》，规定联盟也可以进行合作生产。同时联邦规定联盟活动只有在不损害公共利益、国家安全的前提下才能对联盟提供经费补助，表明了技术创新联盟不仅是为了生产知识，也是培养高科技顶尖人才的组织方式（殷群，2012；王塘，2012）。

政府协调产业技术创新联盟的目标与国家产业目标达成一致，引导技术创新联盟成员与企业协同制订具体的研究开发计划和时间表，推动联盟主体加强沟通，使主体在不同的意见上达成共识。如美国的新一代能源汽车合作伙伴计划（PNGV），该计划涵盖商务、能源等八个权威部门，由美国副总统直接管辖，不仅发挥了社会的经营性资源和战略性资源优势，而且强化了国家技术发展目标与联盟目标的一致性（区章嫦，2015；王塘，2012）。

（2）工程研究中心联盟模式（ERC）。工程研究中心联盟模式（ERC）主要是指企业同高等院校之间的项目合作和技术课题研究，突出了大学与企业间的合作关系。例如，1985年起美国国家科学基金会（NSF）在麻省理工学院、斯坦福大学等具有较高影响力和科研实力的研究型大学建立了工程研究中心（ERC）。ERC重点关注大型工程科学研究领域间的跨学科课题研究，中心研究内容不限于某一技术领域或技术应用，而是涉及制造、生产等各环节的整个过程系统研究。ERC的组织管理模式比较灵活，不同的高校和科研机构的组织架构与管理方式也各不同。此外，新型工程人才的培养也是工程研究中心的重要任务，通过开展多学科综合教育、开设继续工程教育等形式，培养知识与实践技能兼备的优秀工程师（卫之奇，2009；殷群，2012）。

（3）产学研合作研究中心联盟模式（IUCRC）。产学研合作研究中心（IU-CRC）是根据企业要求开展课题研究，旨在加强企业与高等院校和科研院所之间的联系以及解决产业内的共性技术问题。IUCRC 在组织结构上比较独立，并不依附于企业或高等院校。组织形式上主要分为单对多的合作形式（由一所高等院校与多个企业联合形成）、多对多的合作形式（多个大学与多个企业间的联合研究）、计划合同的合作方式（IUCRC 与产学方签订共同的合作协议）三种模式（区章嫦，2015）。

3. 美国产业技术创新联盟发展经验

（1）政府的科学引导和大力支持。美国政府支持产业技术创新联盟主要是从法律上给予保障和支持。美国产业技术创新联盟的发展一直受《反垄断法》的制约，为跨越这个法律障碍，更好地促进产业技术创新联盟发展，1984 年美国国会通过了《国家合作研究法案》。该法案降低了企业开展合作研究开发的法律门槛，为产业技术创新联盟的发展奠定了基础。1993 年，美国国会在旧合作法案的基础上增添了合作生产方面的章节内容，形成了《国家合作研究和生产法案》，依照该法案，产业技术创新联盟的合作研究领域扩展到研发以外的生产制造环节。这一法律的修改，使产业技术创新联盟的发展进入快速轨道。

在具体实践中，美国政府一般是在企业有了需要、初步设想和规划后，再对创新联盟的组建以及随后的工作提供相应的引导和支持，主要通过发挥经济职能和开展技术指导促进企业的技术创新与突破，政府与企业定位清晰，产业技术创新联盟能否发挥作用在很大程度上取决于其研究开发计划和所处产业的具体情况。联盟大多是由企业自行发起、组织规划，通过政府加强成员之间的沟通，增强互信程度，协助制订研发时间计划，营造宽松开放的外部环境和紧密互信的内部环境。联盟中强调在合作运行中政府起着推动引导的作用，而不是代替行为主体。美国政府通过引导，发挥策源地城市科研人才密集、学科齐全、国际交流频繁等优势，积极建设一流的高等院校和科研机构，强化重点领域基础研究，大力促进新兴学科、交叉学科发展，支持建设新兴交叉学科研究中心，推进信息、生命、医疗、能源等领域原创性、颠覆性、支撑性技术开发，推动产业技术创新联盟发展。

（2）高强度的研发投入。产业技术创新联盟的发展前期确实需要得到政府在资金、技术、服务、国际合作等方面的大力支持。美国政府根据产业技术创新联盟开发是否涉及公共利益、是否涉及国家安全、是否能培养顶尖人才等因素决定是否向联盟提供经费资助，以弥补其研究开发活动投入的不足。20世纪80年代以来，美国的R&D投入占国内生产总值的2.3%以上，2002年为2900亿美元，占GDP的2.79%，2009年R&D投入达到4000亿美元，一直居世界之首（殷群，2015）。除了美国政府的研发补助外，风险资本家的投资也是产业技术创新联盟的重要资金来源。风险资金降低了运行管理中的成本和风险，保证了联盟成员的利益，加速了科技成果的商业性转化，如美国硅谷的成功经验。

（3）完善的知识产权体制。在联盟构建初期，通常倾向于选择资源互补性较强、具有关键技术的战略合作伙伴，美国联盟成员在明确联盟的具体目标的基础上，衡量实际效益和投入的可行性，通过建立具有法律保障的风险利益补偿机制以及明确的知识产权归属机制，保证了联盟具体运行时的实际操作性，加强了联盟主体的构建和交流，实现了公平高效的分配，如在创新联盟中比较成功的半导体制造技术研究联合体。

4. 美国产业技术创新联盟典型案例：半导体制造技术研究联合体（SEMATECH）[①]

美国的SEMATECH被认为是政府—企业合作的产业技术创新联盟的成功典范。1976年，日本由五家主要的半导体公司组成超大规模集成电路，占据了在半导体制造工艺与设计上的优势。为了提高技术竞争力，美国政府仿效日本组织大规模集成电路技术合作研究，成立了"半导体制造技术研究联合体"（SEMATECH）。该项目的宗旨是整合分享各企业的资金资源，分担研究开发的技术和财务风险，提升美国半导体制造技术，对抗日本在存储器领域的优势，重新夺回美国在半导体市场的份额，发挥半导体行业的溢出效应和对经济的巨大影响。

协同创新体系仅仅运作了四年，美国的半导体设备就在国际市场份额中占了

[①] 本案例根据胡冬云（2010）、殷群（2012）等的文献整理改编而成。

46.7%，重新成为了全球第一，对当时美国的半导体行业和企业技术竞争力产生了巨大的影响。2001年美国的半导体销售额达到720亿美元，拥有美国51%的市场占有率，到2005年，增加到1100亿美元，拥有美国48%的市场份额。在当时的环境下，美国的SEMATECH取得如此成功的原因可以归纳为以下几个方面：

（1）政府的大力支持。该组织由产业界主导，参与主体提供一半的研发经费，另一半由政府投入，通过法案授权国防部长（1988年改为国防部先进研究计划署，简称DARPA）代表政府参与联盟，通过国防部提供每年1亿美元的经费支持。政府在支持SEMATECH的同时，不排挤和忽视其他的技术创新活动，不取代政府资助的其他项目和研究计划。在提供经费支持的同时，引导参与主体制定技术路线图、规划图和时间计划表，协调相关企业和其他主体的联系，营造良好的政策和市场环境。随着SEMATECH运行的稳定，政府的资助逐渐减少，1996年SEMATECH联合体正式推出，政府选择退出，为企业的自主创新提供了更广阔的发展平台（胡冬云，2010）。

（2）明确的战略定位。明确的战略定位不仅确保了联盟具体运行时的可操作性，也加强了联盟各方的信任和合作交流。SEMATECH产业技术创新联盟的战略定位是重点关注半导体产业发展的共性技术的研发和创新。研究的核心目标是解决半导体产品设备的制造和改进过程、评价改善控制等技术平台方面的问题，而产品开发、制造和销售等具体内容交由联盟企业自行处理，这样联盟既保持企业的共性技术能力和竞争优势，也不会威胁到SEMATECH内企业的核心技术产权问题，使得成员企业能保持自身所具备的核心竞争力。

（3）灵活的组织结构。SEMATECH在资本投入方面，采取国防高级研究署和成员平摊研究经费的方式，充分发挥联邦政府的作用。在内部管理方面，SEMATECH成立了一个部门进行统一集中管理，其中内部管理机构和工作人员均来自参与主体企业内部本身。在技术研发方面，具体项目的开发管理和技术研究由中心实验室统一负责，其中60%的技术人员来自成员企业内部本身，企业主体派遣高级技术主管参与联盟计划的制订及技术预见研发，通过权威的技术专家的参与使技术研发的薄弱环节和关键技术能够根据实际发展要求进行技术创新，同时也能根据市场和行业动态及时调整，有效迅速地实现了科技成果商业性的转化。对于研发问题也能最快地制定出可行的解决方案（胡冬云，2010；王塘，2012）。

SEMETECH 联盟强调制造商与设备供应商之间的"垂直合作",注重与外部企业和相关组织的合作,如半导体研究公司,同时派遣专员在 SEMATECH 制造中心的专职岗位上开展合作研究工作,充分整合和利用内外部资源(区章嫦,2015),如图 8-1 所示。

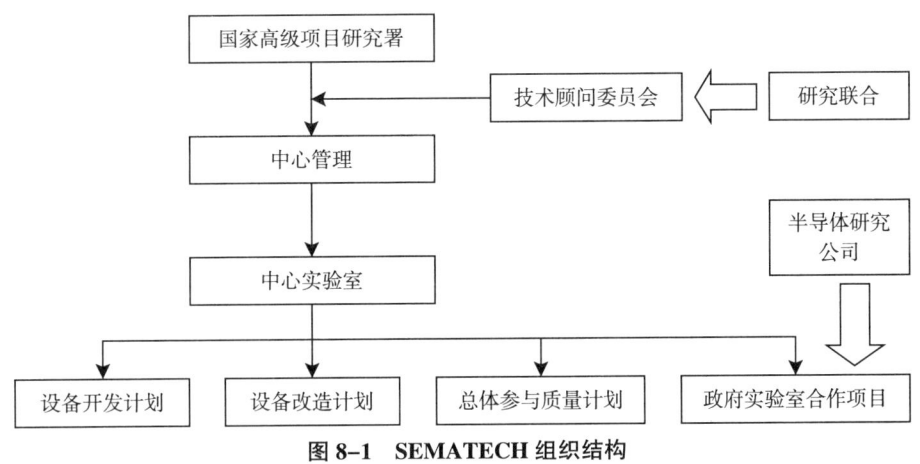

图 8-1　SEMATECH 组织结构

(4) 合理有效的联盟运作机制。美国政府的大量研发投入使得 SEMATECH 联盟能顺利开展半导体共性技术研发和关注半导体中长期技术应用性领域。同时,联盟运营经费的主要来源是成员企业和政府平摊费用,每年各投入约 1 亿元。其中,企业每年以当年半导体利润的 1% 向联盟缴付合作费用,同时对单个企业缴纳上下限总额也有明确规定,有效防止了"搭便车"现象,调动了联盟成员的研发积极性。在知识产权保护方面,起初 SEMATECH 联盟制定了对成员利益具有较强保护性的知识产权使用规定,但联盟在运行了一段时间后改变了这一具有一定独占性的规定,允许所有的美国公司通过一定的技术转让等可以第一时间使用最新技术。为促进联盟的研发和交流、加速新技术和成果的转移与扩散,SEMATECH 每年组织几百场由企业、高校、实验室的各级技术人员和管理专家参与的研讨会,会议重点聚焦半导体制造技术开发的共性基础性技术方面以及分工协作方面遇到的难题,在一定程度上促进了半导体新技术的扩散和成果转移。

二、日本产业技术创新联盟发展及经验分析

1. 日本产业技术创新联盟的发展历程

"二战"后日本经济实力大大削弱，科技投入经费严重不足，国际市场竞争激烈，给日本带来了巨大的竞争压力。为了避免国际市场影响国内市场的发展和引起社会动荡，提高在国际市场的竞争实力，日本政府意识到了技术联合研究的重要性。日本政府通过颁布政策来引导推动官、产、学、研四位一体的创新联盟模式的形成，加深成员间的合作，有机整合资源，共同攻克技术难关，因此形成了产业技术创新联盟。1961年政府通过颁布《工矿业技术研究组合法》，鼓励日本民营企业以协作合作的方式构建技术研究组合（协作组织），积极开展国家重大产业技术项目中共性及关键技术的研制和开发活动。与此同时，日本政府还出台了一系列税收财政等方面的优惠及援助政策，配合研究组合法的推广和实施（薛春志，2010）。早在20世纪60年代，日本就已经通过签订合作契约等方式进行共同技术研发，但由于是民间市场自身组织的活动形式，缺乏相应的法律制度约束和具有法律效应的正式研究组织，政府很多扶持政策无法实行，因此政府开始引进英国的RA制度，发展并形成了独具特色的日本技术研究组合制度。

20世纪90年代，随着日本泡沫经济的破灭，面对美国在引导全球新一轮信息革命中取得的巨大成功，日本政府意识到国家知识创新系统和技术创新系统互动的重要性。1995年，日本政府颁布了《科学技术基本法》，正式提出"科学技术创造立国"战略。产学研合作在实践过程中能够创造包括经济利益、政治利益和文化利益在内的整体利益。因而，产学研合作作为摆脱经济不景气的重要手段受到日本政府的高度重视，推进产学研合作的发展成为日本政府一项重要的政策课题。结合新的经济、科技竞争态势，在《科学技术基本法》的指引下，日本出台了一系列促进产学研合作的政策与法律，产学研合作进入快速增长阶段。1996年，在日本政府制订的第一期"科学技术基本计划"中首次提出产学研联合的相关政策，提出要以产学研联合为支柱，促进科研成果的实际应用。2001年，日本政府开始实施第二期"科学技术基本计划"，明确强调了产学研合作的重要性，指出要发展经济，建设具有国际竞争力的高水平大学，就必须依靠产学研联合发展，并出台了"产学研联合的基本方针和推进策略"等一系列政策措施。2006

年，日本开始实施第三期"科学技术基本计划"。该计划指明了科技进步和创新国家建设的基本方向，提出针对各大学和地域的特点推进有特色的产学研合作，促进民间企业对大学的研发经费投入等。2011年，日本开始实施第四期"科学技术基本计划"。以文部科学省为主管部门实施的大学绿色创新事业和创新体系调整事业备受关注。大学绿色创新事业要求在五年内主要大学产学的合作共同研究项目、论文数、专利数、年轻研究者数等都要增长1.5倍以上，同时要求各实施大学对全球环境保护做出贡献，利用大学的研发成果来振兴区域经济。2016年的第五期"科学技术基本计划"提出："2016~2020年，不同创新主体互动数量增加20%，同时大学与国立研究开发法人、企业进行的共同研究合作金额比上期增加50%。"另外，鼓励学术研究的跨领域以及大型研究项目的国际合作（田辉，2013；智瑞芝等，2016）。21世纪以来，在政府的引导下，日本产学研合作规模不断扩大，2010年日本大学与企业及其他研究机构实施的共同研究件数为18595件，到2014年增长为22755件；共同研究经费从4461.4亿日元增长为5548.8亿日元。2010年日本的大学与企业及其他研究机构实施的委托研究件数为19723件，2014年增长为23023件；研究经费从1.63万亿日元增长为1.91万亿日元（智瑞芝等，2016）。

2. 日本产业技术创新联盟的运行模式

日本通过官、产、学、研四位一体的创新联盟培育了自己的核心竞争力，促进了日本产业的高速发展。其中，联盟的组建模式大致分为技术研究组合联盟、技术标准联盟和混合研究联盟三种模式。

（1）技术研究组合联盟模式。技术研究组合是一种由政府和参与企业共同出资，由产品开发经验丰富的企业和基础研究实力雄厚的公立研究机构、大学共同出人，组建起来的一种非永久性的合作创新型组织（周程，2008）。组建后主要从事参与企业共同关心的基础技术和共性技术问题的研究，研究目标达成之后便予以解散。根据《工矿业技术研究组合法》的规定，技术研究组合是介于公益法人和公司之间的特殊法人，不以营利为目的，以实现集体利益的最大化为目标。参与主体和政府共同承担技术研发投入与创新，同时强调投入费用不因中途退出而要求返还。同时该联盟不会长久存在，完成特定目标任务后会立即解散。

（2）技术标准联盟模式。随着经济全球化的迅速发展，具有业界及国际标准的技术产品成为当代科技发展的重要标志,尤其在高科技和新兴产业领域特别突出。技术标准联盟是以拥有较强 R&D 实力和关键技术知识产权的企业为核心并联合多个企业,以共同发起一项技术标准,并以标准的市场扩散为目标的联盟组织(Hemphill,2005)。联盟的主要任务是标准开发和市场扩散,联盟中必须包含具有研发功能的技术企业和具有制造功能的生产企业,同时还包括相关企业、高校、科研院所、行业协会和政府职能部门等。技术标准联盟作为一种新的联盟形式迅速发展起来。技术标准联盟分为具有法人资格的正式合作组织和不具法人资格的非正式合作组织,联盟内部企业必须达到两家以上,由经济产业省或者主管研究成果应用领域的部门的大臣批准设立。组合会员采取分摊研究经费的方式,并通过派遣内部研究人员和其他工作人员组成相应的组织管理机构,如理事会以及各种管理、运营机构。运行结构大致分为由龙头企业主导或者由风险投资公司推动建立的技术创新联盟(殷群,2015)。

(3)混合研究联盟模式。20 世纪 80 年代,日本政府通过制定多种合作研究方式来加强混合研究模式,促进企业和大学的合作研究,这类联盟既负责为企业技术创新提供帮助,也负责推动科技创新成果的转化利用。混合研究联盟模式一般分为三种类型:一是具有单独场所的研究中心,联合高校和工业界开展合作研究;二是工业界或政府部门根据自身需要,委托国立大学进行某项技术研究;三是国立大学与日本民间研究机构开展技术合作研究(殷群,2012)。

3. 日本产业技术创新联盟的发展经验

(1)发挥政府的主导和政策激励作用。日本产业技术创新联盟最显著的特点是由政府主导。日本政府主要通过立法的方式积极引导企业和大学开展合作,将产学研合作上升为基本国策的高度,并制定了一系列法律法规推进产学研合作事业的发展。日本政府于 1996 年制定了《科学技术基本计划》,把产学研合作视为一项基本国策。1998 年颁布了《大学等技术相关成果向民间企业的转移法》(TLO 法),该法是日本第一部关于大学研究成果向产业界转移的法律,促进了大学科研成果的转移和产业化。2003 年 10 月,日本开始实行《国立大学法人化法》,直接以产学研合作为目的,这是政府推动产学研合作的又一项重要举措,首次从法律上改变了国立大学的设置形态。近年来,日本政府还不断出台各种政策和优惠措施,调动产学研合作主体的积极性。

日本政府把不同形式的产业技术创新联盟作为国家重大产业技术创新的重要平台，引导联盟聚焦于产业共性技术和关键核心技术的技术创新。日本的重大产业研发计划项目基本上由政府组织，引导企业、高等院校和中介机构共同形成技术研究组合，政府作为领导者和指挥者直接参与技术创新活动，促进产业结构的调整和升级。除了制定相关政策和效率评价机制外，日本政府还提供信息服务平台和技术成果转让机制。

（2）合理的利益分配机制。产业技术创新联盟的利益机制实际上是各方主体在合作研发的基础上实现利益共享的过程，产业技术创新联盟利益机制的运作主要围绕联盟的利益创造和利益分配展开。日本的产业技术创新联盟主要是为了实施政府制定的研究项目而构建，政府资金支持是联盟的主要经费来源。例如，在日本超大规模集成电器（VLSI）技术研究组合的运行经费中，通产省的事业费支持占总事业费的40%，日本政府的资助数额高达291亿日元。同时，日本民间企业对研究组也进行了大规模的技术投入。日本政府在产品预研阶段为科学界和产业界提供技术基金，提高了企业技术合作的积极性，激发了企业和科研机构的研发行为。根据国家法律法规、联盟章程以及联盟内各种规范和合同，日本的产业技术创新联盟建立了科学合理的利益分配和保障机制，以保证联盟主体利益公平的合理分配，实现利益共享和风险共担。

（3）注重文化创新建设和知识产权保护。日本产业技术创新联盟在治理结构上一般为交叉式的股权联盟，各个主体间形成产业群，协同集成创新。在文化的创新建设上，注重有机整合不同企业的文化，实行以"合作"为指导思想的联盟文化。

日本联盟的主体大多是民间企业，民间企业带动日本产业技术的高速发展，大大提高了日本产业在国际市场上的竞争力，在日本产业技术创新联盟中占据主体地位。日本拥有完善的知识产权体系和产业管理制度，政府通过知识产权战略来推动知识产权制度的建立，并通过建立知识产权评估体系，促进企业公开知识产权信息网络等的构建，提高了知识产权的利用率。通过制定产业及国际相关标准，在一定程度上促进了知识技术产权的合理使用，推动了产业技术创新联盟的发展（王永宁，2012）。

4. 日本产业技术创新联盟典型案例：超大规模集成电器（VLSI）技术研究组合①

日本产业技术创新联盟发展历史比较长，其中由通产省推动组建的"超大规模集成电器（VLSI）技术研究组合"是日本产业技术创新联盟的成功典范。

20世纪60年代，美国政府多次对日本施压，要求加快金融自由化和贸易自由化，日本政府不得不大幅缓和外汇交易限制和投资限制。这意味着日本国内市场的竞争将会全面加剧，从而大大削弱了日本在国际市场上的竞争实力，同时国内出现内部知识产权纠纷、运行混乱、市场环境不稳定等问题。如何更好地保护国内的薄弱产业，减少跨国公司进入国内市场所造成的冲击便成了对日本政府的重大考验。为提升国内企业的竞争力，1961年日本政府通过了《工矿业技术研究组合法》。该法规定，只要被认定为"技术研究组合"，就可以被视作非营利性的特殊法人，并享受一系列税制优惠。《工矿业技术研究组合法》通过后的最初10年，日本一共成立了12个研究组合，主要集中在钢铁、石化、纺织等需要重点扶持、优先发展的工业部门。

20世纪70年代，日本半导体市场受到美国企业的挑战，特别是在集成电路技术领域日本已全部落后，如何攻克半导体产业发展的关键核心技术和共性技术成为日本半导体产业亟待解决的问题。1976年，根据《工矿业技术研究组合法》，日本政府联合日本电气、东芝、日立、富士通、三菱电机五大半导体核心企业以及日本国立大学等机构共同成立了"超大规模集成电器（VLSI）技术研究组合"。同时，通产省还决定在研究组合下设立一个研究基地——"共同研究所"，由通产省所属的工业技术院电子技术综合研究所和各参加企业派遣的科研人员组成。

VLSI技术研究组合在接受政府研发补助的四年里，其专利或实用新型的申请数达1210件，商业秘诀的申请数达347件，成功地开发出了半导体加工过程中的关键设备——缩小投影型光刻装置（Stepper）。到了20世纪80年代中期，日本全部半导体生产设备都实现了国产化，1985年日本半导体材料的世界市场占有率达到了60%，两年后又进一步上升到了70%以上。日本半导体材料生产

---

① 本案例主要根据周程（2008）、王瑭（2012）、殷群（2015）等的文献整理改编而成。

行业能够从20世纪80年代后期开始称霸世界，在一定程度上归功于VLSI组合的成立。

VLSI技术研究组合不仅为日本的半导体产业奠定了基础，提高了其在国际市场上的竞争实力，也对国际社会中其他国家的科技研发活动产生了重大的影响。其官学研合作模式具有独特的运行结构和优势，被认为是日本官产学合作技术创新的成功典范，也给我们带来许多启示：

（1）灵活的组织结构。VLSI采用直线职能型的协会组织模式，这种模式既保持了职能部门所具有的专业化优势，又灵活地选择联合研究形式，充分发挥了各参与公司的积极性，其中政府的有效管理确保了合作的顺利进行。VLSI项目的研究是在由理事会、委员会、实验室等五级构成的研究组合下进行的，其中VLSI的最高管理机构是理事会，由各大公司的总裁和通产省的代表组成，这些管理人员有很强的组织协调能力、丰富的管理经验和良好的关系网络；理事会下设运营企划委员会，其成员由各公司分管半导体工作的副总裁级人物以及通产省管辖的电综研相关负责人组成，运营企划委员会设立了两个专门委员会——经营委员会和技术委员会，前者专责行政事务，后者专责技术研发。这些技术人员大部分都参与过重大项目的研发，因此熟练掌握半导体所涉及的相关技术，并了解国际市场的实际需求。具体的项目研究中，VLSI依据通用性和基础性的特点将研究划分为微细加工技术、结晶技术等四个领域，共有六个联合实验室进行研究。

（2）高效的研究运作模式。根据通产省的标准，VLSI选择从不同角度由多个实验室进行研究开发的运作模式。六个联合实验室的研究项目分别由不同的公司进行日常领导管理；而在联合实验室内，则以小组的形式开展不同项目的研究。这种扁平化的管理方式不仅提高了合作研究的效率，同时调动了主体的研究积极性。

研究任务不仅在联合组织内部进行，也会委托给外部的研究机构——集成电路生产的上游企业，如拥有电子束扫描技术优势的日本电子，拥有硅结晶加工优势的信越半导体和大阪钛金属公司等。事实上，除了五家大型企业进行技术合作研发外，半导体技术的上游公司都程度不一地参与了研发，如一些半导体装置生产企业、检测设备制造企业、光源制造企业等，从而扩大了官产学组织的规模，提高了联合组织的运行效率。

（3）政府的强力支持。在 VLSI 组建和运行期间，日本政府作为联盟的领导者和参与者，一直发挥着主导作用。政府坚持基础性和通用性作为开展合作研究的选择方向，并直接介入到联盟最高决策机构理事会，通产省代表对联盟各项战略计划制订和实施有重要影响。政府为 VLSI 提供高额度的资金补贴，VLSI 组合从 1976 年设立起到 1980 年宣布解散为止总事业费约为 720 亿日元。其中，由通产省补助金资助的数额就高达 291 亿日元，约占总事业费的 40%。政府不仅帮助与解决联盟合作中可能出现的矛盾和困难，强化了成员企业间的合作意识、彼此间的信任和联盟的凝聚力，而且通过各类立法和支持政策为产业技术创新联盟的发展创造良好的环境，形成了独具特色的日本联盟政策制度体系，保障了联盟组织的顺利运行。

三、欧盟产业技术创新联盟发展及经验分析

1. 欧盟产业技术创新联盟的发展历程

欧洲国家一直是经济、科技的领先国家，两次技术革命最早也是出现在欧洲。随着国际竞争市场的不断演化，美国和日本在高科技领域的创新能力越来越强，逐渐在某些科技领域领先于欧洲国家，技术创新驱动所产生的许多新兴产业的竞争优势越来越明显。欧洲各国日益认识到仅凭单个国家的经济科技力量难以满足新兴产业和高新技术创新的需要，欧洲国家的企业必须联合起来形成联盟，共同研发，才能保持企业竞争的优势。

最早的技术合作组织是英国的研究联合体（RA），可以说欧盟是产业技术联盟的发源地。欧盟的产业技术联盟主要分布在航空技术、工业自动化、微电子、生物技术及政府支持的高新技术领域。如德国政府十分重视促进产业技术创新联盟的建立和发展，在政府出台的政策和重大科研计划及国家高技术战略中，都对产业技术创新联盟给予了多方位的引导、支持和资助。在政府政策导向和全球竞争形势的双重影响下，截至 2008 年初，德国共建立了 116 个重要的产业技术创新联盟，聚焦于生物技术、交通与移动、能源与环境、现代制造、微纳米技术及微系统、纳米和光学、新材料与化学、航空与航天、信息与通信等创新领域（孙国旺，2009）。欧盟通过欧洲科研机构以及大学和工业界之间的紧密合作，增加

了全欧洲科技界的凝聚力和科技实力，推动了欧洲科技的产业化以及整体创新能力的进步。例如，"尤里卡计划""ITER 计划""IRC"等无不凸显出作为欧洲层面创新工具的特征（茅宁莹、席晓宇和陈玉莹，2012）。

2. 欧盟产业技术创新联盟的运行模式

欧盟国家根据不同的合作目标和技术资源，选择不同的合作伙伴和合作方式，形成多样灵活的联盟类型。在组织管理方面，制定了一系列的科技框架，完善了科技联盟项目评估体制，从项目的拟定到项目的征集与遴选、科技项目的过程监控、成果评审、成果产权保护与推广、经费管理等，欧洲产业技术创新联盟都实行了严格的规范管理。组建模式主要有技术转移模式、战术整合模式和网络中心模式。

（1）技术转移模式。技术转移模式强调合作组织的组建是为了促进产业共性技术的发展与企业自身关键技术的创新和突破。通过优化知识转移的共生环境，实现联盟主体间的技术转移，进而提高联盟主体的信息流动和知识共享，促进技术创新成果的推广。内部组织机构的专业化和技术程度高，可以推动合作创新成果的共享和市场商业化（殷群，2012，2015），如德国的精英团体计划和创新联盟，英国的技术与创新中心计划和卫星应用技术与创新中心等。联盟着力进行技术创新和合作研发，推动经济界和科技界的结合，促进联盟技术成果的转移。

（2）战术整合模式。战术整合模式是欧盟国家进行合作研究的主要形式，通过共同参与新技术的开发，降低技术创新的成本和避免成员的重复劳动。该模式采取共同承担研究费用、共同组建和使用研究设备的方式进行合作研究，通过强调研发成果的共享来强化成员间的合作创新行为，促进欧盟国家的产业技术创新和提升整体的竞争实力。如奥地利的卓越技术能力中心计划（COMT Programme），为不同项目提供各种资助经费，利用公共研究机构特别是大学的管理体制改革，在已经建立的研究中心的基础上，加强学术界和产业界的合作以及整合各个成员的能力，协同配合，实现联盟最大的经济效益（殷群，2015）。

（3）网络中心模式。网络中心模式是欧盟国家技术创新联盟的基本模式，主要针对中小型企业的战略合作和技术创新。该模式以面向市场的研发为重点，以技术研究合作项目为前提，通过学术界、产业界以及其他中介机构等紧密合作的虚拟组织形式，打破时间和空间地域的限制，鼓励在技术方面的投入，利用网络中心计划中各个主体的信息资源和技术链条来加快知识向中小型企业的转移（王塘，2012）。

3. 欧盟产业技术创新联盟的发展经验

（1）发挥中小企业在联盟中的创新作用。欧盟产业技术创新联盟的重要目标是发挥中小企业的技术创新动力，各个联盟国通过增加资金投入、建立和优化技术信息网络平台、增加融资渠道等保障性措施促进中小企业开展创新联盟。如在德国，中小企业是德国创新体系的重要支柱之一。德国有10多万家创新型企业，其中约95%的企业是员工数少于500人的中小企业。中小企业是德国工业产值创造中的一股重要力量（孙国旺，2009）。1999年，德国启动促进创新网络计划，进一步促进知识向中小企业的转移，引导、鼓励并支持中小企业和研究机构组成合作研究创新联盟，以提高中小企业的创新能力和市场竞争力。通过产业技术创新联盟的建立，中小企业正逐步成为欧洲科技发展的重要力量。

（2）优化创新联盟运行环境，重视联盟内人力资源的有序流动。良好的环境和人力资源的有序流动是保障联盟运行的关键所在。欧盟共同体对政治、经济、科技各项资源进行有机整合，利用产业联盟与欧洲其他国家进行大规模的科技合作和技术创新，促进了欧共体资助的科研技术成果转化和欧盟成员国间科技人才的培养及流动。欧盟国家地域范围广，在注重自身国家的资源流动时，还重视跨国之间的知识交流、资源整合，专业人员的有序流动充分保障了联盟的运行成果。灵活多样的合作形式、全球化战略目标提高了欧洲国家企业的风险承担能力；开放性的创新网络，宽渠道、多层次的创新结构是欧盟国家技术联盟的优势。通过摆脱地理位置的限制，充分整合和利用欧洲各个国家的战略性资源，可以有效解决产业共性和关键技术问题。

（3）坚持开放型政策，联盟目标由区域化向全球化发展。在欧盟内部的产业技术创新联盟不仅限于区域性的技术合作，而且着眼于构建全球性的技术联盟，这意味着合作后的产品由仅满足欧盟内消费者的需求，转向满足全球消费者的需求。欧盟统一大市场的形成在欧盟内部各国技术标准的统一、满足内部各国消费者的共同需求上起到了很大的作用。欧盟坚持对外开放和技术引进学习的政策，与其他国家共同搭建创新合作平台，充分利用外部的创新资源推进产业技术创新联盟的发展。如借鉴其他国家的联盟运作方式和技术，大力推动欧盟各成员的优势技术和标准的国际化应用,以此提高价值链、创新链、产业链的全球配置。

4. 欧盟产业技术创新联盟典型案例:德国的光伏产业技术创新联盟[①]

德国政府十分重视促进产业技术创新联盟的建立和发展。2008年,在政府支持下,德国建立的产业技术创新联盟约有10个,其中太阳能光伏技术创新联盟是德国众多技术创新联盟中做得比较成功的一个。

太阳能光伏技术是新能源发展最迅速的领域。德国光伏企业的技术水平和创新能力居世界前列,2008年,其光伏产业创造的价值占全世界光伏产业的20%,太阳能光伏生产设备占全球的市场份额超过50%。近年来,德国的光伏技术和产品的优势地位受到严峻挑战,要维持德国企业在光伏领域的优势,必须不断提升技术研发创新能力,大力开发新的技术。2010年,在德国政府的推动和支持下,德国的主要光伏企业联合成立了光伏产业技术创新联盟。德国联邦教研部、联邦环境部两部门决定,向德国光伏企业技术创新联盟提供1亿欧元用于支持今后3~4年内开展的联合研发项目。2013年,德国联邦政府承诺向太阳能光伏领域投入5000万欧元的额外资金,支持光伏研发和发展,开展能够实现技术研究、设备开发、实际生产和应用紧密结合的产学研联合研发项目,以尽快取得最新技术创新成果,投入实际生产和应用,保持并提升德国企业在光伏领域的国际竞争力。

(1)政府的支持与管理。政府在为技术项目的资金提供经济扶持的同时,也出台了一系列的重大科研计划和高技术战略指导,为科研机构和高等院校提供全套的技术设备及专家人员,同时颁布法律法规鼓励企业对科研和高等院校进行全方位支持,为企业营造宽松自由的政策环境和市场环境。

德国光伏产业技术创新联盟的项目申请、管理模式和立项流程采取德国联邦教研部、联邦环境部重大科技计划的管理模式,主要包括计划指南发布、项目初审、项目复审、立项和项目执行及管理五个阶段。联邦政府委托尤利希大学、VDI技术中心和研究中心科研项目管理部进行技术联盟的管理事宜,包括项目策划、初审、评分、立项、管理等工作,同时针对协调单位提出的项目,组织专家根据一定的标准进行评审,政府在发挥激励效应的同时加大对科技项目的

[①] 本案例主要根据孙国旺(2009)、张快(2013)和王德生(2014)等的文献资料整理改编而成。

监督管理。

（2）研发投入比例高。德国对于高科技行业的资金支持一般是无偿的，采用企业、科研机构等市场主体和政府差别化的平摊项目投入的方式。对于科研机构及高等院校而言，资金支持可达 1 亿欧元；对于企业尤其是中小型企业而言，根据所承担项目的市场实际应用效果和项目技术程度进行阶梯式的投入，最高可达 5000 万欧元。其中，政府特别提倡企业向联盟中的高等院校及科研机构提供研发投入和技术设备支持，同时作为一般性要求，政府规定项目的参与主体联合的研发投入经费必须占总投入的 50%以上。

（3）企业的能动性强。德国的光伏产业之所以在国际国内市场上具有竞争优势，在于其由龙头企业牵头形成的光伏技术创新联盟具有不可估量的作用，对于加大光伏技术研发投入、促进技术创新和突破具有重要的意义。

该联盟是针对市场实际消费需求和技术发展需求而建立的合作组织。市场需求是拉动战略性新兴产业发展壮大的关键因素，通过强化需求侧政策引导，加快推进新产品、新服务的应用示范，将潜在需求转化为现实供给，可以实现技术的商业性成果最大化。科技成果的商业性转化需要显性的人力、物力、财力，也需要企业的技术人员经验等隐性知识，需要技术人员的不断实践，因此建立以企业为联盟主体的应用知识生产体系是必要的。企业根据市场需求在整个产业链上加大技术研发投入，并积极联合科研机构、高等院校及中介机构进行技术创新，可以形成一种紧密合作的高效运行模式（殷群，2012；王德生，2014）。

第三节　我国战略性新兴产业技术创新联盟政策现状分析

国家有关战略性新兴产业技术创新联盟的相关政策主要体现为国家支持和推动战略性新兴产业发展、产学研发展的相关政策以及产业技术创新战略联盟构建及发展的相关法规和政策。

一、产学研合作政策历史溯源

改革开放以来,我国产学研结合对科技创新发挥了重要的作用,国家制定了一系列相关政策和法规来推动产学研结合,提升科技创新能力和加快经济发展。1985年,中共中央颁布《关于科学技术体制改革的决定》,标志着我国科技体制改革进入了新时期。该决定提出要加大对科研机构的资金投入和减少行政手段的干预,开放技术市场,建立按照价值规律有偿转让的机制。此外,先后颁布了《中华人民共和国专利法》《中华人民共和国技术合同法》等一系列法律法规和实施条例,为技术开发、技术转让和技术服务等制定了基本规则,以加强产学研相结合,促进科技成果尽快转化为生产力,使科技为经济建设服务。1992年,国家确立社会主义市场经济机制为我国经济体制改革的目标,原国家经贸委联合教育部、中科院共同实施"产学研联合开发工程",这是在国家层面促进产学研结合的重大举措。产学研的重心从科技成果转化转向如何形成在市场经济体制下的产学研有效结合机制(邸晓燕,2014)。1999年,中央颁布了《关于加强技术创新,发展高科技,实现产业化的决定》,提出重大企业主体要加强与科研机构、高等院校的协同合作,根据优势互补、利益共享、风险共担的原则,建立技术协作机制,明确提出支持发展高等学校科技园区,培养一批技术和知识密集型的企业和企业集团,使产学研合作更加有效。

随着全国科技大会的召开,政府对产学研结合的重视提升到国家战略高度。2006年,中共中央、国务院在全国科技大会上提出要建设创新型国家,并在大会上发布《关于实施科技规划纲要 增强自主创新能力的决定》(以下简称《决定》)。《决定》明确提出要建立以市场为导向、企业为主体、产学研相结合的技术创新体系。大力推进产学研相结合,鼓励企业与高等院校和科研机构合作,建立联合研发机构、产业技术创新联盟等技术创新型组织。《国家中长期科学和技术发展规划纲要(2006~2020年)》提出,只有产学研相结合,才能有效配置科技资源,激发高等院校和科研机构的创新活力,提升企业的技术创新能力。2006年,科技部、国资委等部门共同实施"技术创新引导工程",并制定了相关优惠政策进一步促进产学研发展,寻求形成产学研相结合的新机制,如产业技术创新联盟等创新模式。

二、我国战略性新兴产业技术创新联盟现有政策梳理

为更好地深化和创新产学研合作机制,提升国家科技创新能力,2006年,国家成立了"推进产学研结合工作协调指导小组",积极推动产业技术创新战略联盟的构建和发展。联盟构建以国家战略产业和区域支柱产业的技术创新需求为导向,以企业为主体,围绕产业技术创新链,运用市场机制有效配置资源,按照优势互补、利益共享、风险共担的原则,真正实现企业、高等院校、科研机构和其他组织在战略层面的有效整合,形成一种新型技术创新合作组织,以此来共同攻克产业共性技术和关键核心技术,突破产业发展的技术瓶颈。

1. 国家层面政策

在国家层面,主要是颁布相关法律法规,这些法律法规大多是以指导意见的形式发布的。2008年,在总结农业装备产业技术创新战略联盟、新一代煤(能源)化工产业技术创新战略联盟等四个产业技术创新战略联盟试点工作经验的基础上,科技部、财政部等六部委联合发布《关于推动产业技术创新战略联盟构建的指导意见》(以下简称《意见》)。《意见》对联盟作用、构建原则、意义、条件进行了界定,为构建产业技术创新战略联盟提供了政策依据,并鼓励在新材料、新能源、信息产业、电动汽车、生物医药和节能环保等战略性新兴产业领域构建联盟。《意见》明确指出,产业技术创新战略联盟是由企业、大学、科研机构或其他组织机构,以企业的发展需求和各方的共同利益为基础,以提升产业技术创新能力为目标,以具有法律约束力的契约为保障,形成的联合开发、优势互补、利益共享、风险共担的技术创新合作组织。2009年,科技部发布《关于推动产业技术创新战略联盟构建与发展的实施办法》,对联盟的构建和试点工作做出了明确规定,为产业技术创新战略联盟发展提供了良好的政策环境。为促进产业技术发展和技术创新,工业和信息化部、科技部等于2009年颁布《国家产业技术政策》,作为国家产业技术发展的纲领性政策文件。《国家产业技术政策》的主要目标是构建促进产业发展的技术创新体系,整合社会资源,加强产学研结合,建立产业技术创新联盟等模式的产业共性技术、关键核心技术研发平台,引导市场主体的行为,指导产业技术的发展方向,促进产业技术进步。

2011年,国务院办公厅在《进一步支持企业技术创新的通知》中提出,加强

企业技术创新是加快转变经济发展方式的重要支撑，是促进科技体制改革的关键环节，是落实科学发展观、建设创新型国家的重要内容。需要进一步加强企业技术创新能力建设，加快完善公共技术创新服务体系，加大对新技术、新产品应用推广的支持力度，引导科技创新人才向企业集聚。

2013 年，国务院办公厅颁布了《强化企业技术创新主体地位　全面提升企业创新能力的意见》，提出到 2015 年，逐步形成以企业为主体、市场为导向、产学研相结合的技术创新体系，建设一批产业技术创新战略联盟和共性技术研发基地，形成一批资源整合、开放共享的技术创新服务平台等主要目标。2015 年，中共中央办公厅、国务院办公厅印发《深化科技体制改革实施方案》，按照"四个全面"战略布局的总要求，聚焦实施创新驱动发展战略，以构建中国特色国家创新体系为目标，全面深化科技体制改革，推动以科技创新为核心的全面创新，推进科技治理体系和治理能力现代化，促进军民融合深度发展，营造有利于创新驱动发展的市场和社会环境，主动适应和引领经济发展新常态，加快创新型国家建设步伐，为实现发展驱动力的根本转换奠定体制基础。该方案明确指出要健全产学研用协同创新机制，强化创新链和产业链的有机衔接，鼓励构建以企业为主导、产学研合作的产业技术创新战略联盟，制定促进联盟发展的措施，加强产学研结合的示范基地和共性技术研发平台的建设。

2017 年，科技部、发改委、教育部、工业和信息化部、财政部等部委联合发布《"十三五"国家技术创新工程规划》，明确指出在"十三五"期间国家应重点发展产业技术创新战略联盟，促进产学研协同创新。按照自愿原则和市场机制，优化产业技术创新战略联盟总体布局，提升联盟功能，加强服务，发挥联盟推动产业重大技术创新和促进产学研协同创新的重要作用。加强对联盟的引导，聚焦战略性新兴产业发展及传统产业转型升级，鼓励产学研联合组建产业技术创新战略联盟，协调推进和完善技术创新生态体系建设，推动产业技术、标准、服务与应用达到国际领先水平。鼓励成立跨行业、跨领域的协同创新联盟。围绕发展战略性新兴产业、改造提升传统产业、培育现代服务业，引导联盟开展产业技术研发创新，强化联盟在制定技术标准、编制产业技术路线图、加快技术转移和成果转化、构建和完善产业创新链等方面的重要作用。鼓励联盟在自愿的基础上构建协同创新网络，促进联盟交流，引导联盟健康发展。

综合以上国家层面的主要政策来看，法律法规以指导性为主，可实施性较弱，主要是针对全国范围内的所有产业技术创新战略联盟进行宏观指导以及对国家和社会有重大意义的产业技术创新战略联盟进行特殊扶持和指导，同时为地方政府层面制定产业技术创新战略联盟的政策提供依据。

2. 地方政府层面政策

地方政府层面主要是在国家层面政策的指导下，根据地方产业的发展实际状况和区域创新基础、特点、需求，制定一系列针对本区域内产业技术创新战略联盟的主要政策。在地方政府层面，继中央政府出台有关产业技术创新战略联盟的构建及发展指导政策与文件后，北京、江西、上海、湖南、黑龙江、山东、福建、内蒙古、陕西等地积极响应，在国家政策的指导下，根据其实际发展要求和特点制定了符合本区域战略性新兴产业技术创新联盟发展的科技发展政策法规。下面重点以北京和江西为例，阐述地方政府制定的支持产业技术创新战略联盟发展的政策法规及相关配套措施。

为加快北京市产业技术创新战略联盟发展，深入实施"科技北京"行动计划，提升企业自主创新能力和产业竞争力，2011年，北京市制定了《关于促进产业技术创新战略联盟加快发展的意见》。该意见明确指出，发展产业技术创新战略联盟应坚持"政府引导、市场导向、要素融合、协同创新、重点突破、合作共赢"的建设原则，完善以企业为主体、市场为导向、产学研相结合的技术创新体系，加强联盟在产业构建、技术研发、标准化促进、资源共享、行业交流、市场推广、品牌培育等方面的合作，提升区域创新活力。扶植和培育一批在国内外具有广泛知名度和影响力的联盟，依托联盟做强一批龙头骨干企业，做强一批新兴、优势产业，形成若干专业化特色显著、产业链条完整、市场规模庞大的优势产业群，带动首都经济结构调整和发展方式转变。2013年，中共北京市委、北京市政府颁布《关于深化科技体制改革加快首都创新体系建设的意见》，指出应坚持政府支持、强化市场导向，突出企业主体、加强协同创新。坚持企业技术创新的主体地位，深化企业主导产学研用协同创新的机制，加快建立企业主导产业技术创新的体制机制。充分发挥企业在技术创新决策、科技投入、科研组织和成果转化中的主体作用，指出产业目标明确的北京市重大科技计划项目由有条件的企业牵头组织实施。支持企业与科研院所、高等学校联合组建技术研发平台和产业技术创新战略联盟，积极探索市场经济条件下产学研用合作的投入和利益分配机制。以骨干企业和应用部门为主体，吸引高等院校、科研院所、科技服务机构、科技型中小企业和科技人才共同参与，组建产学研用紧密结合的科技成果转化实体。在2016年颁布的《北京市"十三五"时期加强全国科技创新中心建设规划》中也明确提出，建立企业主导的产业技术创新机制，发挥企业和企业家在创新决策中的重要作用。鼓励大型企业发挥创新骨干作用，加快培育科技型中小企业。以企业为主导构建一批产业技术创新战略联盟，重点支持产业联盟搭建专利、标准、检测认证、展示推广及国际交流平台。

江西省根据科技部《关于推动产业技术创新战略联盟构建与发展的实施办法》和《江西省人民政府关于科技创新"六个一"工程的实施意见》精神，在2010年颁布《江西省推动产业技术创新战略联盟构建与发展的实施方案》，明确指出江西省产业技术创新战略联盟构建应体现江西的优势和特色，紧密围绕光伏材料、风能与核能、清洁汽车及动力电池、航空制造、半导体照明、金属新材料、非金属新材料、生物和新医药、现代农业及绿色食品等战略性新兴产业，建立以企业为主体、市场为导向、产学研相结合的技术创新体系。要发挥政府的协调引导作用，根据产业发展需求，引导创新要素向企业集聚，引导联盟围绕产业技术创新链的关键和共性技术问题进行联合攻关，提升江西省企业的持续创新能力和产业核心竞争力。2013年和2014年，江西省还分别颁布了《江西省科技创新促进条例》和《江西省人民政府关于进一步加强协同创新提升企业创新能力的实施意见》，明确提出鼓励高等院校、科研院所与企业联合建立技术创新联盟等创新组织，为企业技术创新提供支持和服务。围绕战略性新兴产业发展，遵循市场运行机制，以有研发中心的龙头企业、骨干企业为主体，联合省内外企业、高校和科研院所等各类优势科技资源，引导培育和组建科技协同创新体，突破产业关键、核心和共性技术。

综合以上分析，地方政府层面政策的主要目的是提高国家层面政策的地方适应性和针对性，也是对国家层面政策的进一步细化，增强了国家层面政策的可执行性，同时可以直接约束产业技术创新战略联盟的行为。

三、我国战略性新兴产业技术创新联盟政策的不足

战略性新兴产业技术创新是一项复杂性强、不确定性高的长期工程，需要科学、系统的统筹。产业技术创新战略联盟主要是为推动战略性新兴产业技术创新而集企业、大学和科研机构、政府、金融组织与其他中介组织于一体的技术创新型组织，如何更好地完成创新资源的整合、参与主体利益的协调、创新成果的产业化、创新平台的建设、创新服务的提供，是除了政府的力量外其他任何组织都很难完成的工作。在我国产业技术创新战略联盟发展中，政府制定了相关的政策鼓励与支持其发展，产业技术创新战略联盟的发展已取得显著成效。就目前政府角色的表现形式来说，还存在一些不足，具体体现在以下几个方面：

1. 政府引导联盟发展的政策法规不完善

正确而有效的科技政策和规范是促进产业技术创新战略联盟发展、推动国家科技进步的重要保证。从国家层面来看，我国为促进联盟发展出台了《关于推动产业技术创新战略联盟构建的指导意见》《关于推动产业技术创新战略联盟构建与发展的实施办法》等政策措施。在国家政策的指导下，各地方也根据区域发展实际和特色制定了适合本区域产业技术创新战略联盟发展的科技发展政策法规，将产业技术创新战略联盟的构建和技术创新活动通过相关政策加以引导，与国家产业战略发展方向保持一致。但这些政策体系整体相对比较宏观和笼统，针对性和可操作性不强。尤其是在大力发展战略性新兴产业背景下，结合战略性新兴产业属性，专门针对战略性新兴产业技术创新联盟构建和发展的政策几乎没有。其实，战略性新兴产业具有战略性、新兴性和创新驱动性，战略性新兴产业技术创新联盟和传统产业技术创新联盟不尽相同，如何更好地引导战略性新兴产业技术创新联盟发展，共同攻克战略性新兴产业发展过程中的共性技术和关键核心技术，促进产业科技成果转化是政府的一项重要任务。

2. 政府支持和服务联盟发展的力度不够大

政府通过政策和配套措施推动联盟的发展，是提高联盟运行效率和促进稳定发展的重要途径。2008年，国家发布《关于推动产业技术创新战略联盟构建与发展的实施办法》《国家科技计划支持产业技术创新战略联盟暂行规定》等政策以来，国家各部委与地方政府积极响应，每年都会制定相关的政策和配套措施推动

产业技术创新战略联盟发展，取得了一定成效。但是对联盟的支持仍然主要体现在项目经费上，手段较为单一，这就引导联盟发展偏重于承担国家科技计划项目，不利于形成联盟自主发展机制。政府对联盟的支持不应局限于项目的支持，更要重视通过创造良好的政策环境，引导联盟形成符合市场经济要求的发展机制。

完善的科技中介服务体系是联盟创新效率提高的保证。在技术创新活动中，科技中介为联盟的创新项目提供政策咨询、搭建创新平台、促进科技成果转化。在发达国家的科技创新活动中，中介组织发挥了重要的服务功能。我国的科技中介机构处于发展初期，功能单一，机构不健全，而且中介方的地位及权益难以得到保障。我国政府在促进科技中介机构发展、引导其在产业技术创新战略联盟中充分发挥作用上还显得相对薄弱。政府应该积极发展各类科技中介机构，实现科技中介的网络化、功能社会化等。

3. 政府对联盟的监管和协调不到位

产业技术创新战略联盟是企业、大学和科研机构、政府、金融组织和其他中介组织共同形成的技术创新合作组织。由于主管部门和运行机制的不同，各行为主体在管理体制上形成各自为政、自成体系的局面。各主体参与联盟的需求也各不相同，企业希望政府对产生效益快的应用技术研究项目予以支持，高等院校、科研机构往往更希望政府对产业基础技术研究方面予以支持。而政府中有相应的管理协调部门对联盟各方从运行管理、研发成果推广、成果知识产权归属以及利益分配保障系统方面进行科学指导和监管，使得联盟仍存在较大的协调不顺的问题。

政府经济职能部门和科技管理部门分属不同的行政体系，彼此之间缺乏沟通和有效协调，容易造成政出多门，各部门往往容易从维护各自利益出发制定一些不合理甚至矛盾的政策。另外，各职能部门往往没有依据相关的政策法规对联盟主体之间的合作创新进行有效引导、支持和协调，使得联盟合作创新的效率不高。

第四节　我国战略性新兴产业技术创新联盟发展政策建议

战略性新兴产业技术创新联盟的产品具有公共属性，有利于带动整个参与主体的共同发展，加快整个产业的技术进步，提升区域和国家产业的核心竞争力。联盟作为市场自发性形成的合作组织，存在一定程度的市场失灵、参与主体的机会主义行为以及社会资本不匹配导致的结构、关系、认知维度的差异化等问题。政府作为一个具有社会、经济、政治职能的组织机构，利用法律和政策相关手段引导、支持、监督和管理参与主体的活动，能有效促进联盟的健康运行。

一、政府在战略性新兴产业技术创新联盟中的作用与定位

政府虽然不是战略性新兴产业技术创新联盟的创新主体，但却在战略性新兴产业技术创新联盟的构建与运行中发挥着重要的作用。

1. 政府是战略性新兴产业技术创新联盟构建的引导者

政府对于战略性新兴产业技术创新联盟的引导主要体现为政策引导。在联盟组建阶段，政府根据国家或区域的产业战略布局和技术需求，选择对国家、区域经济社会发展具有重要推动作用的战略性新兴产业（如新能源、新材料、高端装备制造、生物医药等），并在这些重点领域通过制定相关政策与提供资金支持，鼓励与引导企业、高等院校和科研院所等机构组建战略性新兴产业技术创新联盟，开展技术创新合作，共同攻克关乎整个产业链发展的共性技术和重大关键核心技术，以达到提高产业核心竞争力的目的，促进战略性新兴产业持续快速发展。

2. 政府是战略性新兴产业技术创新联盟发展的推动者

由于战略性新兴产业的技术比较复杂，市场不确定性高，风险较大，企业或个人资本在开始一般不会介入，这就需要政府通过公共财政政策加以调节。政府公共财政政策主要通过投入、补贴、奖励与直接资助等方式来体现，在促进战略

性新兴产业技术创新联盟发展的过程中，政府会对新构建的联盟进行一定的补贴或者支持具有官方背景的组织、公共机构加入产业创新联盟来增强创新活力，体现政府的作用。此外，财政政策通常不是单独发挥作用，而是与税收政策、金融政策、政府采购政策一起对经济活动产生影响。其中，税收政策主要是对战略性新兴产业进行技术创新活动给予税收优惠。另外，政府通过制订专项科技计划专门对战略性新兴产业技术创新给予资助，由于这种科技计划与一定的配套资金一起实施，所以对产业联盟的发展会起到导向作用。

3. 政府是战略性新兴产业技术创新联盟运作的监管者

战略性新兴产业技术创新联盟的参与主体是战略性新兴产业企业、相关产业企业、大学和科研机构、政府及其他组织。联盟参与主体的多元化使利益诉求也不一致，仅仅依靠联盟内部的管理机制和市场机制在面对道德风险时往往难以发挥作用，因而需要第三方监督机制。政府作为联盟发展的监督者与协调者具有至关重要的作用，政府可以利用行政权力，通过制定法律法规和相关政策监督与协调联盟主体的行为，以第三方监管者和协调者的身份对联盟实施监管，以保障联盟的公共利益和联盟主体的合法权益。

4. 政府是战略性新兴产业技术创新联盟创新的服务者

战略性新兴产业技术创新联盟的发展除了需要完善的市场机制外，还需要政府提供相关的政策环境与基础设备为联盟提供服务。政府通过完善国家科技创新及联盟构建与发展的政策体系，从科技创新、联盟构建、联盟运作与联盟保障等方面为联盟发展提供政策支持服务。另外，政府为保证联盟创新过程中对创新信息的获取、创新政策的咨询、创新经验的交流、创新成果的转化，应构建科技创新服务平台和科技信息平台，完善联盟创新中介服务体系。可以通过政策引导成立一批为联盟创新活动提供科技中介服务的机构，如生产力促进中心、中小企业创新孵化管理服务中心、科技政策与信息咨询中心等，以便更好地为联盟创新提供良好的科技服务。

5. 政府是战略性新兴产业技术创新联盟成果的保障者

战略性新兴产业技术创新联盟所开发出的成果主要是联盟的知识产权。由于战略性新兴产业技术的新兴性、复杂性以及技术创新活动和市场的不确定性，联盟对其开发成果在知识产权方面存在一定的模糊性，如果处理不当，容易产生道德风险，导致技术成果泄露。政府应完善知识产权保护的相关法律体系，将知识产权保护意识与相关法律法规挂钩，同时加大执法力度，保障联盟成员所有的知识产权不受侵犯。构建科技成果交易平台，提供免费的科技中介服务，保障战略性新兴产业技术创新联盟创新成果价值的实现。政府还可通过制定行业标准、进行政府采购等形式，促进联盟通过创新所开发的新产品获得市场认可，以保障战略性新兴产业技术创新联盟的利益。

二、政府支持战略性新兴产业技术创新联盟的政策建议

1. 进一步完善相关法律法规体系

战略性新兴产业技术创新联盟作为产业技术创新战略联盟的一种特殊形式，对发展战略性新兴产业具有重要的推动作用。从2008年政府提出构建产业技术创新战略联盟组织模式以来，与联盟相关的法律法规不断完善。但法律法规体系不够健全，政府制定法律法规的方式缺乏前瞻性和战略性，使得政府在产业技术创新战略联盟方面的引导作用不够明显。

政府完善联盟法律法规的行为方式可以适当调整，政府可以针对联盟进行专门立法，相关法律法规体系既要保护联盟的利益，也要规制联盟主体的行为，以保障联盟稳定可持续发展。在法律法规的内容上，应该从联盟契约规范、联盟利益分配、联盟内部管理规范、联盟主体规制、联盟技术成果交易与转化规范以及知识产权保护等方面制定一系列全方位的法律法规，形成一个相互关联、相互补充且具有针对性的联盟法律法规体系来规范和协调联盟各方关系，使联盟各方都受到法律保护（谢科范，2013）。政府还应充分考虑产业技术创新战略联盟和国家重要产业（特别是战略性新兴产业）的发展趋势，对未来发展过程中可能出现的问题进行科学预测，以制定预防性法律法规。

2. 加强政府对联盟的引导

政府是战略性新兴产业技术创新联盟构建和运行的引导者，政府为了有效引导战略性新兴产业技术创新联盟的发展方向和技术研发方向，避免技术创新的重复以及创新资源的重复投入，必须在不同层面制定各种引导政策。国家层面的引导政策应以国家科技发展战略和科技发展需求为基础，宏观引导战略性新兴产业技术创新联盟进行技术创新。地方政府的引导政策应在考虑国家科技发展方向的

同时，结合地方科技发展和地方产业特色，制定符合地方战略性新兴产业发展需求的联盟引导政策。

政府应围绕制约战略性新兴产业发展的关键因素，以市场引导机制为基础，制定和颁布各种经济政策、产业政策和科技引导政策，完善市场经济环境，实现政策和市场引导相结合，有效引导产业技术创新联盟技术创新的方向，引领产业技术创新联盟瞄准战略性新兴产业技术研究前沿。在振兴重点产业和培育战略性新兴产业中，积极引导联盟创新主体围绕影响产业发展的基础共性技术和重大产业关键核心技术进行研发，促进战略性新兴产业发展和产业结构的转型升级，确保联盟发展与国家战略利益相结合、与区域经济发展需求相适应。

政府还应积极创新资源配置方式，发挥政府配置资源的导向作用。围绕国家战略性目标，政府和联盟需围绕国家重大科技项目，加大财政资金的投入力度，制定相关政策，促进科技与经济的紧密结合，引导企业、科研机构以及其他机构推动技术创新基地建设，集聚资源开展协同创新，不断提高科技竞争力。2013年，科技部、国家发展和改革委员会《关于印发"十二五"国家重大创新基地建设规划的通知》明确指出，要加快建立以实现国家战略目标为宗旨，以促进创新链各个环节紧密衔接、实现重大创新、加速成果转化与扩散为目标，设施先进、人才优秀、运转高效、具有国际一流水平的新型创新组织。该政策强调企业应大幅度提升自主创新能力，进一步推进产业技术创新战略联盟的创新成果转化与扩散，探索创新驱动发展的新模式。2016年，国务院发布了《关于印发"十三五"国家科技创新规划的通知》（国发〔2016〕43号），强调促进产业链和创新链深度融合，发挥联盟在集聚创新资源、加快产业共性技术研发、推动重大科技成果应用等方面的重要作用，引导战略性新兴产业技术创新联盟的发展符合国家战略目标。当然，在政府引导的实践中，应注意政府角色定位，正确处理好政府与市场的关系。必须充分认识到市场在资源配置中的作用，创新资源配置方式，尊重企业技术创新的主体地位，避免出现政府代替市场的情况。

3. 构建多样化的激励扶持政策

激励扶持政策是政府推动战略性新兴产业技术创新联盟发展的重点。从政府层面来看，目前已经出台了大量鼓励产业创新联盟发展的政策，但具体到特定的战略性新兴产业技术创新联盟，还没有形成一个系统的激励体系，政策间的衔接不够，对战略性新兴产业技术创新联盟的影响大多是间接的，缺乏针对性，无法满足战略性新兴产业技术创新联盟发展的特定需求。另外，联盟的评价制度不完善，使得联盟激励、奖惩缺乏明确的依据。因此，政府有必要对相关政策进行整合，进一步完善激励扶持政策。

激励扶持政策的制定和实施可以分为国家层面和地方政府层面。国家层面主要针对全国范围内的所有产业技术创新联盟或对国家经济发展具有重要战略意义的特殊战略性新兴产业技术创新联盟制定和颁布宏观激励扶持方针，对于与中央财政或金融支持的科研项目有关的战略性新兴产业技术创新联盟直接进行激励扶持。地方政府层面的激励扶持政策应在国家层面激励扶持方针的指导下，尝试在现有激励扶持政策的基础上，结合区域经济发展和创新需要，针对战略性新兴产业技术创新属性和需求，推出操作性较强、具体化的财政支持、金融等激励扶持政策。制定更加具有针对性的科学评价体系，引进第三方评估机构，对战略性新兴产业技术创新联盟的技术创新成果进行独立评估。完善有利于产业技术创新联盟协同创新的政策环境，促进联盟健康运行，提高联盟协同创新效率。

4. 建立高效的信息资源平台和科技服务体系

信息资源平台和科技服务体系是技术创新支撑平台的主要组成部分。战略性新兴产业技术创新联盟虽然能集聚一定的信息和资源，但资源集聚能力毕竟有限，无法满足战略性新兴产业的技术创新要求，必须借助政府力量构建信息资源平台，通过政府宏观管理实现对技术创新信息资源的集聚和再分配。目前，我国的信息资源平台体系复杂、平台间口径不统一，使得平台信息资源空间狭小、共享程度低，存在重复建设现象。针对这些问题，政府可以构建多层级、多元化的网络信息资源平台。多层级是指信息资源平台应包括全国、区域、产业和企业四个层级，并实现各个层级信息资源端口口径的统一化，满足联盟在不同区域、不同层面、不同产业和不同企业的技术创新信息资源查询、共享需求。多元化是利用市场机制和政府引导，根据联盟对技术创新信息资源的多样化需求，建立多个不同形式、不同作用的信息资源子平台（如技术创新基础设施资源平台、技术信息平台、专利信息平台、市场信息平台等），进而构建系统化、多样化、相互关联、相互对接的完整网络信息资源平台体系，使得联盟或联盟内的企业能通过平台获取平台体系的技术创新资源，更好地实现协同创新。

科技服务体系是产业技术创新联盟顺利开展技术创新和实现技术成果价值转化的重要途径。政府在建设科技服务体系时应注重分层建设、分层管理。在国家层面，中央政府应注重宏观把握，从国家科技发展的总体要求出发，对科技服务体系进行跨层次、跨区域、跨行业的顶层设计，针对战略性新兴产业创新属性，建立全国性技术创新服务平台，作为国家科技服务体系的输出端口向战略性新兴产业技术创新联盟开放。地方政府应根据区域战略性新兴产业的特点和发展需要，以集聚社会服务资源为主，利用市场机制，借助国家技术创新服务平台，依托现有的技术创新中介服务组织，有针对性地构建战略性新兴产业技术创新联盟科技服务子体系，帮助联盟快速、完整地获取技术创新服务信息，实现技术创新成果转化。

5. 优化政府对联盟的监管机制

为保证战略性新兴产业技术创新联盟能够与国家战略利益相吻合，在联盟运行过程中，政府必须对联盟的行为实施监管。政府对产业技术创新联盟进行监管既是其社会和政治职能的体现，也是产业技术创新联盟健康发展的必要保证。政府既可以通过职能部门采用法律、行政手段进行监督管理，也可以利用科技计划项目或专项计划的方式，直接对战略性新兴产业联盟的创新行为实施监管。例如，政府引导战略性新兴产业技术创新联盟明确战略性新兴产业技术的发展目标和特定的研究方向，引导联盟制订产业发展重大专项计划、创新平台建设计划、基础设施计划等。同时，颁布相应的政策措施及科学的监控指标和考核方法，实现战略性新兴产业技术创新联盟的创新项目过程管理，对联盟科技计划项目成果进行科学化评估。最后，应针对战略性新兴产业技术创新的特点，及时优化和创新政府监管方式，如引进第三方监管，构建以行业管理机构和行政职能为基础的战略性新兴产业技术创新联盟监管体系，实现协同监管，防止政府监管行为不到位。

第九章 我国战略性新兴产业技术创新联盟典型案例

我们分别选取国内新材料、新一代信息技术、新能源、高端装备制造、节能环保、生物医药等战略性新兴产业领域已成立的产业技术创新战略联盟的典型案例,详细阐述联盟构建及运行过程,分析联盟存在的主要问题,探索联盟发展过程中的经验和取得的成效,并思考联盟实践对我们的重要启示,以期为前文战略性新兴产业技术创新联盟的理论研究提供实践案例分析。

第一节 半导体照明产业技术创新战略联盟[①]

一、案例背景

半导体照明属于战略性新兴产业。半导体照明是指用第三代半导体氮化物材料制作的光源和显示器件(包括发光二极管/LED 和有机发光二极管/OLED),它具有耗电量小、寿命长、无汞污染、可控性强等特点,不仅可以代替白炽灯、荧光灯在照明领域的应用,还可广泛应用于显示、指示、背光、交通、医疗、通信、农业等领域,被称为照明光源的又一次革命。半导体照明技术的进步带动了第三代半导体技术的发展,是攻克光电子(光传感、光存储、激光器)、信息(光通信、光网络、无线基站)、电力(电动汽车、输变电、功率微波器件)、国

[①] 本案例根据陈宝明(2016)等编写的案例整理改编而成,有删减。

防（紫外探测器、雷达）等领域的重要切入点和突破口，对新一代信息技术的发展具有极其重要的意义。

半导体照明应用的市场潜力巨大。据欧盟预计，2020年全球半导体照明应用的市场规模将达4900亿欧元。世界各国早就认识到半导体照明产业的发展潜力，并积极采取措施推动半导体照明技术和产业的发展。日本从1988年开始发起"21世纪光计划"，美国在2000年宣布实施"国家半导体计划照明研究计划"等，韩国2002年启动"GAN半导体开发计划"，欧盟则在欧洲第七框架计划中将半导体照明技术列入技术优先发展主题，大力推动了半导体照明技术和产业的发展。

在国际上，半导体照明产业走向强强联合，加强产业链、创新链垂直整合的趋势已经显现。国外企业针对企业产业链关键环节加大研发投入，通过核心技术和专利的布局，形成围绕全产业发展的技术创新链，以争夺产业发展的主动权。例如，荷兰飞利浦公司以芯片研发优势整合了照明控制和系统集成商CK公司及TIR公司，构建了全面、集成、强大的半导体照明产品线，并与荷兰达尔夫理工大学等研发机构全面合作开展联合创新。美国芯片巨头CREE公司成功收购封装企业中国香港华刚公司和应用企业LLF公司，完成产业链的垂直布局。

与发达国家相比，我国的半导体产业起步晚，市场发育不充分，产业内缺乏骨干企业，规模较小，产业组织呈现弱小散乱的局面。按照产业链条划分，半导体照明产业链可以分为衬底材料、外延片、芯片、封装及产品应用等各个环节。

我国的半导体照明企业已经超过了4000家，主要集中在产业链低端的封装与产品应用环节，且国内封装企业规模普遍偏小，具有一定规模的企业年封装能力也仅2亿~4亿只。在技术创新上，以追踪模仿为主，创新能力薄弱，总体技术水平不高，而且国内缺乏专业技术研究机构提供技术支撑，高端技术人才缺乏，研发资本投入不足。我国的半导体产业不论在技术积累、人才积累，还是在资本积累方面均处于劣势，难以应对日趋激烈的国际竞争形势。半导体照明产业发展需要构建从材料、外延、芯片到封装、应用的跨技术领域产业链，产业链不完善已经成为制约我国半导体照明产业发展的关键问题。

二、联盟构建过程

国际发展新形势对我国弱小的半导体照明产业形成了强大的发展压力,国内半导体照明产业提升国际竞争力迫切需要技术创新链的支撑,但国内松散的产学研合作关系、分散的技术创新不利于集聚技术创新力量,难以形成支撑产业发展的创新链条,迫切需要创新产学研结合的组织模式,建立协同创新的信用机制、责任机制和利益保障机制,形成稳定持续、有法律约束的合作关系,构建引领和支撑产业发展的联合舰队。2004 年,46 家企业、科研院所和高等院校在科技部的支持下,按照"自愿、平等、合作"原则成立了国家半导体照明工程研发及产业联盟(CSA)。之后,联盟成员单位逐步发展到 334 家,涵盖了上中下游以及海外的知名企业和研究机构。2009 年,在 CSA 常务理事会单位的基础上,16 家龙头企业、骨干科研院所和高校组建了半导体照明产业技术创新战略联盟。

半导体照明联盟成立以来,积极组织联盟成员承担国家重大科技项目,开展技术研发,为国家重大工程提供产品,形成了企业提供研发经费和工艺验证条件、参与产业技术标准制定,科研院所与大专院校提供研发条件、开展技术攻关、进行人才培养并承担国外先进技术的引进、消化吸收与再创新的明确分工。半导体照明联盟在构建产业创新链上发挥了重要作用,有效提升了我国半导体照明产业的整体竞争力。

联盟技术创新的目标包括突破 150lm/W 的核心器件技术,形成核心专利;攻克系统集成技术,开发功能性照明产品;进入"三强",建设有自主知识产权的品牌企业;建立核心企业参股的国家实验室与应用技术推广研究院,引领国际测试与标准测定。

三、联盟运行机制及主要成效

1. 集成产业创新资源,促进产学研合作

半导体照明联盟集成了产业内的主要创新资源。联盟核心成员单位代表了我国半导体照明产业的中坚力量,涵盖了上下游及海内外优势技术创新力量。截至 2011 年底,联盟企业成员营业收入总额 121 亿元,占全产业的 7.3%。为应对国外针对半导体照明产业的集体诉讼会,联盟完成了对国外产业竞争对手的专利分析，并收集了173项专利，成立了联盟企业专利池。

半导体照明产业技术创新战略联盟集成创新资源进行产学研合作。北京新材料科技促进中心、中科院半导体研究所、北京大学、南昌大学、厦门华联电子有限公司、厦门三安电子有限公司等研发机构和骨干企业紧密依托半导体照明联盟进行技术研发，获得了半导体照明测试平台关键技术研究和设备开发、智能化半导体照明光源开发技术、白光LED荧光粉关键技术、宽色域白光LED制造技术、功率型白光LED新型光源制造技术等核心技术成果。

联盟面向企业需求组织共性技术研发项目的合作研发。五家研究机构投入设备和研发人员106人，17家企业投入研发人员62人和5100万元项目经费，对半导体照明产品规格接口、LED照明产品可靠性加速测试与分析、白光LED封装材料与制造工艺、基于高分子载体的LED多功能系统二维与三维集成技术四个共性技术研发项目进行合作研发。目前，联盟已完成专利分析、样品制作、技术规范初稿编制，已经开始相关专利申请工作，项目成果由17家企业共享。

联盟成员中科研院所和高等院校等成员单位的技术研发成果，通过联盟实现了产业化。例如，中科院半导体研究所半导体照明外延芯片制备技术成果转移至江苏扬州中科半导体照明有限公司，并吸引了中材集团60亿元的投资，北京大学半导体照明衬底材料制备技术转移至东莞半导体科技有限公司等。

2. 制定产业技术创新路线图，引领产业创新

联盟对半导体照明产业链进行了梳理，开创了与蓝宝石、碳化硅相抗衡的硅衬底半导体照明技术路线。联盟围绕从上游外延芯片、中游封装到下游应用的技术创新需求，构建了从上游图形衬底材料、衬底剥离工艺、新型白光照明技术，到中游新型封装结构、散热设计、荧光粉涂敷技术，再到下游灯具和光学设计、驱动电源等的技术创新链。

联盟参与制定的《半导体照明科技发展"十二五"专项规划》《半导体照明节能产业发展"十二五"专项规划》《武进半导体照明节能产业技术路线图研究》《南海区半导体照明节能产业发展战略规划》等国家和地方产业技术规划与产业技术路线图（见图9-1），更加明确了产业技术发展的方向和关键环节，为联盟组织研发奠定了基础。

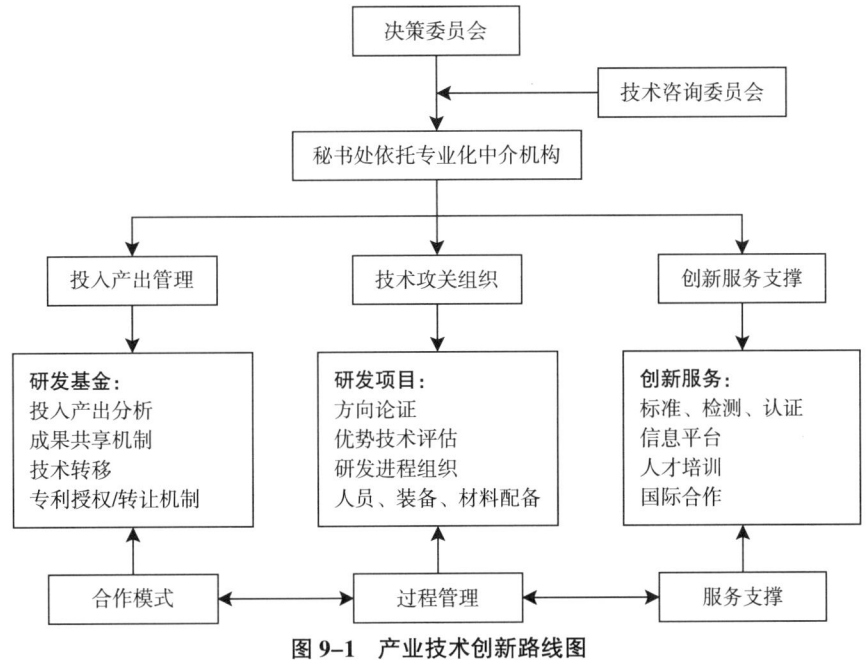

图 9-1 产业技术创新路线图

半导体照明联盟组织研究制定产业技术标准，巩固产业技术创新链。我国牵头并担任主席职务的 ISA 国际联盟已取得初步的工作进展，包括设立标准技术委员会，制定《全球半导体照明产业发展规划蓝图》。在加快半导体照明产业标准体系建设上，我国的联盟更是做出了不懈努力。联盟根据技术创新链部署，成立以引领性、前沿性研究为基础的标准技术化委员会，重点开展可靠性测试方法、模块接口、智能控制、创新应用等技术支撑的标准研究与制定，加强标准战略与半导体照明标准体系的研究，共同推进标准化工作的进程。

3. 突破产业技术薄弱环节，提升产业整体创新能力

我国在半导体照明技术方面发展很快，在硅衬底 LED 芯片产业化、紫外短波长 LED、MOCVD 重大装备、功率型白光 LED 封装水平等方面取得了突破。例如，2010 年，我国产业化大功率 LED 芯片光效超过 100lm/W，与国际先进水平的差距缩小到 2~3 年；封装达到国际先进水平（120~130lm/W）；在国际上首次推出具有自主知识产权的硅衬底 LED 芯片，光效超过 90lm/W，已经实现产业化。我国 LED 相关专利申请共 30862 项，约占全球 LED 专利申请数量的 27%，2001~2009 年平均增长率为 33%，明显高于全球平均水平，而且下游应用专利申

请优势明显，应用方面的专利占总数的76%。其中，道路等功能性照明应用领域处于国际领先地位，但我国在半导体照明技术创新链的上游仍相对薄弱，如200lm/W中长期技术基础理论研究、GAN同质衬底外延技术、无荧光粉LED外延技术等方面是整个技术创新链的短板。

基于我国高校、科研院所等相关研究力量分散，企业不具备独立建立研发机构的条件，国家投入不足的现状，为进一步弥补半导体照明产业上游研究的不足，半导体联盟牵头组建半导体照明联合创新国家重点实验室。半导体照明联合创新实验室设在中国科学院半导体研究所内，实验室及办公场地面积5000余平方米，安放材料外延设备、芯片工艺设备、芯片封装测试设备等104台套，设备价值近亿元，可进行半导体照明技术中基础材料技术、核心关键器件、共性应用技术等方面的研究工作。

4. 制定产业标准，推动产业协同发展

半导体照明联盟组织研究制定产业技术标准，巩固产业技术创新链。我国牵头并担任主席职务的ISA国际联盟已经取得初步的工作进展，包括设立国际标准技术委员会、制定《全球半导体照明产业发展规划蓝图》。

在加快半导体照明产业标准体系建设方面联盟做出了不懈努力。联盟根据技术创新链部署，成立以引领性、前沿性研究为基础的标准化技术委员会，重点开展可靠性测试方法、模块接口、智能控制、创新应用等技术支撑的标准研究与制定。已制定并发布《整体式LED路灯测量方法》《寒地LED的道路照明产品技术规范》等13项技术规范，其中，路灯、隧道灯技术规范已被三部委招标采纳，联盟组织编写的筒灯、射灯技术规范被立项为四项国家标准。联盟还发起"半导体照明产品质量保障标识"活动，公布客观、真实的产品数据与指标，接受社会监督和评价。未来联盟还将会同相关行业主管部门，加强半导体照明标准战略和半导体照明标准体系的研究，共同推进标准化工作的进程。

5. 培育和扩大市场，推动成果转移和转化

联盟积极推动半导体照明产业政策和标准的制定与实施。联盟协助国家发改委、科技部、工业和信息化部、财政部等六部委编写的《半导体照明节能产业发展意见》已于2009年发布。在联盟的积极配合与支持下，全国照明电器标准化技术委员会制定了12项国家标准，工业和信息化部半导体照明技术标准工作组

制定了 9 项行业标准。2010 年，联盟还积极推动海峡两岸签署了数据对比、测试方法研究合作意向书。

联盟通过开展广泛的区域和国际合作，积极拓展在半导体照明标准、检测、应用等领域的国际性交流合作，通过项目、标准、示范等手段，不断拓展半导体照明产业的国际市场。联盟建立了与美国环保署、美国技术标准局、美国固态照明技术与系统联盟等组织的沟通渠道。2010 年，联盟发起成立国际半导体照明联盟（ISA），促进中国、美国、韩国、澳大利亚、新西兰在产业、标准、检测等方面的合作。联盟作为世界银行"照亮非洲"项目在中国唯一授权的合作机构，其成员国家电光源质量监督检测中心成为"照亮非洲"项目的合作检测机构，为非洲市场的照明产品提供检测服务。科技部还指定联盟在"中非科技伙伴计划"框架下，作为中方执行机构在肯尼亚建立中肯高校离网照明中心和中肯半导体照明示范工程。

四、联盟发展的重要启示

我国半导体照明产业实现了从封装制造到外延、芯片制造的升级和蜕变，并以低成本优势确立了其在全球半导体制造领域的地位，半导体产业的进一步发展必然要向高研发投入、高利润的产业创新链前端移动。

1. 联盟是推动形成产业链的重要组织形式

半导体照明产业联盟是打造半导体照明产业创新链的重要组织形式。在产业发展初期，完善从材料、外延、芯片到封装、应用的半导体照明产业链，成为制约我国半导体照明产业发展的关键问题。为应对日益激烈的国际竞争形势，半导体照明联盟集成产业内的主要创新资源，推动产业创新链的形成。联盟和战略性新兴产业企业代表了中国半导体产业的中坚力量，涵盖了上中下游及海内外优势技术创新力量。半导体照明产业的上下游企业与研发机构在联盟的组织下形成合力，通过承接国家科技支撑计划、高技术研究发展计划等重大科技项目，组织大学、研究机构对产业共性技术和关键技术进行研发。企业借助联盟平台获得技术和服务，并在参与联盟组织的技术研发过程中培养自身的技术人员，显著提升了企业创新能力，为产业转型升级奠定了重要基础。

2. 按照产业创新资源的基础条件选择联盟的运行方式

半导体照明产业联盟通过国家重点实验室、服务平台、国际半导体照明联盟，抢占技术创新与产业服务两个制高点；通过半导体照明联合创新国家重点实验室，建设公共技术创新平台，打通技术创新链；通过建设展示交易与科技服务平台，完善产业生态系统；通过国际半导体照明产业联盟，在产业链后端的产品需求方面发力，组织联盟成员联合完成人民大会堂主席台、国家大剧院、国庆60周年天安门大型显示屏等LED重大示范工程。这些示范工程有力地提高了行业用户对半导体照明产品的认同度。

半导体照明联合创新重点实验室成为联盟整合半导体照明产业分散的创新资源的核心载体。实验室定位为在联盟决策委员会领导下的，不隶属于任何单位的技术创新实体。联盟按照资源所有权和使用权相结合、集中与分布相结合的模式，构建半导体照明联合创新重点实验室。该实验室具有共同投入、分工明确、责权清晰、知识产权共享、研发成果快速产业化的特点，具备了以经济纽带与创新力量推动我国半导体照明节能产业可持续发展的雏形。

3. 针对关键技术重点突破是构建产业创新链的主要推动力

针对我国半导体产业技术创新链的短板，联盟承接了国家科技项目，研究灯具的产业化关键共性技术、系统集成技术，以及开展LED模块化、标准化、系列化光源及产品的研发；牵头组建了半导体照明联合创新重点实验室，开创了硅衬底的半导体照明技术路线，完成了该技术可靠性、加速性测试与分析及快速评估方法的验证，建立了驱动测试平台，制定并发布了13项技术规范，协助国家管理部门形成了12项国家标准和9项行业标准。半导体产业联盟的技术研发由于具有市场近、无缝转化、产业化快、创新效率高、创新要素流动快的特点，使联盟成为构建产业创新链的主要推动力。

第二节 光纤接入（FTTX）产业技术创新战略联盟[①]

一、案例背景

近年来，宽带网络的建设受到了世界各国的高度重视，这是因为宽带网络使信息交互提速，提高了整个社会经济的运转效率，对整个国家GDP的增长发挥了重要作用。有资料表明，宽带普及率每增长10%，可以带来1%的GDP增长；宽带普及率每增长1%，就业率就能提升0.3%。伴随着各国宽带网络建设的蓬勃发展，宽带网络的建设，特别是光纤接入网络的建设，已经成为拉动全球光纤光缆需求的主要动力。

信息化是当今世界发展的大趋势、大潮流，全球超过110个国家和地区制定了光纤接入宽带战略和发展规划。美国"国家宽带计划"规划在2015年要为1亿用户提供下载速度至少为50M的宽带接入，2020年要为1亿用户提供下载速度至少为100M的宽带接入。欧盟"数字化议程计划"鼓励成员国使用公共投资建立超高速宽带网络，目标是到2020年为欧盟成员国的所有家庭提供下载速度为30M以上的高速宽带，为超过50%的家庭提供下载速度为100M以上的超高速宽带服务。德国"国家宽带战略"计划到2018年将速率达52M的宽带覆盖到德国所有家庭；2020年，50%的家庭至少有100M的宽带接入。

2008年，我国光纤接入规模大幅增长，在中国电信、中国网通以及中国移动等运营商先后对光纤接入进行了测试和应用之后，我国光纤接入建设于2008年迎来爆炸性增长。相关运营商的设备招标力度明显加大。其中，中国电信在2008年的三次集成极大地拉动了国内光纤接入产业的发展，其EPON部署规模也由年初的4万线扩大到400多万线。同年，包括中国联通、中国移动等在内的

[①] 本案例根据杨娟（2016）等编写的案例整理改编而成，有删减。

其他运营商也加速部署了光纤接入。以烽火、华为、中兴通讯为代表的一大批制造企业、研究机构等，也在技术创新、产品开发、标准制定、工程服务和应用等方面开展了大量合作，有效地推动了行业的技术进步。据不完全统计，截至2008年底，国内光纤接入累计建设量超过600万线，直接建设投入超过200亿元，拉动产业链投入累计超过1000亿元。

2012年，我国开始实施"宽带中国"战略，以光纤宽带和宽带无线移动通信为重点，加快信息网络宽带化升级，推进城镇光纤到户和行政村宽带普及服务，提高接入带宽、网络速率和宽带普及率。"宽带中国2013专项行动"的主要阶段目标是新增光纤接入覆盖家庭超过3500万户，新增固定宽带接入互联网用户超过2500万户，使用4M及以上宽带接入用户占比超过72%。2015年，中国宽带用户达2.5亿左右，家庭普及率达到56.8%，光纤接入覆盖家庭达1.98亿户；城市家庭带宽达到20M以上，农村家庭达到4M以上，东部发达地区省会城市的家庭达到100M。

但是与发达国家相比，我国光纤接入发展存在普及率低、接入宽带低、创新水平与应用水平低、发展不平衡等问题，制约了国家竞争力的提升。我国光纤接入总体方案在低成本、灵活适用、易维护等方面存在的问题，是我国规模发展光纤接入必须解决的共性、关键问题。

二、联盟构建过程

2008年，武汉邮科院、工业和信息化部电信研究院、中国电信、中国联通共同发起，联合国内主要的电信运营商，主要的通信系统、光纤光缆、光电子器件制造商以及在光通信领域有较强研究基础的通信工程设计单位，光电子、光通信技术相关国家重点实验室和部分高校，成立了"光纤联盟"。武汉邮科院是联盟执行机构所在地，同时也是经联盟成员协议约定的联盟对外承认责任的主体。联盟的成立标志着我国光纤接入产业逐步进入规模发展阶段以来，产业链相关单位第一次大规模合作的开始。光纤接入产业技术创新战略联盟是我国第一个致力于普及宽带网络、推动三网融合、促进我国宽带产业技术创新链构建和发展的全国性联盟组织。联盟成员主要包括以下单位：

（1）常务理事会单位：武汉邮电科学研究院、工业和信息化部电信研究院、中国电信集团公司、中国网络通信集团公司。

（2）理事会员单位：中国移动通信集团公司、中国普天信息产业股份有限公司、华为技术有限公司、中兴通讯股份有限公司、上海贝尔阿尔卡特股份有限公司、烽火通信科技股份有限公司、长飞光纤光缆有限公司、光迅科技股份有限公司。

（3）高级会员单位：中讯邮电咨询设计院、中国移动通信集团设计院有限公司、深圳昊谷光电技术有限公司、深圳新飞通光电子技术有限公司、江苏中天科技股份有限公司、武汉电信器件有限公司、武汉烽火网络有限公司、光通信技术和网络国家重点实验室、武汉光电国家实验室、武汉长光科技有限公司、百维通（北京）网络技术有限公司。

（4）普通会员单位：南京邮电大学、西安邮电学院、西安电子科技大学等国内通信技术领域的知名高校。

光纤接入产业技术创新战略联盟由我国信息通信行业的龙头企业和大中型骨干企业组成。成员包括了国内在光纤和接入系统设备、光电子器件、光纤光缆等领域创新能力和行业影响力位居前列的研究、制造企业（如武汉邮科院、华为技术、中兴通讯、上海贝尔、中国普天、长飞光纤光缆、光迅科技）以及主要的电信运营企业。在12家核心成员的基础上，联盟还吸纳了参与合作创新、技术研究、产业辐射等工作的外围成员50多家。

联盟企业成员2011年主营业务收入总额超过1.3万亿元，占本行业（信息通信业）主营业务收入的90%以上。其中，从我国光纤接入系统设备市场份额来看，联盟成员所占比例超过90%；接入用光纤光缆方面的国内市场份额超过50%，生产规模位居全球第二，国际市场占有率近年来提高到了12%；光电子器件国内占有率为40%；中、低端接入用光电子器件大量出口欧、美、日、韩，占每年出货量的40%；光纤接入网络建设与运营的比重超过95%。

三、联盟组织机构与运行机制

我国光纤接入产业正在步入飞速发展的黄金期，光纤联盟将为推动产业发展发挥更加重要的作用。光线联盟正在积极推动有关城市规划和实施"光城建设"计划，并在项目拉动的前提下，积极推动国家制定关于光纤进楼、光纤入户和内容服务提供方面的政策。此外,各联盟成员正在积极开展以降低成本为目标的研究合作;积极开展产业发展分析工作,分阶段逐步研究推出光纤接入产业发展研究报告;积极关注国内外各标准化组织有关光纤接入技术标准的研究进展,促进各成员单位在相关标准活动中发挥更大的作用;适时根据实际应用需要,以联盟为平台开展设备互联互通性研究,在条件许可的情况下,逐步完善相关技术产品的认证测试,为推动我国光纤接入的技术进步与产业发展发挥更加重要的作用。

联盟先后制定并颁布实施了《联盟项目管理办法》《联盟财务管理办法》等规章制度,协议约定了联盟合作创新的收益分配原则、知识产权管理和开放发展机制。上述办法保证了联盟工作规范、有序地开展。联盟组织运行机制如图9-2所示。

1. 通过组建专家咨询委员会,加强联盟的技术支撑力量

专家咨询委员会由各联盟理事单位推荐一名本单位与联盟所处领域相关的行业知名专家参加,为理事会的决策提供咨询、建议意见;研究联盟的技术发展方向、发展规划与重点项目;针对项目类别,牵头并领导有专业对口的联盟专家库成员组成的项目专家组,参与有关项目的立项、论证、评审和验收工作,提出建议、咨询意见;领导秘书处技术推进工作组开展工作。

2. 完善秘书处组织构建,进一步落实职能

联盟秘书处逐步建立了知识产权组、项目管理组、办公室、技术标准推进组等专项工作组,并为联盟理事会和联盟技术咨询委员会提供支持,同时,也根据职能分工为联盟成员提供服务。

3. 联盟运行机制建设

(1)依托联盟平台积极推动有关技术标准的制定工作,形成良性互动机制。依托联盟平台,联盟秘书处组织有关单位联合进行技术标准研究。目前,具有知识产权的以太网无源光网络(EPON)在技术标准、设备功能与性能、互通性、产业链、成本等方面均取得了突破性进展,并在2009年国内的光纤接入建设中得到了大规模的部署。2009年12月,联盟成员联合推动电气和电子工程师协会(IEEE)成立了新的以太网无源光网络互通业务(SIEPON)技术工作委员会。在2013年8月24~26日,在IEEE第四次SIEPON会议上,有关联盟成员共提交技术提案40篇。

第九章 我国战略性新兴产业技术创新联盟典型案例

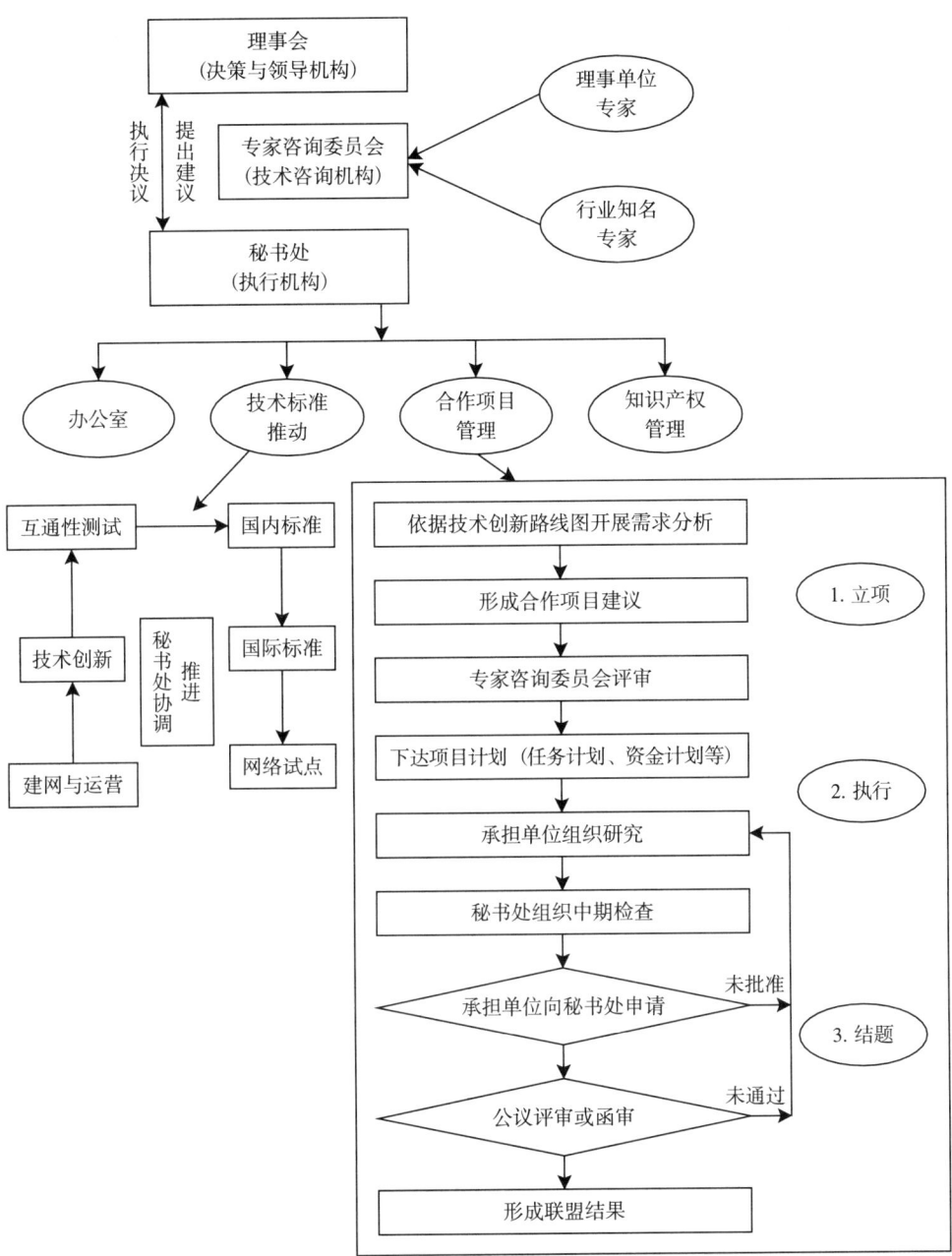

图 9-2 联盟运行机制

(2) 依托联盟组织积极开展合作创新，通过建立专利池，形成利益纽带和竞争合力。近年来，秘书处组织联盟成员，根据我国光纤接入领域的市场需求、产业发展趋势、技术发展趋势，结合当前我国光纤接入发展存在的共性关键问题，征集联盟合作项目建议。之后，秘书处进一步依照有关管理办法和联盟相关流程进行内部评审，启动了有关合作项目的立项和合作研究工作。

在项目酝酿阶段，秘书处根据特定领域当前的专利环境，凝聚行业创新资源，建立专利池，力争形成合力，以共同应对产业发展中可能出现的专利风险。

(3) 规范合作项目管理流程，形成有效的内部控制机制。在合作项目的日常管理中，联盟逐步形成以下运行机制：

统一领导。所有研究工作由联盟统一组织管理，依托秘书处成立项目、课题领导小组，吸纳技术咨询委员会领域的专家参加；以项目或课题为管理对象，有关单位联合实施。

专项管理。由具体参加单位联合成立课题小组，共享创新资源；由课题承担单位相关技术领域的学术带头人担任项目负责人，全面组织和实施课题的研究工作。

经费监管。在课题领导小组的监管下合理安排经费支出，有专人负责定期向课题领导小组汇报支出情况，对于大额支出实行申报审批制度。

(4) 依托联盟平台，采用产学研相结合的方式积极培养有关专业技术人才。联盟成员依托有关合作研究项目，采取共同培养研究生、共享设备仪器、双方不定期技术交流等使高校科研理论与企业生产实践相结合，最终实现优势互补、共同提高的目标。除此之外，联盟与中国通信标准化协会多次在北京、武汉等地共同举办光纤接入标准和技术研修班，累计培训学员超过 1000 人。

四、联盟主要工作及成效

联盟自成立以来，在全体联盟成员的共同努力下，合作承担了多个国家宽带技术创新项目，在我国光纤接入产业发展的政府政策方面积极建言献策；完善和推广光纤接入技术标准体系，组织学术交流与研讨活动，推动了行业技术进步。

1. 制定产业联盟的发展战略，争取国家政策支持

2008 年，光纤接入产业在我国刚刚开始规模建设就面临着内忧外困。一方

面，国内产业政策亟待完善，而且相关设计、施工缺乏标准和规范。从 2008 年到 2011 年，联盟积极推动政府从国家战略层面支持产业发展，并向有关部委提交了一系列的政策建议：2009 年，联盟先后起草了《国家宽带战略——宽带光纤接入》和《关于实施"光纤接入百兆到家庭"国家战略的建议》；2010 年初，联盟起草了《关于大力发展面向三网融合的宽带光纤接入新兴产业的建议》等。这些基于大量研究形成的建议，涵盖了产业发展的方方面面，包括光纤接入应该怎么做、产业链如何构建、如何开展合作创新、需要什么科技政策和税收优惠政策等。

2010 年，在业界的共同努力下，工业和信息化部等七个部委出台了《关于推进光纤宽带网络建设的意见》。此外，在联盟各成员单位的共同推动下，光纤接入的相关标准体系得到了进一步完善，设计、施工、验收都逐步形成了统一的规范。这为光纤接入走进千家万户奠定了基础。联盟成员通过深入研究，发现我国光纤接入产业存在的问题有：关键技术的突破与掌握能力有待加强，研究开发平台的装备条件弱，加工、制造工艺的研究与创新能力不足，以及存在国外公司构筑的知识产权壁垒。

2. 面向国家战略性新兴产业的发展需求，构建产业技术创新链

联盟通过深入分析，广泛征求联盟成员的意见，面向国家大力发展战略性新兴产业的需要，明确联盟构建和完善技术创新链的基本思路，即横向"两大模块"（包括四条主线、三个重点）和"一个平台"、纵向"一条主线"。

第一个模块是"创新板块"，细分为四条主线，即按技术类别细分的四条技术路线。

（1）重点开发具有多功能、高集成度、大容量、高带宽、广覆盖和绿色节能等基本特征的光纤，支持多供应商和多运营商环境的 PON 系统及核心芯片。

（2）从系统层面解决网络融合和业务融合在光纤接入网络架构、性能、业务承载、可管可控以及安全保障能力等方面提出的亟须攻克的瓶颈问题。

（3）以降低光纤接入成本、绿色环保节能为目标，开发新型光纤接入用关键光电子器件。

（4）研制适用于接入网复杂环境的新型光纤、光缆，实现低成本、高可能性的光纤到户、光纤到桌面。

第二个模块是"应用创新板块",主要包含网络技术应用创新、业务与应用创新和商业模式创新。

"一个平台",即成员共同参与、分阶段构建面向三网融合的宽带光纤接入产业公共服务平台。

"一条主线",即坚持纵向一根纽带,将力争获得国际标准话语权的目标始终贯穿在联盟的工作当中。

3. 加强合作创新,共同研发低成本解决方案

根据中国电信专家提供的统计数据,光纤接入方案的成本组成包括系统设备、光电子器件、光纤光缆、线路外场设施等,低成本目标的实现需要产业链各环节的共同努力。

目前,联盟成员已经启动了三类技术创新项目:①低成本光纤接入网光电子器件的研制;②小弯曲半径单模光纤关键技术的研究与制备;③低成本、可靠性高的光纤接入光缆以及外场设施关键技术的研究与开发。

项目针对低成本光纤接入网关键光电子技术及光纤光缆线路技术,深入研究相关通信光电子材料、芯片与器件、新型光纤光缆和线路外场设施的关键技术及规模生产所需的工艺技术,尽早突破和掌握一批具有自主知识产权的核心技术,力争从根本上解决光纤可用接入"空心化"及成本高的问题,实现光纤接入的综合成本降低20%以上。

4. 承担国家科技支撑计划项目,技术创新取得突破性进展

联盟承担了"十二五"国家科技支撑计划"低成本光纤接入网关键光电子器件及装备研制"项目。经过近三年的研究,项目开发出具有自主知识产权的FP-LD、EML、10G EPON模块、无热AWG,用于光纤接入的高功率放大器和线路检测子系统等低成本、高性能、小型化光芯片和器件,研制出用于无源光网络(PON)的低成本、宽温度、小范围弯曲半径单模光纤以及五种新型光缆和线路外场设施等系列产品,部分指标优于国际同类产品,产品价格平均降低20%以上。项目累计申请专利超过60件,主导制定国际、国家和行业技术标准逾10项。在项目研究期内已实现新增销售收入10.3亿元,经济和社会效益显著。该项目的成功实施突破了低成本、高性能、宽温度范围光器件和小弯曲半径光纤等长期制约产业发展的技术瓶颈,进一步提升了光纤接入产业创新战略联盟的创新

能力和水平，培养壮大了专业研究团队，为我国全面实施"宽带中国"战略奠定了坚实的科技基础。

2013年7月31日，由烽火通信公司牵头承担的国际科技支撑计划项目"低成本高可靠光纤接入光缆及外场设施关键技术研究与开发"顺利通过了由光纤接入产业技术创新战略联盟组织的专家验收。此举标志着我国低成本、高可靠的光纤接入光缆及外场设施核心制造技术取得重大突破。项目在光纤接入线缆及外场设施等关键共性工艺技术研究方面取得突破性进展，提出了将光纤单元进行微型化设计和采用新型材料解决可靠性的技术方案，成功开发出新型的UV光纤束光缆、光电混合光缆、高强度小弯曲半径进户光缆、耐高低温光缆等新型光缆，形成了支撑光缆接入和光缆进户关键技术的系列性产品，在国内率先推出适合规模商用的单芯片集中分光的1:128光分路器，成功研制出商用级光纤现场连接器。同时升级、改善了产品研发制造平台，完全掌握了光纤接入光缆及外场设施的核心制造技术，并完成了下达的产业化目标。这些创新性成果得到专家们的高度好评。该课题拥有了一批具有自主知识产权的核心技术，取得了40多项专利，建立了适用于我国光纤接入建设的引入光缆和外场设施技术标准。此标准优于同类国际标准，有效地指导了我国光纤接入建设中引入光缆和现场组装连接器的规范应用与检测。

五、联盟发展的重要启示

光纤接入产业技术创新战略联盟在推动产业技术创新方面的做法和经验给我们带来如下启示：

（1）夯实基础，持续提升联盟的代表性和凝聚力，形成本领域核心企业牵头、骨干企业参加的产业链群体。目前，联盟成员是我国光纤接入产业技术创新链各重要环节自主创新的领军企业，均代表着相应领域我国自主创新的最高水平，也是我国参与全球光纤接入技术、进行产业市场竞争的主力军。

（2）明确目标，根据国家战略性新兴产业发展需求，梳理、明确联盟构建和完善产业技术创新链的基本思路，即横向"两大板块"（包括四条主线、三个重点）和"一个平台"、纵向"一条主线"。

（3）加强合作创新，通过产业链上下游的紧密沟通，准确定位需求，共同研究成本解决方案。联盟取得了一系列丰硕的成果，国家科技支撑计划"低成本光纤接入网关键光电子器件及装备研制"和"低成本、高可靠性的光纤接入光缆及外场设施关键技术研究开发"项目均通过了验收。

（4）紧抓国际标准，分工合作获取国际标准话语权，力争实现行业引领。获取国际标准话语权是实现我国光纤接入产业取得行业引领地位的关键切入点和重要标志。

第三节 太阳能光热产业技术创新战略联盟[①]

一、案例背景

工业革命以来，石化能源消耗急剧增大，资源短缺与环境破坏严重威胁着人类的生存环境与全球经济的可持续发展。可再生能源技术的研究与发展是当今世界应对气候变化、保障能源安全、发展低碳经济的战略必争高地。太阳能资源丰富、分布广泛，是最具发展潜力的可再生能源之一。我国在太阳能发电原材料、关键器材、重大装备等核心技术的掌握上已取得重大突破，正在初步形成产业化生产能力，但在系统集成技术和大规模产业化方面与国外先进水平存在较大差距。

近年来，资源短缺及环境问题日益严重，作为可再生能源之一的太阳能资源越来越受到重视。为了发展我国的太阳能产业，太阳能光热产业技术创新战略联盟应运而生。联盟建立了一套项目立项、筛选以及利益共享机制，成员着力构建具有自主知识产权的创新体系。联盟在推动行业发展上发挥了平台、桥梁、服务的作用。

---

① 本案例根据李东红、马娜（2016）等编写的案例整理改编而成，有删减。

二、联盟构建过程

为了加快太阳能光热产业技术发展，构建产业技术创新链，全面提升我国太阳能光热产业的国际竞争力，2009年10月，太阳能光热产业技术创新战略联盟正式成立。

联盟成立的使命是：加快建立以企业为主体、市场为导向、产学研相结合的技术创新体系，引导和支持创新要素向企业集聚，促进科技成果向现实生产力转化；通过主抓联盟标准和对联盟创新技术成果的认证工作，保障太阳能光热产业在市场经济的大背景下能够有序、高水准地健康发展；通过统计分析，了解和掌握国内外太阳能光热产业的发展动态，及时向社会发布产能与市场的供需资讯，建立产业金融投资的预警机制，避免或减少产能过剩的局面产生；团结集聚产业的力量，以集体的声音向政府建言献策，向社会发出倡议，使我国太阳能热利用产业有一个更好的发展环境和更大的增长空间。

着力构建自主知识产权的创新体系，并以此来推动我国太阳能光热产业的健康、快速发展，争取在基础材料、关键器件、精密仪器、控制设备和系统集成方面取得重大突破。

为全面提升核心竞争力，太阳能光热联盟构建了原材料、重大装备制造、系统集成与项目建设的纵向产业技术创新链。目前，联盟成员单位有序地扩充至46家，由覆盖产学研三个层面的19家行业领军企业、17所重点高等院校、10家国家重点实验室和国家工程技术中心组成。联盟涵盖了从事特种材料研发的超白玻璃、太阳能选择性吸收涂层、特种混凝土、特种钢铁、熔融盐储热材料等关键原材料生产企业；从事核心器件设计制造的槽式真空管、槽式聚光器、塔式日光镜、塔式吸热器等重大装备制造企业；落实工程实施的规划设计、工程咨询、工程管理、工程总承包等系统集成与项目建设企业；负责项目调试的检测方法、检测平台、技术标准、工程设计与施工规范、操作流程等运行测试与测试企业。

为了充分调动太阳能光热利用产品专业化生产、使用、经销、科研及管理等方面专家、工程技术人员的积极性，加快太阳能光热利用标准的制定、修订速度，提高标准质量，促进我国太阳能利用产业的健康发展，在国家有关方针政策的推动下，2012年7月16日，太阳能光热产业技术创新战略联盟标准委员会正式成立。

三、联盟组织结构及运行机制

1. 联盟组织结构

太阳能光热联盟根据科研项目、工程项目的实际需要，在联盟内部建立公平、公开、优胜劣汰的竞争和协作机制，不断优化、规范联盟内部的管理制度。联盟设理事会、专家委员会、战略研究组、项目管理中心、秘书处等运行机构（见图9-3）。

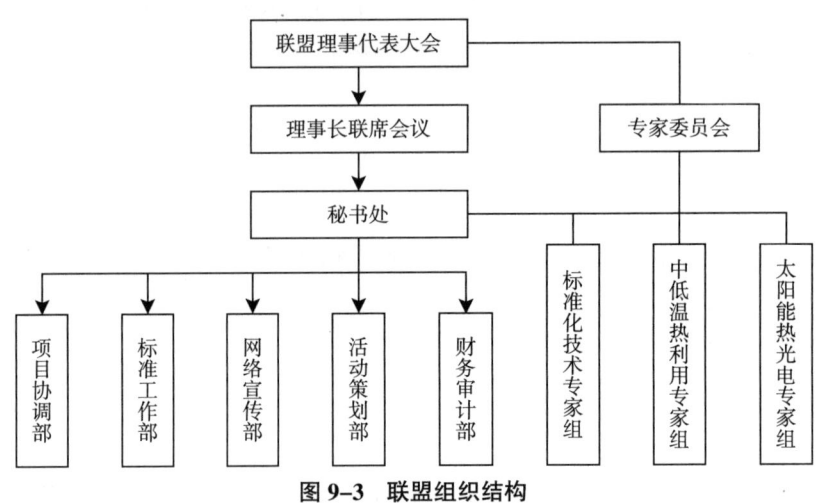

图9-3 联盟组织结构

2. 联盟运行机制

（1）决策机构。联盟理事会为联盟的决策机构，不定期地根据联盟项目组织管理情况，批准和取消联盟成员资格、审议和批准秘书处工作报告、决定联盟技术发展方向与重点工作任务、协调资金筹措和使用、设计成果转化与受益分配方案，以及召开联盟理事会或成员大会。

（2）执行机构。联盟秘书处为理事会常设的执行机构，直接受理事长的领导，负责联盟日常事务和项目的协调、管理工作。秘书处设秘书长、副秘书长一名，实行秘书负责制。办公场所依托理事长单位，办公经费由牵头单位及各成员单位的会费组成。秘书定期组织开展联盟宣传推广、到各成员单位参观学习、教育培训、论坛会展会议、技术交流、进行项目申报、协调开展联盟标准制定服务活动。

（3）联盟各项管理制度。联盟系统地建立健全了依托于《太阳能光热产业技术创新战略联盟协议书》的各项管理制度，其中包括：在项目管理方面制定了《太阳能光热产业技术创新战略联盟推介管理办法》；在经费管理方面制定了《太阳能光热产业技术创新战略联盟会费管理办法》；在人员管理方面制定了《太阳能光热产业技术创新战略联盟标准技术化专家组管理办法》《太阳能光热产业技术创新战略联盟标准技术化专家组秘书处工作细则》《联盟秘书岗位暂行管理办

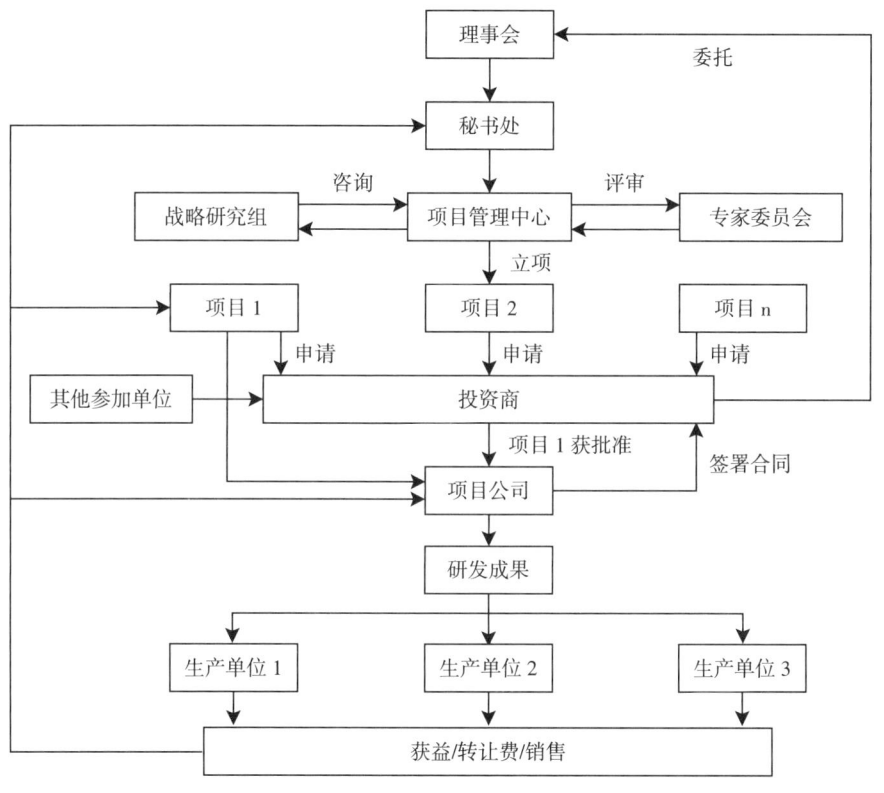

图 9-4 联盟运行机制

法》。联盟的运行机制如图 9-4 所示。

四、联盟主要工作成效

联盟成立以来，通过构建产业链，积极为产业服务。目前，整个行业的经济

效益产值大幅度提升，标准煤节约量以及二氧化碳减排量指标均取得了一些成果。联盟立足于社会，积极开展科普工作。位于北京市延庆县的塔式太阳能热发电站已建成北京市科普教育基地，为国家全面展开太阳能热利用科普奠定了坚实的基础。

联盟的创新活动取得了一系列的成果。联盟成员单位在太阳能光热发电技术方面突破的核心、关键、共性技术包括槽式真空集热管、塔式定日镜、塔式电站集成技术、高温储热材料、熔融盐吸热器系统、熔融盐工质技术、水吸热器技术、空气吸热器技术等。在太阳能中低温热利用方面突破的技术包括储热材料、太阳能锅炉、空调等。联盟组织围绕目标开展了一系列创新活动，在发明专利和其他知识产权等方面取得了一定的成果。其中，授权发明专利十余项，包括太阳能热发电用固体球流吸热器、太阳能选择性吸收涂层及制备方法。

联盟于 2012 年 7 月正式成立了太阳能光热产业技术创新战略联盟标准委员会。在国家有关方针政策指导和太阳能光热产业技术创新战略联盟会理事会的指导下，标准委员会提出了太阳能光热技术标准化工作方针政策和技术措施的建议。标准委员会负责太阳能光热联盟标准的立项、编写，负责推动标准的实施等工作。联盟组织编写的我国首部有关太阳能热发电技术的国家标准《聚光型太阳能热发电术语》（标准编号为 GB/T 26972-2011）于 2012 年 8 月开始实施。

联盟积极开展产学研结合的技术创新，各成员单位之间实现了优势技术互补、技术共享和资源共享，可以将科研机构、大学的研究成果运用到企业，以提高创新效率及成果转化效率。与此同时，联盟还在一定程度上便利了产业的发展。联盟利用自筹经费开展中温工业应用项目，先后与纺织联盟、木竹联盟以及红塔集团进行了广泛合作，并对太阳能中温工业应用技术各单位给予了高度的评价，对相应的技术能力给予了充分的肯定。联盟通过组织各种展会和论坛等活动使其他各领域人员对太阳能光热产业的优势技术和最新产品有了更多、更深入的了解，同时也为国内外太阳能光热企业研发新技术和新产品提供了独一无二的平台。

五、联盟发展的重要启示

太阳能光热联盟是在新能源发展的大背景下成立的。其设计的太阳能产业还处于一个初期的发展阶段。因此，该行业的发展需要各方面利益群体，如联盟内的企业、高校、科研机构等成员，联盟外的其他上下游企业、政府等之间相互交流与合作。与此同时，鉴于中国太阳能产业技术所处的发展水平及阶段、产业自身的优势及劣势，国际性的交流研讨对于提升中国太阳能光热产业的发展至关重要。

作为一个产业技术创新战略联盟，其以企业的发展需求和各方的共同利益为基础，包含了企业、大学、科研机构和其他组织机构，有利于保障科研与生产紧密衔接，实现创新成果的快速产业化；有利于促进技术的集成创新，提升产业技术创新能力和核心竞争力。联盟综合利用内外部资源，协调联盟各组织成员方之间、国内和国际同行之间、政府部门之间的关系，开展了一系列互动交流机制及创新活动。这些活动对于提升联盟成员的创新绩效、促进联盟整体的良性运行，以及建立整个产业乃至绿色社会环境都有了一定的推动作用。

太阳能光热联盟为企业之间的资源共享提供了平台，减少了成员之间的资源共享活动可能会出现的信息不对称的风险，使组织之间的资源流动更加高效、便捷，从而更好地推动联盟内企业的业务发展、绩效提升。这不仅有利于提升科研单位、高校研究问题的实践应用价值，而且有利于推动研究成果的转化。

联盟提供了内部成员之间的交流平台，有利于成员企业之间从同行业中学习，推动行业竞争合作机制的健康运行。联盟与兄弟联盟之间的交流互访，可以以一个旁观者的视角考察类似的组织形式，这种跳出组织看组织的视角，有利于联盟更好地了解其他兄弟联盟的组织结构及运行机制等，从而将观察学习到的经验运用到提升自身效能的日常管理活动中。联盟组织或者参与国际性的同行业交流活动，从海外先进的同行业企业身上学习经验，有利于成员企业把握行业发展趋势，对成员企业分析行业发展趋势及提升自身技术、管理等方面的技能有很大的促进作用。此外，联盟代表太阳能光热行业扮演服务者的角色，同政府进行有利于行业发展的互动活动。这些活动包括同地方政府的共建活动、对政府政策的支撑活动、为政府建言献策等。一方面，有利于组织节省一部分时间成本、交易成本或者管理费用，使企业专注于自身的业务，使科研机构专注于自身的研究；另一方面，有利于克服单个组织力量薄弱的弊端。

第四节　医疗器械产业技术创新战略联盟[①]

医疗器械产业技术创新战略联盟（简称医疗器械联盟）的成立，高效地推进了医疗器械领域的关键技术、核心部件和重大产品创新，整体推动了我国医疗器械产业的跨越式发展，实现了卫生服务质量提升与医疗器械产业发展的良性互动。联盟的建立形成产、学、研、用一体化的高效机制，形成领域内不同资源的共享平台、共性平台、成果转化平台、技术服务平台和研发平台等，起到了整合资源、合理布局、科学长远规划的重要作用，为中国医疗器械长远发展打下了坚实的基础。

一、案例背景

医疗器械是我国事关民生的战略性新兴产业，发展迅速。但是由于我国过度注重持续总量的增长，产生了大量结构性矛盾，市场分散，集中度不高且管理不规范，所以我国医药制造业总体水平低，国际竞争力弱。

当前，中国医疗器械产业发展过程中还存在以下诸多问题：医疗器械产业规模结构分散；医疗器械制造业产品结构重复；医疗器械制造业技术结构落后；医疗器械制造业生产结构失衡。

创新能力是医疗器械制造业的核心竞争力，其中技术创新的问题最为突出。在国际医疗器械市场上，产品的竞争主要表现为依靠创新研究成果来抢占市场垄断地位。我国医疗制造业一直走以模仿为主的道路，医疗器械的开发与创新能力处于低水平重复状态。同时，由于我国的相关政策导向不够、对医疗器械的支持严重不足，以及风险投资和信息市场建设不健全等原因，我国医疗器械制造业的新产品研究缺乏鼓励创新机制和宏观环境。因此，众多的医疗器械企业不愿或不能研究和开发新产品，于是便把焦点投到了开发时间短、见效快的仿制品种上，

[①] 本案例根据李蕾、张帅（2016）等编写的案例整理改编而成，有删减。

使得我国医疗器械制造业的新产品研发一直处在较低的水平上。

二、联盟构建过程

2009年6月17日，围绕加快培育战略性新兴产业、支撑医疗卫生体制改革实施、加强基层医疗卫生体系建设等重大需求，按照实施技术创新引导工程和联盟建设的有关要求，在科技部社发司等部门的积极推动下，医疗器械相关协会、学会及产学研单位发起成立了医疗器械产业技术创新战略联盟。

联盟的目的是整合创新资源，集聚优势资源，加快推进我国医疗器械领域技术创新，加快完善创新链和产业链，逐步改变我国医疗器械创新能力薄弱、企业竞争力不强、产学研结合不紧密、高端产品依赖进口、自主创新产品少的被动局面。

联盟成立了理事会、专家委员会和联盟办公室，制定了联盟章程及系列工作制度，并以理事长单位——中国医疗器械行业协会为依托，成立了管理办公室，落实了多名专职人员推进联盟的工作。根据确定的重点任务，联盟先后设立了战略规划组、联盟项目工作组、"十百千万工程"工作组等，并由专人负责重点工作的推进。

围绕国家实施新医改政策、发展战略性新兴产业等国家目标，围绕基层医疗机构对医疗器械的紧迫需求，围绕制约产业发展的关键技术和核心部件瓶颈问题，联盟依靠联盟常务理事单位、成员单位及骨干专家开展了大量的工作。

三、联盟主要工作及运行机制

1. 形成产学研用合作新机制，构建创新资源整合平台

以产业技术创新战略联盟为载体，形成医疗器械的产、学、研、用合作新机制，搭建整体推进医疗器械产业发展的平台。联盟在最初成立时的60家核心成员单位的基础上，进一步开放吸纳优势大学、科研院所、企业、医院及协会等单位。联盟构建了产品信息库、生产企业库、联盟项目库、科研资源库等资源共享平台，并形成了联盟成员信息沟通的网站平台。联盟系统梳理了产业科技相关型大型仪器、设备及软件资源，建立了内部使用许可及优惠措施，促进了仪器设备的共享。

根据医疗器械专业特点和技术创新规律，联盟先后成立了医学影像、手术与急救、临床检验、放射治疗、康复辅具、血液净化等 10 个子联盟，集聚了专业领域的创新资源，加快推进了重大产品的攻关。

2. 形成战略研究平台，系统制定发展规划

长期以来，由于医疗器械产品种类繁多、技术广泛交叉融合，领域布局一直缺乏系统梳理。2009 年 6 月，联盟组织全国重点企业、大学、科研机构，对医疗器械领域技术、产品和产业现状及发展趋势进行了广泛深入的调研，按技术特征、应用范围等多维度对发展重点进行了系统梳理，并制定了超导核磁、多排螺旋 CT、高性能彩超等重点产品的发展技术创新图，形成了《医疗器械科技产业"十二五"专项规划》。

根据国内基层医疗的紧迫需求、进口产品垄断高端市场的严峻形势，联盟按照"力求高端突破、推动基层升级、加强前沿创新"的布局思路，编写了预防、诊断、康复、治疗、急救等分领域发展规划，着力攻克超导核磁、64 排螺旋 CT、全自动化学发光免疫分析系统等重大产品的高端主流应用机型，力求打破进口垄断；将心脑血管、癌症等重大疾病检查筛查设备等作为基层重点升级类产品，力争改变我国医疗器械以防为主的局面，着力推进医疗器械产业的快速发展。

3. 组织医疗器械重点专项，推动产业持续发展

联盟组织实施了"医疗器械重点专项"，并组织编制了《医疗器械重点专项实施方案》。医疗器械重点专项是目前医疗器械领域规模最大的科技创新活动，将有力地推动我国医疗器械产业科学快速发展。

在科技部的领导下，联盟以"医疗器械重点专项"为主线，组织落实了基础装备升级、高端产品推进、前沿技术创新三项重点任务。联盟依托联盟优势单位，重点组织实施了"基层急需医疗器械研发与优化配置研究""医学影像等中高端医疗器械研发""大型医疗装备核心部件及重大产品开发""分子影像前沿技术和产品开发""先进肿瘤治疗装备和材料研发""影像导航、手术机器人等先进治疗装备研发""骨科、神经及术中新型生物医用材料""支架、关节、人造血管等高端植介入核心技术产品研发""重大慢病筛查和检测新设备的研发"等科技支撑计划项目，积极探索多学科密切配合、产学研紧密结合、上中下游系统衔接的重大产品公关的新型组织模式。截至 2011 年 12 月，联盟通过组织国家科技项

目取得核心、关键、共性技术74项，重点突破高分率低剂量X线平板探测成像技术，研制出国产X线平板探测器，填补了国内空白，突破了三维超声成像、PET—CT融合成像、图像引导放疗等共性关键技术。据不完全统计，联盟成员单位参与制定的各类技术标准（规范）27余项，其中国家标准1项，行业标准3项。截至2012年8月，联盟已经牵头组织9项国家支撑计划项目。

四、联盟工作成效

在政府相关部门的大力支持和指导下，联盟各项工作不断推进，取得了长足的发展。实践证明，作为一种新型的创新组织模式，联盟能够在整合创新资源、完善产业链条、优化创新环境、加快技术创新等方面发挥积极作用。

一是发挥了桥梁与纽带作用，成为"产学研医"多方合作的集成平台，大幅提升了创新效率。联盟搭建的信息沟通平台和技术合作平台，为企业与大学、研究单位、医院的合作营造了良好的信息沟通、信任机制和研发合作的氛围，提高了科研单位参与产品创新的积极性，鼓励医生在产品创新中发挥作用，增强了企业对产品技术创新的信心。例如，X线机是医院购置花费量最大的产品之一。当前，数字平板X线机已经逐步成为主流，但我国尚不能生产其核心器件——平板探测器，联盟组织TCL医疗、北京航天中兴等公司，与第四军医大学、南方医科大学等单位合作，掌握了平板探测器的核心技术，我国X线机的生产成本大幅度降低，国际竞争力将得到大幅提升。联盟通过契约形式整合产学研用优势创新资源，大幅提高了创新效率。联盟成员专利申请量平均增长率达35%，技术队伍国外依存度下降了20%，1.5T超导核磁、64排螺旋CT、影像引导放疗系统、PET—CT等大型医疗装备与国际先进水平的差距明显缩短。

二是发挥了集成与衔接作用，成为促进产业链条不断完善的整合平台，促进了产业快速发展。联盟通过重大项目的组织，有效地促进了不同企业间的横向合作及产业上下游的合作。联盟下设的10个领域子联盟一般由10~15个领域优势企业、大学、科研机构、供应商和医院组成，具有产业链组合特征。在编制"十二五"科技发展规划，征集、申报和实施科技计划项目的过程中，各联盟成员单位密切合作，为增进企业间的战略合作发挥了积极作用。联盟自成立以来，推动了龙头企业优势互补，使企业进一步做大做强，带动医疗器械产业以25%以上的增长率高速增长。2010年，医疗器械行业工业产值1143亿元，首次突破千亿元大关，出口额为146.99亿美元，同比增长20.05%；培育龙头企业20余家，新增上市公司8家，新增产值近500亿元。

三是发挥了优化与服务作用，成为促进国产医疗器械示范应用的推广平台。按照科技部、卫生部组织实施"创新医疗器械产品应用示范工程"（简称"十百千万工程"）的整体要求，联盟成立了专门工作组，广泛发动业内优势企业，积极推进试点工作的开展。2010年7月20日，"十百千万工程"率先在重庆启动，目前，广东省、四川省已经分别在2011年、2012年启动该工程。"十百千万工程"的实施吸引了众多企业和医院参与，促进了国产医疗器械规模化的推广，促进了创新链条和应用环境的完善，为企业提供了有效开拓市场和加快树立品牌的机会。

五、联盟发展的重要启示

自联盟成立以来，联盟组织的服务带动了产业成果实现快速增长。联盟在产业规划论证、新产品示范应用、创新能力等方面都取得了突破性的进展。通过引领服务产业，联盟在行业内得到的公认程度越来越高。

然而，联盟的发展依然存在不少问题。联盟推动重大产品创新的组织机制和产业发展的服务机制不完善。创新是促进医疗器械战略性新兴产业集群崛起最为重要的动因。联盟的核心任务就是提高医疗器械的创新绩效。对于如何进一步发挥好战略专家、技术专家的作用，如何进一步推动产学研用实质性的紧密合作，如何进一步优化医疗器械产业群服务平台的建设，联盟还需要在组织机制、运行机制、利益分配机制方面进一步探索、优化和完善。

联盟在行业整体规划和区域布局中的作用比较弱。产业技术创新联盟具有信息资源丰富、创新资源集聚、把握技术方向等优势，充分发挥联盟优势，提高联盟在制定各级各类医疗器械类整体规划中的参与度，科学、合理地对行业整体发展进行战略布局非常重要。目前，各地方、各园区也在积极制定相应的专项规划，如何避免重复建设，如何凸显各地方、各园区的发展优势，如何打造整体协同、集群发展的局面，也是联盟下一步工作的重要任务。

联盟内部的运行还存在一定的限制。联盟在行业内的认同程度虽然不断提高，但由于联盟还不是一个独立的实体，在开展工作中也遇到了一些困难和障碍。

为了推动联盟更好地发展，充分发挥联盟的优势，应进一步加大对联盟运行经费和组织的科技项目的支持力度；进一步协调相关部门，批准联盟注册成为实体；加大对联盟构建的创新服务平台的支持力度，形成持续推进机制；发挥联盟在技术创新资源方面的集聚优势，委托联盟开展相关战略规划制定、创新政策制定等工作，借鉴国内外的先进经验，加大联盟的资源调控力度，以更好地提升创新绩效。联盟试点期间，管理模式应该允许各个联盟根据行业特点探索多样化的模式，借鉴国内外的先进经验，摸索出更加科学的管理制度。

第五节 城市生物质燃气产业技术创新战略联盟[①]

一、案例背景

我国已成为世界上第二大石油消费国和第一大二氧化碳排放国，在应对全球气候变暖和摆脱对化石能源依赖方面形势严峻，生物质燃气正是在这一大背景下诞生的新兴产业。生物质燃气是指从生物质转化中得到的燃气，具有清洁、高效、安全和可再生四大特征。生物质燃气产业通过对生物质废物处理转化为可再生能源和资源，高度体现了减排效应和清洁效应，是同时解决能源与环境问题的重要途径。近几年，随着我国居民生活水平的提高，固体废物产生量已超过70亿吨，60%以上是生物质废物，其中超过15亿吨的生物质废物处于无控制排放状态，生物质废物所带来的环境污染已成为亟待解决的问题。

与此同时，我国以传统化石燃料为主的能源转化和利用方式面临能源可持续供给安全、阻碍能源利用效率提高、增加承担二氧化碳减排任务等重大问题。因此，加快生物质燃气产业发展已成为我国环境能源领域的重要课题。

[①] 本案例根据李东红、马娜（2016）编写的案例整理改编而成，有删减。

二、联盟构建过程

2010年,生物质燃气产业技术创新战略联盟由清华大学牵头正式成立。联盟成员单位共有19家,包括13家行业内龙头企业及中国科学院、清华大学等6家科研院所和高校。经过两年多的发展,2012年,联盟成员单位已由最初的22家发展为37家。由国内骨干企业和知名高校、研究院所组成的联盟团队已成为我国生物质燃气产业技术创新的有力推手。

成立联盟的目的是将创新资源聚集、优化和整合,实现产学研用在战略层面的有效结合,开展生物质燃气产业共性关键技术的研发、技术升级和产业化。生物质燃气产业技术创新战略联盟以国家产业战略目标、生物质燃气产业的发展需求和产学研各方的共同利益为基础,以提升产业技术创新能力为目标,紧紧围绕生物质燃气产业技术创新链,大力推进我国生物质燃气产业的快速发展。该联盟对于推动产业技术创新、突破产业发展的技术瓶颈、提升产业的核心竞争力、促进能源结构转变具有重要意义。

联盟的主要任务是参与编制国家生物质燃气产业发展规划和科技发展指南,参与编制生物质燃气技术的国家和行业标准;整合成员单位科技创新资源,建立科技创新共享平台,推动科技成果产业化转化和应用辐射;建立联盟网站,创办联盟会刊,组织技术研讨与培训,促进行业信息共享,协助组织成员单位参与生物质燃气重大项目;开展国际合作,促进共同发展。

三、联盟组织架构和运行机制

联盟自成立以来,根据联盟的章程、联盟制定的发展目标,以及科技部有关联盟的指导精神,按照科学、合理、高效的原则,对联盟的组织构架和运行机制进行不断的调整和完善,确立了决策、咨询、执行三方相互支持并相互制约的组织体系,建立了以理事会为领导、理事长为主要负责人、秘书处为主要执行机构的联盟组织架构。联盟设置了清晰完善的组织架构,专人负责管理联盟事务,执行联盟理事会的决议,以保障成员单位的权益。

1. 联盟的决策机构

联盟理事会主要承担联盟决策的工作,负责主持及组织联盟各项工作。联盟秘书处为联盟理事会的常设工作机构，负责联盟的日常工作。秘书处会定期以简报、工作报告的形式向联盟理事会汇报联盟工作开展情况。联盟理事会定期组织召开会议，集中讨论并决策联盟重大事务，再由联盟秘书处负责具体实施。

2. 联盟的执行机构

联盟的执行机构为联盟秘书处，联盟每年会通过征收会费、举办会议和企业捐款等渠道筹措资金，以保证联盟工作的正常运行。目前，联盟受科技部的委托，承担组织"十二五"科技支撑计划项目"工业生物质废物热解气化制气装备研发与示范"的工作。

秘书处积极宣传联盟政策，向行业内优秀企业介绍联盟工作，筹备吸纳有行业共识的新会员。秘书处在理事会的指导下，重视多元结构的盟员制度的构成。同时，秘书处把为组织各盟员单位开展科技创新工作作为基本职责，注重服务的及时性、有效性和多样性，与各盟员单位保持密切沟通，加强了联盟的内部联系。

3. 联盟组织机构工作规则制度

为了保证联盟工作的开展，联盟秘书处及时建立了健全的联盟组织机构工作规则、联盟项目管理、经费管理、人员管理、知识产权管理等各项制度，并认真按照相关规章制度执行，定期总结。

4. 联盟的利益保障机制

为了提高联盟成员单位的科技成果创新与转换，联盟鼓励成员单位利用自身优势，积极开展产学研合作，在项目合作过程中形成知识产权共享。目前，联盟的知识产权共享形式均为成员单方许可，即尊重各方在成果开发过程中所获得的知识产权，并通过支付专利费、支付专利转让费等形式有偿使用其他成员单位所形成的成果。

联盟秘书处会定期召开电话会议和现场会议，调研成员单位的意见，并通过联盟网站、联盟简报以及联盟期刊的方式反映联盟成员单位的需求信息，协调有供求关系的成员单位成为合作伙伴。这样不仅可以让秘书处了解成员单位的需求，而且可以及时实现信息对称，提高解决成员单位诉求的效率。

联盟以解决产业共性问题为目标，积极为联盟成员单位搭建产学研合作平台。目前，有山东维亿、泸州老窖、北京健坤伟华、山东十方以及海南神州等半数以上的企业通过联盟找到了项目合作伙伴,共同承担了多项国家及地方科技项目。

四、联盟的主要工作及成效

1. 围绕产业链开展技术攻关

生物质燃气是一个尚未形成完整产业链的新兴领域。联盟围绕关键产业链环节开展技术攻关,联合政府、生产加工制造企业、技术创新企业以及用户单位,开展政、产、学、研、用在产业战略层面的合作,集聚和整合产业资源,着重解决生物质废物的源、产、用等重点产业环节,促进了产业内的优势互补,有利于资源整合,也建立了合作创新的机制。在源的环节,联盟积极拓展生物质燃气的来源,从城市生物质废物扩展到农村生物质废物以及工业生物质废物等。在产的环节,联盟增强技术储备,加强技术攻关,提升了设备开发及加工制造能力,推进了生物质燃气基础设施建设。在用的环节,联盟重点解决生物气产品的输配与应用的问题,吸引如大唐新能源、昆仑燃气等大型央企能源公司加入联盟,并联合这些大型能源公司在全国范围内推广高品质生物气加气站,将生物气从供热、发电等中低端利用方式向提纯利用清洁燃气的高值方式转变。

2. 积极整合区域产业资源,开展区域合作

联盟通过国家科技惠民计划的支持和地方政府的推动,加快了科学技术成果的转化应用,发挥了科技进步在改善民生和促进社会发展中的支撑与引领作用,促进了区域间生物质燃气产业的示范和推广。

黄河三角洲地区是生物化工、生物制药工业十分发达的地区,除了已有的生物质废物外,还有大量的工业沼气,产生源集中。联盟以生物质废物燃气化技术为核心,在鲁中地区建设以工业、农业、城市生物质废物为对象的区域性、规模化集中处理及燃气化设施,以及跨区域的生物质燃气精制加工、输配及销售网络,将生物质燃气引入主流能源市场,形成以废物处理、燃气转化、能源市场应用为主线的完整生物质燃气产业链,打造低碳循环型生物质燃气产业的"山东模式"。

广西是全国能源资源缺乏的地区,也是农业生产条件优越的地区,具有发展生物质能源的迫切需求和潜力。同时,甘蔗、木薯等农作物的种植带动了当地淀

粉、酒精、造纸和制糖等行业的发展，加之广西承载着为粤西地区供应家禽家畜等产品的任务，因此养殖业较为发达。2013年5月，联盟联合广西壮族自治区环保厅、广西环科院与当地政府部门和企业进行了座谈，并到南宁市、武鸣县等地的典型企业进行了实地调研，重点考察了广西优势产业——淀粉、酒精、造纸和养殖。根据测算，这四大行业每年产生的可利用生物质约为485万吨，如果将这些生物质废物资源有效地转化为天然气，可折合天然气13.6亿立方米，完全能够满足广西壮族自治区的能耗需求，缓解当地能源资源紧缺的局面。

3. 构建产学研用结合的技术创新体系

（1）构建技术创新和成果转化平台。联盟从成员单位的实际情况出发，以高校、科研院所为核心，与行业骨干企业联合建立中试基地、研发中心和工程技术研究中心，实现了生物质燃气产业的关键技术研发、产品高值利用和核心技术的产业化推广。联盟不断结合产业示范工程和园区建设，对关键技术成果进行验证推广，逐步形成了完整的技术创新管理模式、工程推广模式和商业模式。联盟先后成立了生物质废物处理利用技术产业化（水屯）中试研发基地、北京市集中生物燃气利用工程技术研究中心和清华大学（环境学院）—四川深蓝环保生物质燃气技术联合研究中心。

生物质废物处理利用技术产业化（水屯）中试研发基地是由清华大学、北京健坤伟华新能源科技有限公司在北京昌平联合建成的。基地设有中试生产车间、实验室、室内外研究和学术交流场所。

为促进生物质燃气利用重大科技成果在京转化和产业化，依托清华大学的北京市集中生物燃气利用工程技术研究中心于2011年6月成立。中心以生物质废物为对象，围绕生物转化和热化学转化两条技术路线，重点研发生物质废物预处理、生物质能转化、产品气提纯/增值和副产物高值利用技术及设备等关键核心技术与装备。中心通过以生物质能源化为导向的科技创新，推动生物质燃气领域革新性工艺技术研发，提升国内生物质燃气工程装备能力，构建完善的生物质燃气工程技术体系，发展拥有核心技术的新型产业链，加快生物质燃气重大成果在京落地转化和产业化，成为培育发展战略性新兴产业的强大科技引擎。中心以城市生物质燃气产业技术创新战略联盟为依托，充分利用联盟成员单位的产业技术资源，逐步实现技术资源共享。联盟以中心现有的仪器设备及关键技术为基础，为行业内核心企业和科研院所提供开放式服务，以吸收更多的产业信息及技术资源，推动我国生物质燃气产业的稳步发展。

清华大学（环境学院）—四川深蓝环保生物质燃气技术联合研究中心。2012年4月，清华大学环境学院和四川深蓝环保科技股份有限公司联合成立了生物质燃气技术联合研究中心。该中心充分利用清华大学在技术研发和人才方面的优势及四川深蓝环保在工程技术和市场开拓方面的丰富经验，通过实验室和中试基地的研发工作，不断完善以水热技术为核心的生物质燃气技术体系，同时开展创新性技术研发，依托产学研结合的模式，加速科技成果的产业化转化，形成标准化、系列化和成套化的工艺与设备技术体系，共同推进生物质燃气产业的发展。

（2）构建科技创新服务平台。

1）建立新型能源环境投融资平台，为科技成果转化提供金融授信服务。联盟建立了新型能源环境投融资平台，以吸引更多的地方政府、行业旗舰企业、银行与投资领域的"领头羊"进入城市生物质燃气产业，切实落实示范工程建设项目的配套资金，为遴选全国范围内最好的示范工程基地提供便利的条件。

2）积极与地方政府沟通，充分发挥联盟的纽带作用。联盟作为我国科技创新的载体，致力于推动实施国家生物质燃气战略，架设科技界与产业和政府之间的桥梁。针对联盟企业的需求，联盟与各省市地方科技主管部门、环境主管部门及工业主管部门等进行协调沟通，为企业科技创新和成果转化做好服务工作，为企业争取更多的政策和资金支持。

3）建立行业标准规范和数据库。联盟积极组织成员单位开展产业技术规范和标准的制定工作，对促进技术的产业化和推广、规范产品的市场化运作有着积极的意义。

4. 积极承担和完成国家任务

联盟自成立以来，多次承担国家有关部门的任务。例如，根据产业发展需求，联盟组织于2013年底启动了"低值与废气农业生物质高效生物炼制综合利用"项目，旨在初步构建具有自主知识产权的低值农业生物质生物炼制新工艺技术体系，为生物质能源战略性新兴产业发展提供支撑。生物质能源产业技术创新战略联盟组织行业领域相关专家编写了生物燃气产业链案例研究报告，详细介绍了生物燃气发展现状及趋势，分析了生物燃气产业与上中下游产业链及价值链的关联性，以及国内生物燃气重大项目在产业链上的布局和专利分布情况；协助科技部完成对联盟成员单位的有关调研工作，完成联盟参与科技支撑计划项目情况的问卷调查。

五、联盟发展的重要启示

联盟自成立以来，在促进成员单位效率和效益提升、推动行业发展、推进社会就业机会的增加等方面均取得了很大进步，也给其他联盟带来了很好的启示。

1. 产业链业务与地理区位的双重整合

在产业链整合方面，联盟围绕关键产业链环节开展技术攻关，联合政府、生产加工制造企业、技术创新企业以及用户单位开展政、产、学、研、用在战略层面的合作，集聚和整合产业资源，着重解决生物质废物的源、产、用等重点环节的问题。在地理区位方面，联盟通过国家科技惠民计划的支持和地方政府的推动，加快了科学技术成果的转化应用，发挥了科技进步在改善民生和促进社会发展过程中的支撑与引领作用，促进了区域间生物质燃气产业的示范和推广。这种产业链及地理区位双重维度的整合活动，有利于资源的交叉共享，并在一定程度上克服了资源地域性分布不均等问题，提升了资源的利用效率、创新效率和产业化转化效率。

2. 积极构建投融资平台

联盟建立了新型能源环境投融资平台，为科技成果转化提供金融授信服务。科技的发展离不开资金的支持，尤其是正处于初步发展阶段的生物质行业更需要强有力的研发投入，因此，资金的保障问题对于行业的发展而言至关重要。联盟以平台服务者的角色，吸引地方政府、行业旗舰企业、银行与投资领域的领头羊进入城市生物质燃气产业，以期实现平台募集资金，匹配国家科技经费。这种积极吸引社会其他利益体、打造投融资平台的做法，有利于联盟及成员单位丰富资金募集渠道，增加资金现金流，从而为研发项目的落实保证必要的配套资金。

3. 构建政、产、学、研、用的科技创新体系

联盟于2010年3月由清华大学牵头成立，同年成为国家科技部第一批56家试点联盟之一，这是为数不多以高校作为理事长单位的联盟，高校牵头的性质决

定了其以研发为核心的性质。联盟成员中的清华大学、同济大学以及中科院等一批科研实力雄厚的高校及科研院所，既拥有大量国内领先的科研仪器及设备，又储备了相应的专业化人才。在与科研单位的长期科技创新合作中，企业通过硬件及软件资源的共享，提升了各自及联盟整体的研发水平和实力。另外，科研单位主导的性质决定了联盟中项目的立项、遴选有较大程度的理论保障。同时，在成员合作过程中，科研单位研发成果的产业化、市场化能力也有所提升，能真正做到研有所据。

参考文献

[1] Ana Maria, Campon Cerro, Helena Maria, Baptista Alves, José Manuel Hernandez Mogollon. Attachment as a factor in generating satisfaction with, and loyalty to rural tourism destinations [J]. Tourism & Management Studies, 2015 (1): 70–76.

[2] Agnolucci P., Mcdowall W. Technological change in niches: Auxiliary power units and the hydrogen economy [J]. Technological Forecasting and Social Chang, 2007, 74 (8): 1394–1410.

[3] Antoncica B., Prodanb I. Alliances, corporate technological entrepreneurship and firm performance: Testing a model on manufacturing firms [J]. Technovation, 2008, 28 (5): 257–265.

[4] Barney J. B. Resource-based theories of competitive advantage: A ten year retrospective on the resource based view [J]. Journal of Management, 2001 (27): 243–650.

[5] Barclay D., Higgins C., Thompson R. The Partial Least Squares (PLS) approach to causal modeling: Personal computer adoption and use an illustration [J]. Technology Studies, 1995 (2): 285–309.

[6] Beckman C. M., Haunschild P. R., Phillips D. J. Friends or strangers? Firm-specific uncertainty, market uncertainty, and network partner selection [J]. Organization Science, 2004, 15 (3): 259–275.

[7] Bob Phelps. Electronic information systems and organizational [J]. Boundaries Technology Analysis and Strategic Management, 2007, 19 (1): 17–29.

[8] Bock G. W., Zmud R. W., Kim Y. G. Behavior intension formation in knowledge sharing: Exam-fining the roles of extrinsic motivators, forces, and orga-

nizational climates [J]. MIS Quarterly, 2005, 29 (1): 87-111.

[9] Bierly P. E., Gallagher S. Explaining alliance partner selection: Fit, trust and strategic expediency [J]. Long Range Planning, 2007, 40 (2): 134-153.

[10] Butler C. Problems in global strategic alliance management for European defence manufacturing firms [J]. Management Decision, 2008, 46 (2): 330-341.

[11] Caniels M. C., Romijn H. A. Actor networks in strategic niche management: Insights from social network theory [J]. Futures, 2008, 40 (7): 613-629.

[12] Stolijk C. et al. Cooperating with technologically (dis) similar alliance partners: The influence of the technology life cycle and the impact on innovative and market performance [J]. Technology Analysis & Strategic Management, 2015 (8): 925-945.

[13] Christensen C. M., Raynor M. E. The innovator's solution: Creating and sustaining successful growth [M]. Boston M. A.: Harvard Business School Press, 2003.

[14] Chesbrugh H., Vanhaverbeke W., West J. Open innovation: Researching a new paradigm [M]. Oxford University Press, 1988.

[15] Chiu Y. T. H. How network competence and network location influence innovation performance [J]. Journal of Business & Industrial Marketing, 2009 (24): 325-345.

[16] Colombo M. G. Alliance form: A test of contractual and competence perspectives [J]. Strategic Management Journal, 2003, 24 (12): 1209-1229.

[17] Das T. K., Teng B. Partner analysis and alliance performance [J]. Scandinavian Journal of Management, 2003, 3 (19): 279-308.

[18] Das T. K. Strategic, alliance temporalities and partner opportunism [J]. British Journal of Management, 2006, 17 (1): 1-21.

[19] Dyer J. H., Kale P., Singh H. When to ally & when to acquire [J]. Harvard Business Review, 2010, 82 (7): 109-115.

[20] Dries Faems, Maddy Janssens, Bart Van Looy Alliances. A multiple case study in the advanced materials industry [J]. Creativity and Innovation Management, 2010 (1): 3-22.

[21] Eva Niesten, Albert Jolink. The impact of alliance management capabilities on alliance attributes and performance: A literature review [J]. International Journal of Management Reviews, 2015, 17 (1): 69-100.

[22] George G., Zahra S. A., Wood D. The effects of business university alliance on innovative output and financial performance: A study of publicly traded biotechnology companies [J]. Journal of Business Venturing, 2002, 17 (6): 577-609.

[23] Geels F. W. Technological transitions as evolutionary reconfiguration processes: A multi-level perspective and the evaluation of radical innovations [J]. Research Policy, 2002, 31 (8): 1257-1274.

[24] Gulati R. Alliances and networks [J]. Strategic and Management Journal, 1998, 19 (4): 293-317.

[25] Hafeez K., Zhang Y., Malak N. Core competence for sustainable competitive advantage: A structured methodology for identifying core competence [J]. IFFF Transactions on Engineering Management, 2002 (1): 28-35.

[26] Hagedoorn J., Link A. N., Vonortas N. S. Research partnerships [J]. Research Policy, 2000, 29 (3): 567-586.

[27] Hair J. F., Ringle C. M., Sarstedt M. PLS-SEM: Indeed a silver bullet [J]. Journal of Marketing Theory and Practice, 2011 (2): 139-151.

[28] Hitt M. A., Dacin M. T., Levitas E., Borza. A partner selection in emerging and developed market contexts: Resource-based and organizational learning perspectives [J]. Academy of Management Journal, 2000, 43 (2): 449-467.

[29] Hutt M. D., Stafford E. R., Walker B. A., Reingen P. H. Defining the social network of strategic alliances [J]. Sloan Management Review, 2000, 41 (2): 51-62.

[30] Hwang Y., Kim D. J. Understanding affective commitment, collectivist culture, and social influence in relation to knowledge sharing in technology mediated learning [J]. IEEE Transactions on Professional Communication, 2007, 50.

[31] Irwin D. A., Klenow P. J. High-tech R&D subsidies: Estimating the effect of SEMATECH [J]. Journal of International Economics, 1996, 40 (3-4): 323-344.

[32] Inkpen A. From the prune capital of america to Silicon Valley: Knowledge flows, networks, and innovation [J]. Thunderbird International Business Review, 2002, 18 (1): 1-25.

[33] Jantunen A., Knowledge-processing capabilities and innovative performance: A empirical study European [J]. Journal of Innovation Management, 2005, 8 (3): 336-349.

[34] Jean-Pierre Segers. The interplay between new technology based firms, strategic alliances and open innovation, within a regional systems of innovation context: The case of the biotechnology cluster in Belgium [J]. Journal of Global Entrepreneurship Research, 2015, 5 (1): 1-17.

[35] Jiang X., Li Y. An empirical investigation of knowledge management and innovative performance: The case of alliances [J]. Research Policy, 2009, 38 (2): 358-368.

[36] Jon B. T. Competition and cooperation: A comparative analysis of SEMATECH and the VLSI research project [J]. Enterprise and Society, 2002 (4): 657-686.

[37] John B. Cullen, Jean Johnson, Tomoaki Sakano. Success through commitment and trust: The soft side of strategic alliance management [J]. Journal of World Business, 2000, 35 (3): 223-240.

[38] Kevin S. H., Marino L., Weaver K. M. The influence of national culture on the formation of technology alliance by entrepreurial firms [J]. Academy of Management Journal, 2000, 43 (5): 951-973.

[39] Koka B. A., Prescott J. E. Designing alliance networks: The influence of network position, environmental change and strategy on firm performance [J]. Strategic Management Journal, 2008, 29 (6): 639-661.

[40] Kogut B., Zander U. Knowledge of the firm, five capabilities, and the replication of technology [J]. Organization Science, 1992, 3 (3): 383-397.

[41] Kernan M. C., Hanges P. J. Survivor reactions to reorganization: Antecedents and consequences of procedural, interpersonal, and informational justice [J]. Journal of Applied Psychology, 2002, 87 (5): 916-928.

[42] Langfield-Smith K. The relations between transactional characteristic, trust and risk in the start-up phase of a collaborative alliance [J]. Management Accounting Research, 2008, 19 (4): 344-364.

[43] Lee Y., Cavusgil S. T. Enhancing alliance performance: The effects of contractual-based versus relational-based governance [J]. Journal of Business Research, 2006, 59 (8): 896-905.

[44] Li H., Zhang Y., Chang T. S. Entrepreneurial strategy making and performance in China's new technology ventures: The contingency effect of environments and firm competences [J]. The Journal of High Technology Management Research, 2005 (16): 37-57.

[45] Lin Z., Demirkan I. The performance consequence of ambidexterity in strategic alliance formations: Empirical investigation and computational theorizing [J]. Organization Science, 2007, 53 (10): 1645-1658.

[46] Lopolito A., Morone P., Sisto R. Innovation niches and socio-technical transition: A case study of bio-refinery production [J]. Futures, 2011, 43 (1): 27-38.

[47] Lundvall. National systems of innovation: Toward a theory of innovation and interactive learning [J]. London Printer, 1992.

[48] Marco Toriello, Ray Reagans, Bill Mcevily. Bridging the knowledge gap: The influence of strong ties, network cohesion, and network range on the transfer of knowledge between organizational units [J]. Organization Science, 2012, 23 (4): 1024-1039.

[49] Makhija M. V., Ganesh U. The relationship between control and partner learning-related joint ventures [J]. Organization Science, 1997, 8 (5): 508-527.

[50] Nakos G., Brouthers K. D. International alliance commitment and performance of small and medium-size enterprises: The mediating role of process control [J]. Journal of International Management, 2008, 14 (2): 124-137.

[51] Nash J. The bargaining problem [J]. Econometrica, 1950, 18 (2): 155-162.

[52] Nicholas Vonortas, Lorenzo Zirulia. Strategic technology alliances and networks [J]. Economics of Innovation and New Technology, 2015 (5): 490–509.

[53] Nielsen B. B. Determining international strategic alliance performance: A multidimensional approach [J]. International Business Review, 2007, 16 (3): 337–361.

[54] Olson E. G. Strategically managing risk in the information age: A holistic approach [J]. Journal of Business Strategy, 2005, 26 (6): 45–54.

[55] Osborn R. N., Marion R. Contextual leadership, transformational leadership and the performance of international innovation seeking alliances [J]. Management Decision, 2009, 20 (2): 191–206.

[56] Paul Chiambaretto, Anne-Sophie Fernandez. The evolution of competitive and collaborative alliances in an alliance portfolio: The Air Franc case [J]. Industrial Marketing Management, 2016 (57): 75–85.

[57] Penrose E. T. Firm growing theory [M]. Shanghai People's Publishing House, 1959.

[58] Perein S. Fuzzy multi-criteria risk-benefit analysis of business process outsourcing (BPO) [J]. Information Management & Computer Security, 2008, 16 (3): 213–234.

[59] Peter A. Gloor. Swarm creativity: Competitive advantage through collaborative innovation networks [M]. Oxford University Press, 2016.

[60] Pallotti F., Lomi A. Network influence and organization performance: The effects of tie strength and structural equivalence [J]. European Management Journal, 2001, 29 (5): 389–403.

[61] Raul V. Fabella. Generalized sharing, membership size and pareto efficiency in teams [J]. Theory and Decision, 2000, 48 (1): 47–60.

[62] Raphael Amit, Schoemaker Pual. Strategic assets and organizational rent [J]. Strategic Management Journal, 1993, 14 (1): 33–46.

[63] Ringo T. IBM explores new frontiers in collaborative innovation [J]. The Next Frontier, 2002 (13): 31–36.

［64］Ritter T., Gemunden H. G. Network competence its impact on innovation success and its antecedents［J］. Journal of Business Research, 2003, 56（9）: 745-755.

［65］Rothaerme F. T., Deeds D. L. Exploration and exploitation alliances in biotechnology: A system of new product development［J］. Strategic Management Journal, 2004（25）: 201-221.

［66］Rumelt Richard P., Schendel Teece, David J. Strategic management and economics［J］. Strategic Management Journal, 1991, 12（2）: 5-29.

［67］Ruckman K. Technology sourcing acquisitions: What they mean for innovation potential［J］. Journal of Strategy and Management, 2009, 2（1）: 56-75.

［68］Stuart Toby E. Network positions and propensities to collaborate: An investigation of strategic alliance formation in a high-technology industry［J］. Administrative Science, 1998, 43（3）: 668-698.

［69］Schumpeter A. The theory of economic development［M］. Harvard University Press, 1934.

［70］Schot J., Geels W. Strategic niche management and sustainable innovation journeys: Theory, findings, research agenda, and policy［J］. Technological Analysis & Strategic Management, 2008, 20（5）: 537-554.

［71］Senker. A rationale for partnerships: Building national innovation systems［J］. STI Review, 1998（23）: 23-37.

［72］Serrano V., Fischer T. Collaborative innovation in ubiquitous systems［J］. International Manufacturing, 2007, 18（5）: 599-615.

［73］Tassier T., Menczer F. Social network structure, segregation, and equality in a labor market with referral hiring［J］. Journal of Economic Behavior and Organization, 2008, 66（3）: 514-528.

［74］Taylor P. D., Jonker L. B. Evolutionarily stable strategy and game dynamics［J］. Math Bioscience, 1978（40）: 145-156.

［75］Teng S., Das T. K. Governance structure choice in strategic alliances: The roles of alliance objectives, alliance management experience and international partners [J]. Management Decision, 2008, 46 (5-6): 725-742.

[76] Teece D. J. Competition, cooperation, and innovation: Organizational arrangements for regimes of rapid technological progress [J]. Journal of Economic Behavior and Organization, 1992, 18 (1): 1-25.

[77] Tiwana A. Does technological modularity substitute for control? A study of alliance performance in software outsourcing [J]. Strategic Management Journal, 2008, 29 (7): 769-780.

[78] Tsaiw. Knowledge transfer in intra-organizational networks: Effects of network position and absorptive capacity on business unit innovation and performance [J]. Academy of Management Journal, 2001, 44 (5): 996-1004.

[79] Urs S. Daellenbach, Sally J. Davenport. Establishing trust during the formation of technology alliances [J]. Journal Technology Transfer, 2004, 29 (2): 187-202.

[80] Wernerfelt B. A resource-based view of the firm [J]. Strategic Management Journal, 1984, 5 (2): 171-180.

[81] Weber M., Hoogma R. Beyond national and technological styles innovation diffusion: A dynamic perspective on cases from the energy and transport sectors [J]. Technological Analysis & Strategic Management, 1998, 10 (4): 545-566.

[82] Weber M. Experimenting with sustainable transport innovations: A workbook for strategic niche management [M]. Enschede University of Twente Press, 1999.

[83] Wilfred S., Geert D. The technological origins of radical inventions [J]. Research Policy, 2010, 39 (8): 1051-1059.

[84] Wu C., Barnes D. Formulating partner selection criteria for agile supply chains: A Dempster-Shafer belief acceptability optimization approach [J]. Production Economic, 2010, 125 (2): 284-293.

[85] Wu W. Y., Shih H. A., Chan H. C. The analytic network process for partner selection criteria in strategic alliances [J]. Expert Systems with Applications, 2009, 36 (3): 4646-4653.

[86] 曹霞, 于娟. 产学研合作创新稳定性研究 [J]. 科学学研究, 2015 (5):

742-749.

[87] 曹兴，龙凤珍，秦耀华.基于知识转移的技术联盟合作伙伴选择机制[J].系统工程，2011（8）：80-87.

[88] 曹素璋.产业技术创新联盟中企业联盟能力的构建——一个多层而互动的模型[J].技术经济与管理研究，2010（6）：37-42.

[89] 曹勇，向阳.企业知识治理、知识共享与员工创新行为——社会资本的中介作用与吸收能力的调节效应[J].科学学研究，2014（1）：92-102.

[90] 曹勇，蒋振宇，孙合林，阮茜.知识溢出效应、创新意愿与创新能力——来自战略性新兴产业企业的实证研究[J].科学学研究，2016（1）：89-98.

[91] 陈佳.产业技术创新战略联盟治理模式影响因素探析[J].科技管理研究，2011（11）：94-97.

[92] 曹阳，孟媛，席晓宇.R&D税收优惠对战略性新兴产业的创新影响——基于生物医药产业的数据[J].财会月刊，2016（33）：68-71.

[93] 储德银，杨姗，宋根苗.财政补贴、税收优惠与战略性新兴产业创新投入[J].财贸研究，2016（5）：83-84.

[94] 楚天琳.产业技术联盟中政府作用机制研究——基于我国新能源汽车产业[D].吉林大学硕士学位论文，2013.

[95] 陈立勇，曾德明.产业技术创新战略联盟知识治理研究[D].湖南大学博士学位论文，2013.

[96] 陈兴挺.广东省战略性新兴产业技术联盟组建与管理研究[D].广东工业大学硕士学位论文，2014.

[97] 陈劲.协同创新与国家科研能力建设[J].科学学研究，2011（12）：1762-1763.

[98] 陈劲，阳银娟.协同创新的理论基础与内涵[J].科学学研究，2012（2）：161-164.

[99] 陈芳，眭纪刚.新兴产业协同创新与演化研究：新能源汽车为例[J].科研管理，2015（1）：26-33.

[100] 陈劲，殷辉，谢芳.协同创新情景下产学研合作行为的演化博弈仿真分析[J].科技进步与对策，2014（5）：1-6.

[101] 陈爱雪. 我国战略性新兴产业发展研究 [D]. 吉林大学博士学位论文, 2013.

[102] 陈春平, 毛基业. 控制、吸收能力与知识转移——基于离岸 IT 服务外包业的实证研究 [J]. 管理评论, 2012 (2): 131-120.

[103] 陈瑜, 谢富纪. 战略性新兴产业空间形态创新的前沿探析与研究展望 [J]. 科技管理研究, 2015 (1): 101-106.

[104] 陈佳. 产业技术创新战略联盟治理模式影响因素探析 [J]. 科技管理研究, 2011 (11): 64-66.

[105] 陈涛, 王铁男, 朱智洺. 知识距离、环境不确定性和组织间知识共享: 一个存在调节效应的实证研究 [J]. 科学学研究, 2013 (10): 1532-1540.

[106] 陈金丹, 胡汉辉. 产业集群网络上的知识转移分析——以南京大明路汽车销售与服务产业集群为例 [J]. 科学学与科学技术管理, 2010 (2): 100-104.

[107] 邸晓燕. 战略性新兴产业技术创新联盟的支持政策研究 [M]. 北京: 知识产权出版社, 2014.

[108] 邸晓燕, 张赤东. 战略性新兴产业技术创新联盟的性质、分类与政府支持 [J]. 科技进步与对策, 2011 (9): 59-65.

[109] 邓丽芳, 郑日昌. 组织沟通对成员工作压力的影响: 质、量结合的实证分析 [J]. 管理世界, 2008 (1): 105-114.

[110] 邓龙安, 刘文军. 产业技术范式转移下区域战略性新兴产业自适应创新管理研究 [J]. 科学管理研究, 2011 (2): 7-11.

[111] 杜勇, 黄庆华, 张卫国. 战略性新兴产业微观主体协同创新风险控制机制研究 [J]. 科技进步与对策, 2014 (12): 54-59.

[112] 董广茂, 吴贵生, 杨德林. 新兴产业形成阶段企业能力构建的特点及其影响 [J]. 科学学与科学技术管理, 2010 (11): 157-162.

[113] 董明放, 韩先锋. 研发投入强度与战略性新兴产业绩效 [J]. 统计研究, 2016 (1): 45-53.

[114] 高扬. 产业技术创新战略联盟中的政府行为研究 [D]. 华中科技大学硕士学位论文, 2009.

[115] 高友才, 向倩. 我国战略性新兴产业的选择与发展对策 [J]. 经济管理,

2010（11）：21-25.

[116] 高璇.战略性新兴产业协同创新系统研究［J］.区域经济评论，2016（4）：65-68.

[117] 付苗，张雷勇，冯锋.产业技术创新战略联盟组织模式研究［J］.科学学与科学技术管理，2013（1）：33-41.

[118] 方威，王丽丽.基于生态位理论的企业战略伙伴选择［J］.科学学与科学技术管理，2010（3）：124-127.

[119] 冯赫.关于战略性新兴产业发展的若干思考［J］.经济研究参考，2010（43）：62-68.

[120] 范钧，郭立强，聂津君.网络能力、组织隐性知识获取与突破性创新绩效［J］.科研管理，2014（1）：16-24.

[121] 郭晓丹，宋维佳.战略性新兴产业的进入时机选择：领军还是跟进［J］.中国工业经济，2011（5）：119-128.

[122] 郭晓丹，何文韬.战略性新兴产业政府 R&D 补贴信号效应的动态分析［J］.经济学动态，2011（9）：88-93.

[123] 郭妍，徐向艺.企业生态位研究综述：概念、测度及战略运用［J］.产业经济评论，2009（2）：105-119.

[124] 郭军灵.技术联盟中合作伙伴的选择研究［J］.科研管理，2003（6）：109-114.

[125] 胡争光，南剑飞.产业技术创新战略联盟战略问题研究［J］.科技进步与对策，2011（2）：74-77.

[126] 胡仁杰，张光宇，刘贻新.高新技术企业技术生态位测度与评价［J］.辽宁工程技术大学学报（自然科学版），2013（6）：861-864.

[127] 胡珑瑛，张自立.基于创新能力增长的技术创新联盟稳定性研究［J］.研究与发展管理，2007（2）：50-55.

[128] 胡冬云.产业技术创新联盟中的政府行为研究——以美国 SEMATECH 为例［J］.科技管理研究，2010（18）：21-25.

[129] 胡昱.战略性新兴产业与传统产业的创新比较分析［J］.中共中央党校学报，2012（3）：70-73.

[130] 胡苏.产业技术创新战略联盟发展中的政府角色研究 [D].中国石油大学硕士学位论文,2014.

[131] 胡晓娟,黄永春.后发企业进入战略性新兴产业的赶超路径与追赶绩效——价值网络中心性与赶超时机的调节作用 [J].科学学与科学技术管理,2016(3):91-106.

[132] [德] 哈肯.协同学:大自然构成的奥秘 [M].上海:译文出版社,2005.

[133] 侯蕴慧,王学军,郑迎.产业技术创新战略联盟伙伴选择策略研究——基于山西装备制造业构建产业技术创新联盟 [J].科技和产业,2014(1):65-68.

[134] 贺俊,吕铁.战略性新兴产业:从政策概念到理论问题 [J].财贸经济,2012(5):106-112.

[135] 贺正楚,吴艳.战略性新兴产业的评价与选择 [J].科学学研究,2011(5):678-683.

[136] 何洁,李晓强,周辉.美国工程研究中心建设对我国政府资助产学研协同创新平台建设的启示 [J].科技进步与对策,2013(17):10-13.

[137] 何郁冰.产学研协同创新的理论模式 [J].科学学研究,2012(2):165-174.

[138] 何巨峰,谢卫红.技术生态位与技术能力演化关系实证研究 [J].系统工程,2008(5):36-41.

[139] 何铮,顾新.区域创新体系中组织之间知识合作伙伴选择研究 [J].情报杂志,2012(10):132-134.

[140] 黄玉杰,万迪昉,汪应洛.我国高技术企业联盟治理结构选择的实证研究 [J].管理工程学报,2008(4):100-106.

[141] 黄幸婷,杨煜.后危机时代战略性新兴产业发展研究——基于核心技术联盟知识创造过程的视角 [J].中国科技论坛,2010(8):37-43.

[142] 黄庆华.战略性新兴产业的背景、政策演进与个案例证 [J].改革,2011(9):39-47.

[143] 黄晓霞,丁荣贵.产业技术研究院协同创新治理平台建设 [J].中国科

技论坛，2016（4）：11-17.

［144］江永众，章群，苗淼. 基于资源基础理论的科技型中小企业知识产权战略研究［J］. 科技管理研究，2009（7）：378-380.

［145］剧锦文. 战略性新兴产业的发展"变量"：政府与市场分工［J］. 改革，2011（3）：31-36.

［146］贾姗姗. 战略性新兴产业技术创新联盟中的政府行为研究——以江苏省半导体照明战略性新兴产业技术创新联盟为例［D］. 南京理工大学硕士学位论文，2012.

［147］蒋玉宏，黄勇，江山. 技术创新联盟的知识产权规则研究［J］. 中国科技论坛，2011（1）：56-64.

［148］金辉，杨忠，黄彦婷，吴洁. 组织激励、组织文化对知识共享的作用机理——基于修订的社会影响理论［J］. 科学学研究，2013（11）：1697-1707.

［149］解学梅，左蕾蕾. 企业协同创新网络特征与创新绩效：基于知识吸收能力的中介效应研究［J］. 南开管理评论，2013（3）：47-56.

［150］蒋樟生，胡珑瑛. 技术创新联盟知识转移决策的主从博弈分析［J］. 科研管理，2012（4）：41-49.

［151］蒋宁，张维，倪玉婷，王利. 动态环境下战略新兴产业政策体系建设研究［J］. 北京理工大学学报（社会科学版），2011（3）：36-40.

［152］李国武，李玲玲. 产业技术创新战略联盟研究综述［J］. 科技进步与对策，2012（22）：156-161.

［153］李敏，刘和东. 静态和动态技术创新联盟困境的有效治理［J］. 科学学与科学技术管理，2009（1）：51-56.

［154］李新男. 创新"产学研结合"组织模式构建产业技术创新战略联盟［J］. 中国软科学，2007（5）：9-12，42.

［155］李丫丫，赵玉林. 战略性新兴产业融合发展机理——基于全球生物芯片产业的分析［J］. 宏观经济研究，2015（11）：30-38.

［156］李健，金占明. 战略联盟伙伴选择、竞合关系与联盟绩效研究［J］. 科学学与科学技术管理，2007（11）：161-166.

［157］李建玲. 产业共性技术联盟构建及运行管理研究［D］. 北京交通大学

博士学位论文,2016.

[158] 李艳飞. 创新联盟互动机制、知识整合能力与创新绩效 [J]. 科学管理研究,2016(3):84-92.

[159] 李壁. 基于战略联盟的协同创新绩效与绩效评价研究 [J]. 科学管理研究,2016(2):35-47.

[160] 李晓华,吕铁. 战略性新兴产业的特征与政策导向研究 [J]. 宏观经济研究,2010(9):20-26.

[161] 李健,金占明. 战略联盟伙伴选择、竞合关系与联盟绩效研究 [J]. 科学学与科学技术管理,2007(11):161-166.

[162] 李进兵. 战略性新兴产业创新系统演化进程与驱动力 [J]. 科学学研究,2016(9):1426-1432.

[163] 李晓红,侯铁珊. 知识整合能力对自主创新绩效的影响——基于软件产业的实证研究 [J]. 大连理工大学学报(社会科学版),2013(2):23-27.

[164] 李久平,姜大鹏,王涛. 产学研协同创新中的知识整合——一个理论框架 [J]. 软科学,2013(5):136-139.

[165] 李健英,赵津. 战略性新兴产业发展中政府的双重作用——以近代中国盐碱工业的发展为例 [J]. 南开学报(哲学社会科学版),2016(5):24-30.

[166] 李苗苗,肖洪钧,傅吉新. 财政政策、企业 R&D 投入与技术创新能力——基于战略性新兴产业上市公司的实证研究 [J]. 管理评论,2014(8):135-144.

[167] 李姝. 中国战略性新兴产业发展思路与对策 [J]. 宏观经济研究,2012(2):50-55.

[168] 李云梅,乔梦雪. 合作意愿对产学研协同创新成果转化的作用研究 [J]. 科技进步与对策,2015(14):17-21.

[169] 李文博. 产业集群网络中知识溢出关键影响因素的实证研究 [J]. 科技进步与对策,2011(2):142-145.

[170] 李峰,肖广岭. 基于 ANT 视角的产业技术创新联盟机制研究 [J]. 科学学研究,2014(6):835-840.

[171] 李柏洲,罗小芳. 企业原始创新中学研合作伙伴的选择——基于影响

因素及作用路径视角的分析 [J]. 科学学研究，2013（3）：437-445.

[172] 李贞，杨洪涛. 吸收能力、关系学习及知识整合对企业创新绩效的影响研究——来自科技型中小企业的实证研究 [J]. 科研管理，2012（1）：79-89.

[173] 刘鹰. 基于战略生态位管理理论的新时期国家高新区战略提升对策研究 [J]. 中国科技论坛，2013（7）：86-91.

[174] 刘伟，蔡志洲. 我国工业化进程中产业结构升级与新常态下的经济增长 [J]. 北京大学学报（哲学社会科学版），2015（3）：5-19.

[175] 刘臣，单伟，于晶. 组织内部知识共享的类型及进化博弈模型 [J]. 科研管理，2014（2）：145-153.

[176] 刘洪昌. 中国战略性新兴产业的选择原则及培育政策取向研究 [J]. 科学学与科学技术管理，2011（3）：87-92.

[177] 刘辉锋. 自主创新与我国战略性新兴产业发展的"机会窗口" [J]. 中国科技论坛，2011（9）：27-32.

[178] 刘志阳，姚红艳. 战略性新兴产业的集群特征、培育模式与政策取向 [J]. 重庆社会科学，2011（3）：49-55.

[179] 刘志阳. 战略性新兴产业主导设计形成机理与竞争策略研究 [J]. 经济社会体制比较，2010（5）：165-171.

[180] 刘春江. 中部地区战略性新兴产业发展 [M]. 武汉：武汉大学出版社，2015.

[181] 刘铁，王九云. 区域战略性新兴产业选择过度趋同问题分析 [J]. 中国软科学，2012（2）：115-127.

[182] 刘晖，刘铁芳，乔晗等. 我国战略性新兴产业创新驱动发展路径研究——基于北京市生物医药行业的经验总结 [J]. 管理评论，2014（2）：87-94.

[183] 刘二亮，纪艳彬. 不完全信息下知识联盟内知识共享博弈研究 [J]. 西南交通大学学报（社会科学版），2011（6）：83-89.

[184] 刘林舟，武博. 产业技术创新战略联盟构建原则及政策取向 [J]. 科技进步与对策，2012（14）：101-105.

[185] 刘兰剑，吕宏强，张荣刚. 跨组织学习在网络嵌入性与技术创新之间的中介效应 [J]. 科技进步与对策，2010（23）：15-19.

[186] 刘志迎, 单洁含. 技术距离、地理距离与大学—企业协同创新效应——基于联合专利数据的研究 [J]. 科学学研究, 2013 (9): 1331-1337.

[187] 梁喜, 郭瑾. 不同产学研联盟类型的合作创新与利益分配比较 [J]. 企业经济, 2016 (2): 36-38.

[188] 梁秀英, 朱春雁. 我国产业技术创新战略联盟标准化工作现状与运行管理特点 [J]. 中国科技论坛, 2012 (12): 16-20.

[189] 罗炜, 唐元虎. 企业合作创新的原因与动机 [J]. 科学学研究, 2001 (3): 91-95.

[190] 骆远婷, 李延罡. 产业技术创新战略联盟的绩效评价体系研究 [J]. 当代经济, 2015 (19): 296-302.

[191] 陆玉梅, 田野. 基于演化博弈的企业自主创新与模仿创新模式选择研究 [J]. 科技管理研究, 2008 (6): 25-27.

[192] 陆国庆. 战略性新兴产业创新的绩效研究——基于中小板上市公司的实证分析 [J]. 南京大学学报, 2011 (4): 72-81.

[193] 龙勇, 王炳杨. 基于产业角度对联盟风险以及联盟治理机制的研究 [J]. 软科学, 2011 (12): 1-6.

[194] 蓝晓霞, 刘宝存. 美国协同创新主体功能定位研究 [J]. 南昌大学学报, 2014 (4): 155-159.

[195] 马国勇, 田国双, 石春生. 高新技术企业吸收能力影响因素研究——基于PLS-SEM算法的实证研究 [J]. 预测, 2014 (4): 28-34.

[196] 马如飞. 企业研发组织模式选择——基于交易成本理论和资源基础理论的实证检验 [J]. 科学学与科学技术管理, 2011 (1): 152-158.

[197] 马红, 王元月. 融资约束、政府补贴和公司成长性——基于我国战略性新兴产业的实证研究 [J]. 中国管理科学, 2015 (s1): 630-637.

[198] 牛振喜等. 基于协同理论的产业技术创新战略联盟体系构建研究 [J]. 科技进步与对策, 2012 (12): 76-79.

[199] 潘海英等. 技术生态位结构特征对技术变迁影响的实证研究——基于现代生物技术专利面板数据的分析 [J]. 科学学研究, 2011 (6): 825-832.

[200] 彭伟, 符正平. 联盟网络对企业竞争优势的影响: 知识资源获取的中

介效应与环境不确定性的调节效应［J］.软科学，2012（4）：17-22.

［201］区章嫦.美国产业技术创新联盟发展经验启示［J］.生产力研究，2015（1）：71-73.

［202］乔晓楠，李宏生.中国战略性新兴产业的成长机制研究［J］.经济社会体制比较，2011（2）：69-77.

［203］秦玮，徐飞.产学联盟绩效的影响因素分析：一个基于动机和行为视角的整合模型［J］.科学学与科学技术管理，2011（6）：12-18.

［204］乔玉婷，曾立.战略性新兴产业的军民融合式发展模式研究［J］.预测，2011（5）：1-5.

［205］靳光辉，刘志远，花贵如.政策不确定性与企业投资——基于战略性新兴产业的实证研究［J］.管理评论，2016（9）：3-17.

［206］任大勇.产业集群企业技术合作创新的随机演化博弈模型［J］.计算机与数字工程，2016（9）：650-659.

［207］任保全，董也琳.战略性新兴产业研发创新的双维度影响机制研究——基于中观和微观视角［J］.山西财经大学学报，2016（11）：59.

［208］寿涌毅，宋淳江.复杂产品系统研发项目合作伙伴选择优化［J］.科研管理，2014（10）：144-149.

［209］宋东林.产业技术创新战略联盟的网络结构及其运行研究［D］.江苏大学博士学位论文，2013.

［210］宋景华，张艳红，刘彩茹.企业构建产学研创新联盟的价值分析与伙伴选择［J］.广西社会科学，2010（2）：72-75.

［211］史会斌，李垣.基于资源保护和利用的联盟治理机制动态选择研究［J］.科学学与科学技术管理，2008（2）：61-68.

［212］孙圣兰，夏恩君.突破性技术创新对传统创新管理的挑战［J］.科学学与科学技术管理，2005（6）：72-76.

［213］孙国旺.德国支持产业技术创新联盟的做法和经验［J］.全球科技经济瞭望，2009（2）：22-26.

［214］孙笑明，崔文田，董劲威.创新合作伙伴选择与创新绩效之间的关系［J］.科学学与科学技术管理，2011（11）：173-179.

[215] 申俊喜. 基于战略性新兴产业发展的产学研创新合作研究 [J]. 中国科技论坛, 2011 (12): 1-5.

[216] 申俊喜. 创新产学研合作视角下我国战略性新兴产业发展对策研究 [J]. 科学学与科学技术管理, 2012 (2): 37-43.

[217] 盛朝迅. 发达国家新兴产业政策的新动向与启示 [J]. 经济纵横, 2016 (11): 76-81.

[218] 宿慧爽等. 企业研发合作伙伴选择研究综述: 基于影响因素的视角 [J]. 现代管理科学, 2013 (6): 48-50.

[219] 宋志红, 李常洪, 李冬梅. 技术联盟网络与知识管理动机的匹配性: 基于1995~2011年索尼公司的案例研究 [J]. 科学学研究, 2013 (1): 104-114.

[220] 宋志红, 陈澍, 范黎波. 知识特性、知识共享与企业创新能力关系的实证研究 [J]. 科学学研究, 2010 (4): 597-604.

[221] 石岿然, 盛昭瀚, 肖条军. 基于博弈学习理论的企业组织模式演化动态 [J]. 系统工程理论与实践, 2007 (6): 64-70.

[222] 佟岩, 贾成龙. 机制、模式、绩效评价和支持体系——中小企业技术创新研究综述 [J]. 沈阳大学学报（社会科学版）, 2015 (1): 44-48.

[223] 吴炯, 彭飞. 公司治理结构演进的进化博弈分析 [J]. 管理工程学报, 2004 (2): 114-116.

[224] 吴俊杰, 戴勇. 企业家社会资本、知识整合能力与技术创新绩效关系研究 [J]. 科技进步与对策, 2013 (11): 84-88.

[225] 吴俊, 张家峰, 黄东梅. 产学研合作对战略性新兴产业创新绩效影响研究——来自江苏省企业层面的证据 [J]. 当代财经, 2016 (9): 99-110.

[226] 吴俊, 黄东梅. 研发补贴、产学研合作与战略性新兴产业创新 [J]. 科研管理, 2016 (9): 8-20.

[227] 吴升. 技术创新网络构建与协同创新绩效提升路径 [J]. 统计与决策, 2016 (13): 55-57.

[228] 汪涛, 赵国栋, 王婧. 战略性新兴产业创新政策研究: 以NEVI为例 [J]. 科研管理, 2016 (6): 1-4.

[229] 王塘. 典型国家产业技术创新联盟运行特征研究 [D]. 南京邮电大学

硕士学位论文，2012.

[230] 王灏. 光电子产业区域创新网络构建与演化机理研究［J］. 科研管理，2013（1）：37-45.

[231] 王宏伟，李平. 深化科技体制改革与创新驱动发展［J］. 求是学刊，2015（5）：49-56.

[232] 王海花，蒋旭灿，谢富纪. 开放式创新模式下组织间知识共享影响因素的实证研究［J］. 科学学与科学技术管理，2013（6）：83-90.

[233] 王敏、银路. 技术演化的集成研究及新兴技术演化［J］. 科学学研究，2008（3）：466-471.

[234] 王聘聘，秦远建，丁贺. 产业技术创新战略联盟发展对策研究——基于联盟工作总结的内容分析［J］. 科技管理研究，2016（3）：84-88.

[235] 王小明. 区域传统优势产业与战略性新兴产业协同融合发展研究［J］. 经济体制改革，2016（4）：50-55.

[236] 王健，张卓. 战略性新兴产业发展效率测度与金融支持［J］. 中南财经政法大学学报，2014（1）：76-81.

[237] 汪秀婷，杜海波. 系统视角下战略性新兴产业创新系统架构与培育路径研究［J］. 科学管理研究，2012（1）：10-14.

[238] 卫之奇. 美国产业技术创新联盟的实践［J］. 全球科技经济瞭望，2009（2）：9-14.

[239] 万伦来. 企业生态位及其评价方法研究［J］. 中国软科学，2004（1）：73-78.

[240] 万钢. 把握全球产业调整机遇，培育和发展战略性新兴产业［J］. 中国科技投资，2010（1）：28-31.

[241] 武咸云，陈艳，杨卫华. 战略性新兴产业的政府补贴与企业R&D投入［J］. 科研管理，2016（5）：19-24.

[242] 魏奇锋，顾新. 战略性新兴产业技术创新联盟知识联盟的知识共享研究［J］. 科学管理研究，2011（3）：89-94.

[243] 魏江，徐蕾. 知识网络双重嵌入、知识整合与集群企业创新能力［J］. 管理科学学报，2014（2）：34-47.

[244] 望俊成, 温钊健. 美国产业创新联盟的经验与启示——基于美国微电子与计算机技术公司的案例研究 [J]. 科技管理研究, 2012 (22): 1-5.

[245] 邢红萍, 卫平. 我国战略性新兴产业企业技术创新特征分析——基于全国七省市战略性新兴产业企业问卷调查 [J]. 中国科技论坛, 2013 (7): 66-71, 91.

[246] 魏奇锋, 顾新. 产学研知识联盟的知识共享研究 [J]. 科学管理研究, 2011 (3): 89-93.

[247] 魏江, 徐蕾. 知识网络双重嵌入、知识整合与集群企业创新能力 [J]. 管理科学学报, 2014 (2): 34-47.

[248] 望俊成, 温钊健. 美国产业创新联盟的经验与启示——基于美国微电子与计算机技术公司的案例研究 [J]. 科技管理研究, 2012 (22): 1-5.

[249] 谢科范等. 产业技术创新战略联盟理论与实践 [M]. 北京: 知识产权出版社, 2013.

[250] 谢识宇. 经济博弈论 [M]. 上海: 复旦大学出版社, 2007.

[251] 肖兴志. 发展战略、产业升级与战略性新兴产业选择 [J]. 财经问题研究, 2010 (8): 40-47.

[252] 肖灵机, 汪明月. 战略性新兴产业知识异地协同共享机制研究 [J]. 研究与发展管理, 2016 (3): 36-46.

[253] 熊勇清, 余意. 传统企业与战略性新兴产业对接路径与模型 [J]. 科学学与科学技术管理, 2013 (9): 107-115.

[254] 熊国强, 潘泉, 张洪才. 技术创新联盟收益分配的群体协商模型及求解方法 [J]. 科学学与科学技术管理, 2008 (5): 69-72.

[255] 薛伟贤, 张娟. 高技术企业技术联盟互惠共生的合作伙伴选择研究 [J]. 研究与发展管理, 2010 (1): 83-89.

[256] 薛澜等. 世界战略性新兴产业的发展趋势对我国的启示 [J]. 中国软科学, 2013 (5): 18-26.

[257] 薛澜, 周源, 李应博等. 战略性新兴产业创新规律与产业政策研究 [M]. 北京: 科学出版社, 2015.

[258] 薛春志. 日本产业技术创新联盟的运行特点及效果分析 [J]. 现代日本

经济，2010（4）：48-52.

[259] 薛伟贤，田鹏，孙姝羽.战略性新兴产业技术供需协同研究：以陕西为例［J］.科研管理，2016（S1）：507-516.

[260] 叶芬斌，许为民.技术生态位与技术范式变迁［J］.科学学研究，2012（3）：321-327.

[261] 孙冰，袭希，余浩.网络关系视角下技术生态位态势研究——基于东北三省新能源汽车产业的实证分析［J］.科学学研究，2013（4）：518-528.

[262] 徐晗，张雪.E-HR系统下提升产业技术创新战略联盟稳定性的激励策略研究［J］.中国管理信息化，2016（3）：79-81.

[263] 徐二明，徐凯.资源互补对机会主义和战略联盟绩效的影响研究［J］.管理世界，2012（1）：93-103.

[264] 徐斌.昌九战略性新兴产业对接长江经济带协同发展研究［J］.江西社会科学，2015（11）：68-72.

[265] 许婷等.战略性新兴产业研究动态展望［J］.科技管理研究，2016（2）：117-122.

[266] 许晓明，徐震.基于资源基础观的企业成长理论探讨［J］.研究与发展管理，2005（2）：91-98.

[267] 汪秀婷.战略性新兴产业协同创新网络模型及能力动态演化研究［J］.中国科技论坛，2012（11）：51-57.

[268] 汪涛，赵国栋，王靖.战略性新兴产业创新政策研究：以NEVI为例［J］.科研管理，2016（6）：1-9.

[269] 殷群，贾玲艳.产业技术创新联盟内部风险管理研究——基于问卷调查的分析［J］.科学学研究，2013（12）：1848-1853.

[270] 殷群，贾玲艳.中美日产业技术创新联盟三重驱动分析［J］.中国软科学，2012（9）：80-89.

[271] 殷群.产业技术创新战略联盟组建运行与管理创新［M］.北京：科学出版社，2015：112-115.

[272] 于旭，郑子龙等.新兴产业技术获取模式选择——基于长春电动汽车产业的研究［J］.现代管理科学，2013（8）：27-29.

[273] 杨伟. 产业技术创新战略联盟组织特征分析——基于项目导向型视角 [J]. 科技进步与对策, 2013 (7): 57-62.

[274] 杨敬博. 区域产业技术创新联盟政府管理机制研究 [D]. 哈尔滨理工大学硕士学位论文, 2012.

[275] 杨勇, 周勤. 集群网络、知识溢出和企业家精神——基于美国高科技产业集群的证据 [J]. 管理工程学报, 2013 (2): 32-37.

[276] 杨陈, 孙金花. 技术创新联盟动态演化博弈分析——基于双元隐性知识视角 [J]. 华东经济管理, 2016 (5): 166-173.

[277] 杨东奇, 张春宁, 徐影, 朱建新. 企业研发联盟伙伴选择影响因素及其对联盟绩效的作用分析 [J]. 中国科技论坛, 2012 (5): 116-122.

[278] 杨洪涛, 吴想. 产学协同创新知识转移影响因素实证研究 [J]. 科技进步与对策, 2012 (14): 117-121.

[279] 姚铮, 马超群, 杨智. 新产品开发网络资源与技术资源匹配关系: 基于中国制造业企业的实证研究 [J]. 中国管理科学, 2016 (4): 148-158.

[280] 游达明, 黄曦子. 突破性技术创新合作伙伴选择及其评价 [J]. 系统工程, 2014 (3): 99-103.

[281] 叶芬斌, 许为民. 技术生态位与技术范式变迁 [J]. 科学学研究, 2012 (3): 321-327.

[282] 尹惠斌. 突破性创新团队内部知识冲突水平模糊综合评价 [J]. 软科学, 2013 (11): 81-84.

[283] 朱春全. 生态位态势理论与扩充假说 [J]. 生态学报, 1997 (3): 324-332.

[284] 朱迎春. 政府在发展战略性新兴产业中的作用 [J]. 中国科技论坛, 2011 (1): 20-25.

[285] 朱瑞博, 刘芸. 我国战略性新兴产业发展的总体特征、制度障碍与机制创新 [J]. 社会科学, 2011 (5): 65-72.

[286] 朱瑞博. 中国战略性新兴产业培育及其政策取向 [J]. 改革, 2010 (3): 19-28.

[287] 朱瑞博, 刘芸. 战略性新兴产业机制培育条件下的政府定位找寻 [J].

改革，2011（6）：84-92.

[288] 朱怀念，张光宇，张成科等.机会主义下协同创新行为的演化博弈仿真分析[J].科技管理研究，2016（4）：13-18.

[289] 于斌斌.传统产业与战略性新兴产业的创新链接机理——基于产业链上下游企业进化博弈模型的分析[J].研究与发展管理，2012（3）：100-109.

[290] 袁淑兰，吕依娜，杨帆，敬静.创新产学研结合模式的经验与对策[J].科技管理研究，2008（3）：16-17.

[291] 周程.日本官产学合作的技术创新联盟案例研究[J].中国软科学，2008（2）：48-57.

[292] 周菲，王宁.芬兰发展战略性新兴产业的经验与启示[J].理论参考，2010（2）：29-31.

[293] 周绍东.战略性新兴产业技术创新研究综述[J].科技进步与对策，2012（16）：156-160.

[294] 赵长轶，曾婷，顾新.产学研联盟推动我国战略性新兴产业技术创新的作用机制研究[J].四川大学学报（哲学社会科学版），2013（3）：47-52.

[295] 赵峰，孙日瑶.R&D联盟合作伙伴的选择与联盟组建的博弈分析[J].情报杂志，2010（1）：195-198.

[296] 赵湜，谢科范.基于SD模拟模型的企业自主创新风险补偿政策研究[J].软科学，2013（11）：60-70.

[297] 赵志泉.产业技术创新联盟的运行机制研究[J].创新科技，2009（4）：18-19.

[298] 曾德明，黄玉勇，禹献云.产业技术创新战略联盟知识转移障碍及对策研究[J].情报理论与实践，2012（2）：64-67.

[299] 张宝生，张庆普.基于扎根理论的隐性知识流转网成员合作意愿影响因素研究[J].管理学报，2015（8）：1224-1229.

[300] 张德茗，李艳.科技型中小企业潜在知识吸收能力和实现知识吸收能力与企业创新绩效的关系研究[J].研究与发展管理，2011（3）：56-67.

[301] 张晓梅，王妍妍.基于生态位理论的黑龙江省产业技术创新联盟发展策略分析[J].科技管理研究，2014（17）：113-117.

[302] 张礼国, 郭蓉, 姚王信. 2000 年以来中国政府投入对企业创新的引致效应 [J]. 中国科技论坛, 2015 (3): 30-35.

[303] 张丽萍. 从生态位到技术生态位 [J]. 科学学与科学技术管理, 2002 (3): 23-25.

[304] 张燕, 陆开文, 李瑞光. 政府在产业技术创新战略联盟构建与治理中的推动作用 [J]. 价值工程, 2014 (12): 154-156.

[305] 张志彤, 程跃, 银路. 战略性新兴产业创新系统网络演化及运行模式研究——基于深圳 LED 产业的分析 [J]. 研究与发展管理, 2014 (6): 114-121.

[306] 张在群. 政府引导下的产学研协同创新机制研究 [D]. 大连理工大学博士学位论文, 2013.

[307] 张慧颖, 王丽苹, 张颖春, 陈根来. 改进 A-U 模型视角下我国战略性新兴产业的发展路径研究——以机器人产业为例 [J]. 天津大学学报 (社会科学版), 2016 (1): 6-10.

[308] 张秉福. 我国高新技术企业技术创新联盟的问题与对策探析 [J]. 学术论坛, 2011 (9): 134-139.

[309] 张洁, 冷民. 美日新能源汽车产业技术联盟的组织管理及对我国的启示 [J]. 中国科学院院刊, 2011 (5): 543-551.

[310] 张晓, 盛建新, 林洪. 我国产业技术创新战略联盟的组建机制 [J]. 科技进步与对策, 2009 (20): 52-54.

[311] 郑月龙. 基于演化博弈论的企业共性技术合作研发形成机制研究 [D]. 重庆大学博士学位论文, 2015.

[312] 曾萍, 邓腾智, 曾雄波. IT 基础、知识共享与组织创新——来自珠三角企业的经验证据 [J]. 科学学研究, 2011 (11): 1696-1708.

[313] 智瑞芝, 袁瑞娟, 肖秀丽. 日本技术创新的发展动态及政策分析 [J]. 现代日本经济, 2016 (5): 83-94.

[314] 邹辉霞, 姜棱炜. 战略性新兴产业发展的国际经验与我国的对策——基于复杂科学管理整合论视角 [J]. 科技进步与对策, 2011 (20): 47-51.